上外法律评论

SISU LAW REVIEW

（2018年卷·总第4卷）

王　静　主　　编
张海斌　执行主编

法律出版社
LAW PRESS·CHINA

编委会成员

目录

试论跨国民商事关系的法律调整及司法制度

——以人类共同体的构建为视角

闫卫军*

随着科学技术的发展、社会的进步、世界各国人民之间的经济文化交流不断增加,跨越一国国境、涉及两个或两个以上国家的民商事法律关系也不断增多。传统的、主要以冲突法的方法调整这种法律关系的国际私法已越来越显得不适应和力不从心,并进而——特别是在国际合同和侵权行为领域——出现了许多统一实体规范,这就对冲突法在国际私法体系中的核心地位提出了挑战和质疑。本文试图在总结国内外有关研究和现行法律制度的基础上,就跨国民商事关系的法律调整及司法制度提出作者的一些看法。

一、国际私法〔1〕的调整对象及其本质——跨国民商事法律关系

本文所称跨国民商事法律关系系指跨越一国国境、涉及两个或两个以上国家的民商事法律关系。国内外国际私法学者一般从民族国家的角度出发,视此种法律关系为涉外民商事法律关系,〔2〕并认为这种法律关系应主要由作为国内法一部分的冲突法来调整(通过援引某一国内实体法作为准据

---

* 法学博士,上海外国语大学法学院教授,研究方向为国际私法、国际商法、国际法等。

〔1〕“国际私法”一词在本文中只是一个特定法律部门的指称,是指用以调整跨国(或涉外)民商事法律关系的一类法律规范。它与作为一个法学学科的国际私法是不同的。

〔2〕参见余先予主编:《冲突法》,法律出版社1989年版,第8页;[英]莫里斯:《法律冲突法》,李东来等译,中国对外翻译出版公司1990年版,第1页;马汉宝:《国际私法总论》,中国对外翻译出版公司1991年版,第1页。

法)。如果说国际私法是调整涉外民商事法律关系的法律规范的总和,冲突法则是国际私法的核心内容。

根据冲突法的理论,当一个民商事法律关系涉及两个或两个以上的国家时,该有关国家的法律便会争相适用于这一法律关系,而不同国家的法律其内容又是相互歧议的,这样便发生了有关国家的法律的冲突。冲突法的目的就在于解决这种法律冲突,确定何国法律为适用于这一特定涉外民商事法律关系的准据法。冲突法试图把这种涉及两个或两个以上国家的法律关系的立法和司法管辖权置于一个个体的国家之下。这种以解决所谓法律冲突为目的、以冲突法的调整方法为其核心的国际私法难以成为有效地规范人们的行为、稳定涉外民商事法律关系的法律制度,它在法理上存在固有的、难以克服的矛盾,在国内外引起了广泛的批评。〔1〕 另外,根据冲突法的理论,同样作为国际私法的一部分,用以调整涉外民商事法律关系的统一实体法规范(国际条约和国际惯例)则被认为是为了避免这种法律冲突的发生而制定的。

笔者认为,当某一民商事关系涉及两个或两个以上国家时,并不会发生有关国家的法律的抵触或冲突,也不会发生法律的域内效力和域外效力的冲突。尽管冲突法最终以内国法规范这种法律关系,解决当事人间的纠纷,但是从根本上说,任何国家的法律都无法全面约束这种法律关系,因为任何一国的国内法归根结底都只能在其主权所及的范围内起作用,任何一国的国内法经常地超越其国境而发生效力,就会构成对其他国家的主权的威胁。〔2〕 从本质上说,这种涉及两个或两个以上的国家,跨越一国国境的民商事关系是超越于任何一个国家的司法和立法管辖权的,因此,把这种法律关系置于任何一个国家的国内法管辖之下都是有悖于该种法律关系本身的性质的。

---

〔1〕 转引自邓正来:《美国现代国际私法流派》,法律出版社 1987 年版,第 98～99 页。另参见[法]勒内·达维德:《当代主要法律体系》,漆竹生译,上海译文出版社 1984 年版,第 14 页。

〔2〕 参见唐表明:《当前国际私法研究中的几个理论问题》,载唐表明:《比较国际私法》,中山大学出版社 1987 年版,第 393～395 页。

这种法律关系既不同于由国内法调整的国内法律关系,因为它跨越一国国境、涉及两个或两个以上的国家;又不同于由国际法调整的国家间的法律关系,因为它一般仅涉及私人的或民间的交往,是一种私法性质的关系。这种法律关系的本质不在涉外性,而在跨国性,即从本质上说,这种法律关系不是国内法律关系中的涉外部分,而是完全超越个体国家的法律制度的一种完全新型的跨国法律关系。只有从其跨国性出发,把其置于一种完全新型的法律秩序之下,我们才能较好地把握其本质,建立一套能够有效地调整这种法律关系的法律制度(包括司法制度)。因此,笔者认为,国际私法的调整对象应该是跨国民商事法律关系而非涉外民商事法律关系,[1]以冲突法的方法调整这种法律关系是有悖于其本质的。

其实,跨国民商事关系和涉外民商事关系在内容上是一致的,但它为我们提供了一个新的审视问题的角度,为我们重估国际私法中各种调整方法在调整跨国民商事关系的法律制度的体系中的地位提供了一个新的视角。它使我们能够站在最大限度地便利和促进国际交往的立场上,研究建立一个在世界范围内调整和规范跨国民商事关系的法律制度和法律秩序,研究用于调整跨国民商事法律关系的各种现行的国际私法制度的历史地位和发展趋势。

二、跨国民商事关系的法律调整

就目前而言,跨国民商事关系的法律秩序主要是建立在以下3个不同层次的法律规范之上的:统一实体法规范、统一冲突法规范、国内冲突法规范。下面我们就从跨国民商事关系的内在要求和国际社会的现实之间的矛盾性出发,考察一下以上各种规范在调整跨国民商事关系的法律制度中的地位和发展趋势。

---

〔1〕 我国有学者认为,国际私法的调整对象是"国际民事关系",其含义和笔者所说的跨国民商事关系相近。但笔者认为,"跨国民商事关系"的提法更好一些。用"跨国"一词代替"国际"一词,可以从性质上使它与以国家为主体的国际关系相区别,以"民商事关系"代替"民事关系",则可使表述更为全面准确。参见周海荣:《论当今国际私法的若干新动向》,载《中国法学》1988年第4期。

(一)统一实体法

法国学者毕耶(Pillet)曾说:“国际私法如在国际范围内得不到统一,就等于法律不存在”。[1] 跨国民商事关系要求建立一个既不同于调整国内法律关系的国内法秩序,又不同于调整国家间法律关系的国际法秩序的新型法律秩序。这种法律秩序的主要方面应该是以国际条约和国际惯例形式表现出来的统一实体法规范。因为统一实体法规范把同一法律关系置于一个共同的、超越任何一个特定国家的法律之上的、统一的实体性质的法律规范之下,从而可以明确地拘束当事人的行为,公平确定当事人的权利义务,并解决当事人间的纠纷。因此,统一实体法调整跨国民商事法律关系是跨国民商事关系的本质要求,也只有这种方法才能最为有效、公正地调整跨国民商事关系,避免现行的以冲突法制度为核心的国际私法制度的不合理性,促进国际交往的发展。

第二次世界大战以后,跨国的民商事关系成倍地增长,特别是在经贸和商事领域,更是如此。这就更加明显地暴露出传统的那种以一家之言求众家之治的国际私法制度的不合理性和不适应性,建立一个规范这种法律关系的统一的法律秩序的需要更显得迫在眉睫。另外,随着科技的发展以及各国人民之间交往的增多,“地球村”的概念被提出并逐渐被人们接受,各国之间的相互依存性也在不断增加,这就使得在跨国民商事关系领域,各国的法律在某种程度上的统一更加必要和可能。因此,从人类共同体的立场和角度出发,考察涉外民商事关系,将其理解为跨国民商事关系,并在此基础上逐步建立一个跨国的、统一的法律秩序,是国际私法发展的一个新的动向和趋势,也应是国际私法学者和整个国际社会的努力所要达到的目标。正如勒内·达维德所说:“涉及国际的法律关系的法在国际上的统一毫无疑问是我们时代的主要任务之一。一些抱住 20 世纪的地方主义观点不放的人认为这是空想;然而,不如说正是那些相信在现有的世界形势下能够让在国际的法律关

[1] 转引自李双元:《国际私法》(冲突法篇),武汉大学出版社 1987 年版,第 61~62 页。

系中纵容混乱的局面永远保持下去的人的立场是空想的。"[1]

从1830年《保护工业产权的巴黎公约》开创了统一实体法的先河至今，关于统一实体法的国际立法取得了长足的发展，特别是在第二次世界大战以后，基本形成了一个以联合国和国际民间机构的立法为核心的统一实体法体系，这些统一实体法有的是以多边国际条约（世界性的、地区性的）的形式形成的，也有的是通过双边条约的形式形成的，还有一部分则是表现为由国际民间组织编纂的国际惯例。需要指出的是，统一实体法并不是指在全世界范围内进行的统一的立法。在民族国家还将长期存在的情况下，这样的统一其实是不可能的。因此，我们只能在一定的国家范围内，在某些特定的领域内进行规范跨国民商事法律关系的统一立法，从而使某一跨国民商事关系处于一个超国家的、共同的法律秩序的约束之下，而不是委之于只有通过互相矛盾的冲突规范才能找出的国内法性质的准据法的约束之下。

可以预见，随着国际交往的发展，各国之间的这种旨在规范跨国民商事关系的统一实体法规范将会不断地发展和增多，终将成为国际私法的主要规范和调整跨国民商事关系的主要方法，但这无疑将是一个艰难而漫长的过程。

许多国际私法学者认为，统一实体法作为国际私法的一种调整方法，是一种避免法律冲突（Preventive Method）的方法，这其实是囿于传统的那种认为国际私法就是调整涉外民商事关系的法律冲突法的观念对国际私法领域出现的新事物的一种非常狭隘的理解。依笔者之见，统一实体法调整跨国民商事关系，是国际交往发展的必然结果，是跨国民商事关系的内在要求。笔者认为，冲突法作为一种"精巧"[2]的方法，只是在民族国家还存在，国际统一实体法秩序不能或不能完全建立的情况下而采用的，只是不得已而为之。

[1] [法]勒内·达维德：《当代主要法律体系》，漆竹生译，上海译文出版社1984年版，第15页。

[2] 参见余先予主编：《冲突法》，法律出版社1989年版，第13页；韩德培主编：《国际私法》，武汉大学出版社1984年版，第6页；李双元：《国际私法》（冲突法篇），武汉大学出版社1987年版，第14页；Progressive Development of the Law of International Trade, Report of the Secretary – General of the United Nations, 1966, Paragraph 17。

我们完全没有必要把国际私法的方法都纳入冲突法的视野和观念之中。

(二)统一冲突法

由于民族国家的存在,各国之间文化、法律传统的不同以及在各自利益上的分歧,使得统一实体法的立法在内容和范围上受到局限,冲突法作为调整跨国民商事法律关系的一种没有办法的办法,仍将有广泛的用武之地。〔1〕这样,如何避免冲突规范的缺点和不足便成为国际私法学者研究和探讨的一个重要课题。通过国际条约的形式进行统一冲突法的立法就是解决这一问题的方法之一。通过国际条约将一定范围内的跨国民商事关系置于统一的冲突规范之下,使得跨国民商事纠纷无论在何国法院起诉,都能得到统一的解决,使得当事人在民商事法律关系发生之初就可以推知将要用以规范其行为的准据法,从而使得当事人可以预见其行为的法律后果并据以指导其行为。这样,虽然冲突规范不能直接确定当事人的权利义务,但起码可以避免其没有预见性和规范性,只具有"临床"(Clinical Method)〔2〕治疗作用的缺点。

利用统一冲突法结合有关国家的实体法(准据法)调整跨国民商事法律关系是在进行统一实体法的立法受到局限的情况下而进行的一种次优的选择,但统一冲突法又可以和统一实体法相互配合,共同规范跨国民商事关系中当事人的行为,避免由于各国的冲突规范各不相同而导致在跨国民商事法律秩序上的混乱,结束在这一领域的无法状态。同时,统一冲突法又是统一实体法的先声,因为统一冲突法的立法和司法实践活动可以使各国在法律制度上逐渐地相互了解和接近,从而为统一实体法的立法奠定基础,因此,统一冲突法也是调整跨国民商事关系的重要方法之一。它必将在今后的国际司法实践中起到更为重要的作用,成为新型的国际私法制度的一项重要内容。

〔1〕 参见韩德培、李双元:《应该重视对冲突法的研究》,载《武汉大学学报》(社会科学版)1983年第6期。

〔2〕 参见韩德培、李双元:《应该重视对冲突法的研究》,载《武汉大学学报》(社会科学版)1983年第6期;余先予主编:《冲突法》,法律出版社1989年版,第13页、第77页。

而且，统一冲突法作为一项国际性的法律制度，它和跨国民商事法律关系要求建立跨国的民商事法律秩序，以超越个体国家的法律规范约束跨国的民商事法律关系的本质要求也是基本一致的。

自19世纪中叶施托里、孟西尼、阿塞尔等提出并倡导统一各国冲突法以来，统一冲突法的活动在国际上蓬勃发展，特别是常设国际组织“海牙国际私法会议”在这一过程中发挥了非常积极的作用。另外，联合国及一些地区性国际组织也做了许多有益的工作。尽管不同法律传统的国家之间在进行统一冲突法立法过程中遇到了不少的困难和分歧，但是，我们相信统一冲突法的活动定会沿着求同存异的方向不断向前发展。

（三）冲突法制度的改进和完善

尽管国际私法规范（包括冲突规范和实体规范）的统一是跨国民商事法律关系的内在要求，是国际私法今后发展的必然趋势，但是，完全依靠国际条约和国际惯例建立一个统一的和无所不包的跨国民商事法律秩序是不可能的，特别是完全以实体法的方法建立这样一个秩序更是不现实的。再者，既便统一冲突法规范调整跨国民商事关系亦难以避免冲突规范缺乏明确性、稳定性等不足。因此，冲突法并不会衰微，它和统一实体法一样仍将是调整跨国民商事关系的一种重要方法，是新型国际私法和新型的跨国民商事法律秩序的一个重要组成部分，尽管它和跨国民商事关系的本质要求不尽一致，尽管它本身有着许多内在的、难以克服的矛盾。当然，我们也应该明白，冲突法特别是国内冲突法将只调整一些次要的，对国际交往影响不大的跨国民商事关系。无论如何，研究改进和完善冲突法制度，以克服其不足，有效地调整跨国民商事关系仍将是国际私法学者的一项重要任务。

冲突法制度经过几个世纪的发展，已经发展出一些能够在一定程度上避免其缺陷的理论和制度，如当事人意思自治原则，使契约双方当事人有权选择某一国的法律作为他们之间的契约的准据法，这样就避免了在纠纷发生后由司法机构根据各不相同的冲突规范确定准据法，使得当事人在行为发生时就可以有所依据。但这一制度也有其不足之处，主要是其适用范围被限制在合同领域,而且各国的具体规定也是各不相同的。与意思自治原则不同,以美国《第二次冲突法重述》为标志确定起来的最密切联系原则,作为一项法律适用原则,则已不局限于合同关系,而是已推广到侵权损害赔偿、人的身份、亲权、继承等跨国民商事关系的各个领域。现在,这一制度已被许多国家的立法和国际条约所采用,风靡全球。〔1〕 这一原则一方面避免了传统的冲突规范的僵硬性和机械性,使所选择的法律更趋合理和公正,更为重要的是这一原则可在一定程度上避免各国冲突法之间的矛盾和冲突,增加选择出相同的准据法的可能性。另一方面,这一原则的适用使得反致和转致制度变得没有存在的必要,〔2〕又减少了当事人规避法律的可能性,从而增加了跨国法律关系的稳定性。不过,也应该看到,最密切联系原则增加了法官的自由裁量权,从而为法院不公正地适用本国法或对本国当事人有利的法律提供了借口。

总之,我们认为,冲突法制度应该而且可能得到不断地改进与完善,但这一制度的那些固有的缺陷也终将是难以克服的,也是与跨国民商事法律关系的本质要求背道而驰的,它将始终作为一项不够完美的制度而存在和发展。冲突法,特别是国内冲突法在以跨国民商事关系为调整对象的国际私法体系中的核心地位终将被统一实体法和统一冲突法所代替。

综上,我们认为,国际私法的统一是跨国民商事法律关系的内在要求,是社会发展的必然趋势,应该首先在认识上确定统一实体法和统一冲突法在国际私法体系中的核心地位,以重构国际私法的体系。冲突法不再是,也不应该再是调整跨国民商事法律关系的主要方法。

三、跨国民商事法律纠纷的解决——司法制度的改革和完善

和传统的国际私法把其调整对象理解为涉外民商事法律关系,把冲突法

---

〔1〕 参见余先予、胡若虚:《国际私法范围问题的再探讨——兼与董立坤同志商榷》,载中政大国际法教研室编:《国际私法论文集》(上册),第63页;Progressive Development of the Law of International Trade,Report of the Secretary - General of the United Nations,1966,Paragraph 16。

〔2〕 参见余先予:《论冲突法的新发展》,载《法学研究》1990年第4期。

只作为国内法一脉相承,对于跨国民商事法律纠纷,也是由国内的司法机构,适用国内的司法程序规则和冲突法规范加以解决的,这也是传统的国际私法观念的必然产物。但是,把超越一国国境、涉及两个或两个以上国家的民商事法律纠纷置于任何一个国家的司法管辖之下,都是对其他国家司法主权的侵犯。同时,这种制度也必然导致各国在管辖权问题上的无休止的争议,导致当事人挑选法院规避法律现象的发生,也使在一国法院作出的判决难以在其他国家得到承认和执行。其实,在合同及商事领域的纠纷中,当事人大多选择仲裁的方法予以解决,就是对这一制度的否定和背叛。笔者认为,为了完善国际私法体系和制度,有对现有的司法制度(包括仲裁)进行改革和完善的必要,以避免其不足,使跨国民商事纠纷得到更加公正和合理的解决,以推动国际交往的发展。

(一)建立超国家的民商事司法机构

跨国的民商事关系本质上要求由超国家的统一的民商事法律制度来确定当事人的权利义务,规范当事人的行为,相应地,也需要有一套超国家的司法机构和司法制度保障这种制度的贯彻执行。虽然建立完全统一的超国家的司法机构和司法制度在目前来说是不可能的,但在一定区域内,甚至在两国之间,在一定的民商事法律关系范围内,通过国际条约建立这样的机构和制度却是完全可能的。其实,这样的制度早已在欧洲联盟内建立和实现。尽管欧洲法院并非完整意义上的保障超国家的统一的民商事法律制度的贯彻执行的超国家的司法机构,[1]欧洲法院的实践无疑为我们提供了非常有益的启示和借鉴。这样的机构和制度既符合跨国民商事关系和统一实体法制度的内在要求,又可克服传统方法的不足,从而为当事人提供更为公平的司法保障,稳定跨国民商事法律关系。

统一的超国家的司法机构通过国际条约建立,它运用的法律应以在缔约国之间共同适用的统一实体法和统一冲突法为主,但也不排除在某些情况下

〔1〕 虽然欧洲法院确系超国家的司法机构,但它所执行的欧盟法却总体上属公法性质。不过欧洲法院所处理的案件有时也会具有某种私法的性质。

适用缔约国或非缔约国的国内法的可能性,其判决应当具有与国内法院判决同等的效力。只要有关程序符合条约规定,各缔约国均应无条件地给予承认和执行。这一机构的组成、适用的司法程序规则以及受理案件的范围等均可由其章程或由建立这项制度的有关国际条约直接予以规定。

在区域经济、政治一体化迅速发展的今天,这种司法制度的建立已越来越显得必要和可行,继欧盟之后,笔者相信,北美自由贸易区、东盟自由贸易区或其他区域组织内也可能会建立共同的超国家司法机构。这一设想必将会为越来越多的国际实践所采纳,最终成为国际民商事司法制度的一项重要内容。

(二)完善和推广现有的国际商事仲裁制度

如上所述,国际商事仲裁制度的发展是对现行的国际司法制度的否定,也是和跨国商事法律关系的内在要求相一致的。这是因为在仲裁制度中当事人除可以选择仲裁机构(甚至可以组成临时仲裁庭)外,还可以就仲裁的时间、地点、仲裁庭的组成乃至所适用的仲裁程序规则作出选择,加之仲裁庭的民间性质,从而可以避免用国内司法程序解决跨国民商事法律关系中的纠纷的种种缺陷,为跨国民商事法律纠纷的公正合理解决提供了更大的可能性。

由于国际上各个仲裁机构都有自己的仲裁规则,各国也都有自己有关仲裁制度的法律规定,这些规则和规定相互歧异,从而为跨国民商事法律纠纷的当事人带来了许多不便。为此,国际社会做出了不懈的努力以统一仲裁规则和仲裁制度,1976 年联合国国际贸易法委员会制定并为同年的联合国大会决议所通过的《国际商事仲裁示范法》就是这种努力的一部分。

笔者认为,国际商事仲裁制度在解决跨国民商事纠纷方面较之于国内司法制度有着明显的优点,因而其适用范围必将不断地扩大,在跨国民商事纠纷中推广应用这一制度也是国际社会的一项重要任务。这种推广应包括两方面的含义:一是其调整对象的范围从商事法律关系发展到包括知识产权、反垄断纠纷、民事侵权等法律关系领域;二是在地理范围上的推广,即使得在任一国际仲裁机构作出的仲裁裁决都能在其他国家得到承认和执行,在这方面，现行的 1958 年联合国《承认及执行外国仲裁裁决公约》已经并将继续发挥极为重要的作用。

（三）现行的以国内司法机构解决跨国民商事法律纠纷的制度的改进和完善

尽管笔者提出了建立超国家的司法机构和司法制度、推广运用仲裁制度的设想，但新型的国际民商事司法制度的建立必然要受到种种限制，况且通过仲裁制度解决争端又取决于当事人的协商一致，因此在今后很长的一个时期内大部分跨国民商事法律纠纷还必须通过国内的司法程序来解决。因此，我们仍有必要努力改进和完善现行的以国内的司法程序解决跨国民商事法律纠纷的制度，以便尽可能地避免这一制度的不合理性，公平、合理、有效、及时地解决当事人间的纠纷。这种改进和完善将主要表现在缔结更为详尽的、适用范围更为广泛的关于管辖权、司法协助以及判决的承认和执行的国际条约上。

四、结语

建立一个公正合理的国际私法秩序，推动和促进国际交往的发展，应该是国际私法学研究的出发点和归宿点。在世界经济一体化迅速发展、国际交往不断增长的今天，继续坚持国际私法的调整对象是涉外民商事法律关系，企图站在民族主义的狭隘立场上，维系那种以一家之言求众家之治的国际私法制度，是违背人类历史发展的趋势和潮流的，其结果必然阻碍历史的进步和社会的发展。人类社会发展到今天，世界各国早已在经济、政治、文化上连为一体，因此我们只有从人类共同体的角度出发，视涉外民商事法律关系为跨国民商事法律关系，并在此基础上努力建立一个新型的规范跨国民商事关系的法律秩序，才会不负历史赋予各国学者和政治家的使命。当然，我们也不主张无原则地放弃国家主权和民族利益。我们主张在维护国家主权和民族利益的基础上，建立统一的能够更为公平合理地调整跨国民商事关系的国际私法制度。

世贸组织执行机制的若干理论探讨*

张　琪**

虽然世界贸易组织(WTO)争端解决机制解决了WTO超过500个争端,这500多个案子背后的最终执行结果及其后果吸引了大量研究人士动用笔墨加以评判,要经受如此多挑剔的眼光绝非易事,其背后的执行问题讨论则更值得研究。

一、贸易自由化理论对成员方主权的限制

国际经济法基本原则的变化,尤其在世界贸易法律领域中的变化极大地改变着国与国之间的交往,而且这样的变化使得"主权"变得越发模糊。[1]国家在制定贸易政策时不得不同时考虑必须符合该国须承担的国际义务。[2]一些专业人士忧虑的是世界贸易组织对开放度的不断提升而对传统意义上的主权弃之不理,会使国家处于危险之中。因此,全球化和贸易自由化已经彻底改变了国家治理的内涵和外延。[3]同样的道理,目前因为全球

* 本文系上海外国语大学一般校级课题《世界贸易组织案件执行合规性研究》的阶段性成果。

** 法学博士,上海外国语大学法学院副教授,研究方向为国际法、国际经济法。

〔1〕 Hans Kelsen, *General Theory of Law and State*, Harvard University Press, 1945.

〔2〕 中国政府目前在制定贸易政策时常常会考虑的是该政策的出台是否会违反世界贸易组织的相关法律规定,从而避免成为被诉讼的对象。学界也常常会撰文从旁提醒某一贸易政策可能授人以柄并提出中肯的法律建议。

〔3〕 Ludo Cuyvers and Stijn Verherstraeten, *The Network of Interlocking Directorates between International Economic Organisation*, Department of International Economics, International Management and Diplomacy working paper (University of Antwerp, Issue 024, 2004), available at http://ideas.repec.org/p/ant/wpaper/2005024.html (last visited 16 March 2015).

经济秩序的这种你中有我我中有你的关系，不同的国际经济组织活动更加趋向高度的关联性。正是由于这种世界趋势下的紧密联系使得 WTO 几乎不可能脱离诸如国际货币基金组织、世界银行、国际清算银行、联合国贸易与发展会议等其他国际经济组织而孤立地展开运作。国家区域内的政府治理不能认为与国界之外的因素无关。

虽然《关于争端解决规则与程序的谅解》(Understanding on Rules and Procedures Governing the Settlement of Disputes, DSU)和 WTO 相关实体法律明确无误地说明对成员方超出 WTO 贸易有关的事宜没有管辖权，但是由于 WTO 必须解决纠纷的实际操作中却没有这样的限制。某些关税及贸易总协定(General Agreement on Tariffs and Trade, GATT)和 WTO 的规则也被其他国际条约所借鉴。

然而当我们还沉浸在 WTO 的诞生和其有皇冠上明珠之称的争端解决机制生效的欢快气氛的时候，却令人沮丧地发现争端案例在过去十年有了大幅度地减少。此外，即使是那令人兴奋的初始阶段的几年，许多案件的争议程度不大，另外的一些案件基本上是给 GATT 时期的案件收拾残局。但是当新的复杂争端出现之后，执行问题便浮出水面，成为世界贸易体系中最令人关注的问题之一。[1] 一些人士不断地质疑贸易自由化的程度，并且提出那些为了贸易自由化和不断开放而制定的法律规范已经挑战了一国的经济主权。[2]

在政策制定者和专家学者眼中主权是一个颇具争议的概念。[3] 学术圈

---

〔1〕 Clause - Dieter Ehlermann, "Tensions between the Dispute Settlement Process and the Diplomatic and Treaty - Making Activities of the WTO", *WTR*, Vol. 1, No. 3(2002), pp. 301 - 308.

〔2〕 Qureshi and Ziegler, International Economic Law, Sweet & Maxwell, 2007, pp. 44 - 45.

〔3〕 Robert E. Hudec, "Free Trade, Sovereignty, Democracy: The Future of the World Trade Organization", *WTR*, Vol. 1, No. 2 (2002), pp. 211 - 222; Matthew Schaefer, "Sovereignty, Influence, Realpolitik and the World Trade Organization", *Hastings International and Comparative Law Review* (*HICLR*), Vol. 25, No. 3 (2002), pp. 341 - 369; Stephen D. Krasner, *Sovereignty: Organized Hypocrisy*, Princeton University Press, 1999; Michael Ross Fowler and Julie Marie Bunck, *Law, Power, and the Sovereign State*, The Pennsylvania State University Press, 1995.

对于传统的主权概念持批评的观点,有时发表的观点甚至会缺乏连贯性。[1]传统意义上的主权来源于1648年的《威斯特伐利亚和约》,认为国家对于其领土以及与领土管理的相关政策拥有毋庸置疑的权力。但是《威斯特伐利亚和约》的出台其实是为了结束30年野蛮战争从而设计出来的包含128项条款的"精心策划的伪善之举"。[2] 不难理解的是,《威斯特伐利亚和约》的重要意义之一是为了将领土转至封建领主之下,而且要求缔约方庄严承诺不侵犯其他领主的领地。从现代的眼光来审视《威斯特伐利亚和约》,除了其定义了现代意义上的国家之外,就是一纸结束了30年残酷战争的和平条约。我们其实看不到任何所谓的"主权"定义。主权是一个不断演进的概念,它不可能也不会是一个固化的定性概念。[3] 不管其定义曾经有过的百家争鸣,对于当代的学者而言主权的概念与独立的概念和决定一国未来的能力有密切的联系。[4] 20世纪初的时候,奥本海通过将内部主权和外部主权区分来定义主权。[5] 布朗利在其最近的研究中认为主权一词可以看作独立的同义词,而独立是国家地位的一个重要属性。[6]

在国际法庭和国际法院的裁决中对于主权定义的争论不仅没有消失而且还在继续。在北大西洋渔业案中,常设仲裁庭指出"主权的基本要素之一

---

〔1〕 *United States - Import Prohibition of Shrimp and Shrimp Products*, WT/DS58/AB/R, para. 130, adopted 6 November 1998. 对该案主权问题的探讨,参见 John H. Jackson, "Sovereignty Modern: A New Approach to an Outdated Concept", *AJIL* (2003), pp. 782 - 802; "The Changing Fundamentals of International Law and Ten Years of the WTO", *JIEL*, Vol. 8, No. 1(2005), pp. 3 - 15。对于主权概念的演进探讨,参见 Gerard Kreijen et al. (eds), *State Sovereignty, and International Governance*, Oxford University Press, 2002, pp. 282 - 283。

〔2〕 Stephen Krasner, *Sovereignty: Organized Hypocrisy*, Princeton University Press, 1999.

〔3〕 Jens Bartelson, The Concept of Sovereignty Revisited, *EJIL*, Vol. 17, No. 2(2006), pp. 463 - 474; Kal Raustiala, "Rethinking the Sovereignty Debate in International Economic Law", *JIEL*, Vol. 6, No. 4 (2003), pp. 481 - 878.

〔4〕 James Crawford, *Brownlie's Principles of Public International Law*, Oxford University Press, 2012, pp. 204 - 212.

〔5〕 Lassa Oppenheim, *International Law: volume i, Peace*(1905), pp. 113 - 115.

〔6〕 Brownlie Ian, *Principles of International Law*, 7th ed., Oxford University Press, 2008, p. 76.

就是要在领土范围内行使权力,如果没有相反证据的话,主权与领土同生共死”。[1] 在20世纪早期,同样是常设仲裁庭的裁决,胡博法官在帕尔马斯岛案件中认为“主权在国际关系中就是独立,而独立是指在地球的某一块土地上行使自己的国家权力,而排除他国行使权力”。[2] 在最近的一起葡萄牙诉印度的通过印度领土权力案件中,葡萄牙主张自己有权将军事设备运出和运进大茂(Damao,地处于印度腹地的一块飞地)从而通过印度领土。虽然说对于货物运输和人口流动可以经由印度进出大茂是其本国的惯例,但是印度不存在葡萄牙所称的可以自由出入印度来运送军事设备的惯例。葡萄牙递交国际法院的诉状中声称通行权是一项建立在主权概念基础上的合乎逻辑的必然性权利。[3] WTO早期的案件基本都提及主权这个概念。在日本酒精饮料案的裁决中,上诉机构认为“WTO协定是一项条约,也可视为一纸国际合同。各成员自然是为了行使主权和追求自身的国家利益而讨价还价。成员方为了换取他们期望获得的作为世贸组织成员的好处,才同意根据WTO协定的承诺行使主权”。[4]

但是我们应该清楚地意识到由于全球化的发展,传统的主权概念已经站不住脚。[5] 从历史上看,主权具有以下4个特征:(1)内部权威性。一个主权国家享有最高政治权力和在其领土内合法地专享使用武力的权力。(2)边境控制性。一个主权国家有能力掌控其跨界行动。(3)政策自主性。一个主权国家可以自由选择外交政策。(4)不受干涉性。一个主权国家是一个被他国承认的免受外部干涉的独立的实体。可是这些主权特征并非是绝对的,而是为了维护世界秩序提供可预测的基石。有学者认为当今世界这

---

〔1〕 *orth Atlantic Coast Fisheries* Case(*United Kingdom v. United States*),11 RIAA(1910)167,p. 180;Dixon and McCorquodale,Cases and Materials on International Law,Oxford University Press,2011,p. 239.

〔2〕 *Island of Palmas Case*(*The Netherlands v. United States*),II UNRIAA,p. 829.

〔3〕 ICJ,*Right of Passage over Indian Territory*(*Portugal v. India*),Pleadings,1,pp. 6 , 26.

〔4〕 WT/DS8/AB/R,Appellate Body Report,*Japan – Alcoholic Beverages*,para. 15.

〔5〕 Philipp Allott,*Eunomia*:*New Order for a New World*,Oxford University Press,1990,pp. 329 – 330.

些主权的特性正在受到前所未有的挑战。[1]

乌拉圭回合所谈成的全球贸易成果被世界上大多数国家盛赞是一项伟大的胜利,但是包括美国在内的一些国家对1994年的成果怀着深深的失望和沮丧。对于这些国家来说,从1994年起他们必须将自己的经济主权让渡给一个新生的超国家性质的组织,即世界贸易组织。1994年美国许多政府官员提出"没有一个国际机构可以要求美国做什么或者不做什么,哪怕只是一些宽松的国际法律规范也不能对美国指手画脚。"美国国会明确表示"301条款"必须保留,而且WTO谈判代表必须站在美国立场来维护本国利益。[2] "301条款"指的是《美国1974年贸易法》的第301条,该条款规定美国贸易代表(USTR)可以不需要诉诸任何争端解决程序而采取单边贸易报复以达到限制其他国家贸易措施的目的。其单边报复性措施的立法分散在《美国1974年贸易法》的第301条至第310条。[3] 欧共体向WTO挑战了该项立法的合法性,[4]认为美国违反了DSU项下的一般义务,尤其是DSU第23条明确规定WTO成员方应当避免采取单边行动。DSU第23条规定"成员寻求纠正违反义务情形或寻求纠正其他造成适用协定项下利益丧失或减损的情形,或寻求纠正妨碍适用协定任何目标的实现的情形时,它们应援用

---

〔1〕 Richard N. Haass, Sovereignty: Existing Rights, Evolving Responsibilities, Remarks at the School of Foreign Service and the Mortara Center for International Studies at Georgetown University in Washington, DC, on 14 January 2003, available at www. iwar. org. uk/news - archive/2003/01 - 15. htm (last visited 20 May 2011).

〔2〕 John H. Jackson, "The Great 1994 Sovereignty Debate: United States Acceptance and Implementation of the Uruguay Round Results", *Columbia Journal of Transnational Law* (*CJTL*), Vol. 36 (1997), pp. 157 - 88; John H. Jackson, *Sovereignty, the WTO, and Changing Fundamentals of International Law, Lauterpacht Memorial Lectures*, Cambridge University Press, 2009, pp. 57 - 78. Sarooshi, "Sovereignty, Economic Autonomy, the United States, and International Trading System: Representations of a Relationship", *EJIL*, Vol. 15, No. 4 (2004), pp. 651 - 676.

〔3〕 Seung Wha Chang, "Taming Unilateralism Under the Multilateral Trading System: Unfinished Job in the WTO Panel Rulings on U. S. Sections 301 - 310 of the Trade Act of 1974", Law and Policy in International Business, Vol. 31, 1151 (2000); Yoshiko Naiki, "The Mandatory/Discriminatory Doctrine in WTO Law: The US - Section 301 Case and its Aftermath", JIEL, Vol. 7, No. 1 (2004), pp. 32 - 72.

〔4〕 *United States - Sections* 301 - 310 *of the Trade Act of* 1974, WT/DS152.

并遵守本谅解的规则和程序。"[1] 欧共体声称美国通过制定问题立法对WTO其他成员方采取单边行动不符合DSU义务,《美国1974年贸易法》也违反了GATT第1条、第2条、第3条、第8条、第11条的规定。但是专家组认为涉案美国立法是一项事实性的问题,所以专家组并不需要进行解释,而应当遵从成员方自己对法律的解释。[2] 由于缺乏足够的证据,欧共体的主张未获得专家组的采纳,专家组也拒绝了欧盟认为的美国违反DSU第23条规定和GATT相关规定的请求。[3] 综上,由于美国法律是否违约的举证责任在欧共体,而欧共体却无法获得足够的证据来说服专家组支持其主张。

一些学者提出WTO是全球化的组成部分,因为它规制了代表国家主权的一些部门与行业,一些批评人士则认为WTO缺乏公开性和透明度。[4] 这也就意味着只要这些与WTO建立的宗旨相违背的争议与讨论仍然存在,我们就有必要对建立在法律规则基础上的执行问题进行系统的研究。

多年以来,不少研究人员对WTO和GATT的执行问题作出了许多批判性的分析。这些文章为我们描摹了一幅世界贸易争端解决机制与成员方之间就国际承诺的执行问题不断博弈的场景。在讨论WTO案件执行是否合乎其条约规范方面,对于信奉传统儒家思想的中国来说希望通过教化来说服对方执行,和与西方法律传统的强制履行义务的理解方面可能存在潜在的不

---

〔1〕 Article 23.1 of the DSU.

〔2〕 *United States – Sections* 301 – 310 *of the Trade Act of* 1974, WT/DS152/R, para. 7.20.

〔3〕 *United States – Sections* 301 – 310 *of the Trade Act of* 1974, WT/DS152/R, paras. 7.7 – 187.189.

〔4〕 Gabrielle Marceau and Peter Pedersen, "Is the WTO Open and Transparent? Non – governmental Organisation and Civil Society's Claims for more Transparency and Public Participation", *JWT*, Vol. 33, No. 1(1999), pp. 5 – 49; Thomas Cottier, "Preparing for Structural Reform in the WTO", *JIEL*, Vol. 10, No. 3 (2008), pp. 497 – 508; Padideh Ala'i, "From the Periphery to the Center? The Evolving WTO Jurisprudence on Transparency and Good Governance", *JIEL*, Vol. 11, No. 4 (2008), pp. 779 – 802; Ljiljana Biukovic, "Selective Adaptation of WTO Transparency Norms and Local Practices in China and Japan", *JIEL*, Vol. 11, No. 4(2008), pp. 803 – 825.

一致性。[1] 对于西方而言,谈论WTO规则合规性的问题往往从条约必须遵守(*pacta sunt servanda*)为起点,而我国在讨论执行合规性问题的时候并不刻意地强调规范性。[2]

近年来,学术圈内提出了一个比较有说服力的观点,即找出国家间的国际义务与这些国家的基本社会现实之间的连接点。该观点与理想主义的观点如出一辙,即国际法不能脱离现有的国际问题,同时必须要兼顾历史的大背景。当我们在解释法律的时候,需要将法律推回到当时我们生活着的世界从而揭示其真实含义。[3] 虽然例外情况总是会存在,但是国内法是无法回答诸如社会价值或者解决冲突手段这些问题的。

而国际贸易法学者从其他的角度提出了不同的见解。对于任何争端裁决所援引的规则之独立性应当根据上下文决定。WTO争端解决机制核心之稳定性和可预测性至关重要,DSU在世界贸易体系中扮演着重要角色,代表的是最为复杂和最受关注的当代国际法。[4] 乌拉圭回合谈判的拥护者和批评者基本上认为WTO的司法体系是比较成功的,但是对于1995年世贸组织成立后出现的单边主义和重商主义倾向却各执一词。WTO的司法判决与《威斯特伐利亚和约》中的主权概念背道而驰,尤其是香蕉案和外国销售公司案的仲裁员认为在贸易领域内WTO所有成员方从一开始就应当坚持遵

---

〔1〕 Gilbert Rozman(ed.),*The East Asian Region*:*Confucian Heritage and its Modern Adaptation*, Princeton University Press, 1991; Heriyanto Yang and Yogyakarta, "The history and legal position of Confucianism in post - independence Indonesia", *Marburg Journal of Religion*, Vol. 10, No. 1(2005); H. Patrick Glenn, *Legal Traditions of the World*, Cambridge University Press, 5th ed., 2014, pp. 319 - 356.

〔2〕 Bruno Simma and Andreas Paulus, "The Responsibility of Individuals for Human Rights Abuses in Internal Confiets - A Positivist View", *AJIL*, Vol. 93, No. 302(1999) at p. 302; H. L. A. Hart, *The Concept of Law*, 2nd ed., Oxford University Press, 1994; Hans Kelsen, *General Theory of Law and State*, translated and republished by, Cambridge University Press, 1999.

〔3〕 Koskenniemi Martti, *From Apology to Utopia*, *The Structure of International Legal Argument*, *Reissue with New Epilogue*, Cambridge University Press, 2005, p. 422.

〔4〕 Ngangjoh - Hodu, Yenkong, Theories and Practices of Compliance with WTO Law(Kluwer, 2012), p. 26.

循"共同让渡主权"的原则。[1] 从这个原则出发,不管在 WTO 内为未执行报告的违约行为或者法条提供一个什么样的救济措施就变成既不是一项永久性的解决方案,也不是履行已经被 DSB 通过报告后需要执行其合规性效力的替代性方案。与 WTO 协议设计者意图相反的是,由于救济措施结构性的固有缺陷,各个成员方的个体利益受到极大的限制从而丧失了实现救济功能原有的目标。[2]

二、世界贸易法律合规性问题与国际关系中的结构主义学说

多年以来,结构主义或者建构主义(constructivism)一直被认为是国际关系领域内的学说之一。[3] 有意思的是结构主义的基础之一是各种规范的创设以及规范与规范之间的互动关系,但是却没有引起国际经济法律人士的兴趣,而处于边缘化的位置。虽说结构主义内部存在不同的变种,但结构主义者普遍将国际组织机制视为一项重要的议题,因为他们认为国际组织的成员方对于合理预期达成了一致。[4] 结构主义强调的就是像 WTO 这类国际组织机构在国际关系正常运作中所起到的重要作用。作为当代国际体系中的一根重要支柱,成立于 1995 年的 WTO 在过去的 20 多年时间内在成员方之间创设了一整套具有显著特征,并且符合共同合理预期的法律规范,成为国际法律体系的坚定拥护者。中国学者将其誉为模范国际法。鉴于这些共同的合理预期具有规范性的实际效果,那么结构主义就可以作为解释诸如一国行为对另一国造成的影响或者遵守国际贸易规则等问题的重要理论依据。

---

〔1〕 Pascal Lamy,"The World Trade Organisation:New Issues,New Challenges",*En Temps Réel*(4 September 2014),p.5.

〔2〕 Marco Bronckers and Neboth van den Broek,"Financial Compensation in the WTO:Improving the Remedies of WTO Dispute Settlement",*JIEL*,Vol.8,No.1(2005),pp.101 -126.

〔3〕 Jutta Brunneé and Stephen Toope,"Constructivism and International Law",in Jeffrey L. Dunoff and Mark Pollack(eds),Interdisciplinary Perspectives on International Law and International Relations:The State of the Art,Cambridge University Press,2012.

〔4〕 Andrew Lang,"Reconstructing Embedded Liberalism:John Gerard Ruggie and Constructivist Approaches to the Study of the International Trade Regime",*JIEL*,Vol.9,Issue,1(2006),p.81.

结构主义学派将世界贸易体系内的贸易法律和贸易制度视为工具或者结构用以提高不同成员间的相互依存度和促进成员方对其的合理预期。全球贸易体系作为一项制度包含了成员方共同追求的目标,并且设立了一套成员方全体同意的制度。[1] 虽然一些国际法人士没有将贸易法与结构主义学说进行对照,但是出于普及和宣扬WTO法律的需要,他们应当将结构主义学说纳入其中。更准确地说,如果不直面处理当代现实的实践和理论问题,那么就太容易被人诟病其"体系精神"[2]了。事实上,世界贸易体制是本着"在国际和国内市场上创设市场条件以有利于个体经济行为"的精神。[3] 因此,为了解决难啃的合规性和其他一些重要问题的时候,比较好的方法就是为了达成符合核心既定目标和体制目标且相互谅解的解决结果而超越"抽象的推定"。[4] 与认为功利主义(utilitarianism)为国际关系本质的自由主义学派[5]不同的是,结构主义认为是成员方的同一性而非个人利益至上才是国与国进行交往的指导原则。更为重要的是,结构主义中的共同意志合法化概念的提出,该概念对工具行为提出了挑战,或者说是限制了工具行为,而不是要大规模地消除该行为。[6] 类似于"规范""规则"这类词构成了结构主义的重要组成部分。[7]

朗·富勒对结构主义高度认可。他认为结构主义将法律视为社会运转过程中相互认可的构架。将结构主义嫁接到WTO中来的话,那么作为多边贸易体系中扮演重要角色的WTO成员方通过自身的行为在不断地构建和

---

〔1〕 Lang(2006),p. 104.

〔2〕 Gerald Fitzmaurice, "The General Principles of International Law Considered from the Standpoint of the Rule of Law",92 RCADI 1957/II p. 51, in Koskenniemi(2005),p. 258.

〔3〕 United States – Sections 301 – 310 of the Trade Act of 1974, WT/DS152/R, para. 7. 73 (27 January,2000).

〔4〕 Koskenniemi(2005),p. 259.

〔5〕 Lang(2006), p. 81. John Gerard Ruggie, "International Regimes, Transactions, and Change: Embedded Liberalism in the Postwar Economic Order", *International Organisation*, Vol. 36(1982), p. 379.

〔6〕 Jeffrey Lewis, "Institutional Environment and Everyday EU Decision Making: Rationalist or Constructivist?", *Comparative Political Studies*, Vol. 36, No. 1/2(February – March 2003), p. 106.

〔7〕 K. M. Fierke, "Constructivism", in Tim Dunne et al. (eds), *International Relations Theories: Disciple and Diversity*, Oxford University Press, 2007, pp. 167 – 169.

重构该国际组织。[1] 新现实主义试图将国家等同于个人,个人利益的最大化是终极目标,而结构主义关注的是规范与对合法行为的共同理解。[2] 此外,结构主义原则上具有更加灵活假设的特点,这就使得它能够更为准确地描述国家行为。[3] 对于结构主义研究者来说,如果在国与国相互交往之前来判断一个国家的行为是非常不适宜的。换句话说,一国身份的认同和定位的认可只可能发生在国家之间相互作用的过程中。[4]

结构主义思想中的"规范"理念在国际关系中产生了重要的影响,那么我们可以把它嫁接到 WTO 的案件中去审视。以新西兰和美国诉加拿大乳制品案的执行专家组报告为例。在该案中,相关涉案方同意 2001 年 1 月 31 日为合理执行期的最后期限。到了最后期限,新西兰和美国皆对加拿大的执行结果不满意,要求根据 DSU 第 21.5 条建立执行专家组。随后,加拿大要求上诉机构推翻执行专家组的裁决,上诉机构除了推翻了对《农产品协议》第 10.3 条的解释之外基本维持了专家组的裁决。根据该报告的裁决内容来看,并没有任何明确的规则来表明某一项标准或者指标来确认涉案的违规措施是否涉及"支付"。但是,明确这一点是非常必要的,因为这是为了解决是否是加拿大政府授权对涉事农产品进行补贴的问题。执行专家组在报告中指出,《农产品协议》第 9.1(c)条没有明示当涉案措施在出现实物付款方式情况下"支付"的界定标准,因为第 9.1(c)条没有提供这样的标准,那么就可以比照与本协议项下涉及出口补贴提供明示标准的条款。[5] 虽然《农产品

〔1〕 Jutta Brunneé and Stephen Toope, "International Law and Constructivism: Elements of an Interactional Theory of International Law", Columbia Journal of Transnational Law, Vol. 39(2000), p. 30.

〔2〕 Fierke(2007), pp. 169 – 170; cf. Hans J. Morgenthau, *Politics Among Nations: The Struggle for Power and Peace*(New York, Alfred A. Knopf, 6th ed., 1985); Claire R. Kelley, "Realist Theory and Real Constraints", *Virginia Journal of International Law*, Vol. 44(Winter 2004), pp. 545 – 636.

〔3〕 Andrew Guzman, *How International Law Works: A Rational Choice Theory*, Oxford University Press, 2008, p. 20.

〔4〕 Ian Hurd, "Constructivism", in Christian Reus – Smit (ed.), *The Oxford Handbook of International Relations*, Oxford University Press, 2008, pp. 298 – 316.

〔5〕 *Canada – Measures Affecting the Importation of Milk and the Exportation of Dairy Products*, WT/DS103/AB/RW, WT/DS113/AB/RW, at para. 75.

协议》第9.1(c)条很明显没有明示当涉案措施在出现实物付款方式情况下“支付”的界定标准,但是加拿大却不能扛着所谓的自由市场规则为口号的“自由原则”这杆大旗来设定出口牛奶的价格,在本案中,执行专家组开创性地提出可以援引《农产品协议》项下其他条款的标准来解读第9.1(c)条。这样通过援引《农产品协议》项下其他条款来填补第9.1(c)条的空白。加拿大提交的对出口牛奶提供的所谓合法补贴的理由是不成立的。专家组认定加拿大的此项补贴不符合《农产品协议》第9.1(c)条的规定。[1]

参照结构主义的观点,就本案而言,原被告双方可以以《农产品协议》项下的相关条款为依据而产生合理预计。结构主义认为规范是国与国交往的理性做法,因为它同时指出通过制定一个全面的国际协议来应对每种情况是非常困难的。从这个角度来说,结构主义思想对于处理国与国之间有关自由冲突的问题是一个比较合适的方法。也有学者提出结构主义为国际关系相关问题提供了清晰的路线图。[2] 结构主义思想为澄清个人既得利益和权力之间的关系提供了一个重要方法。而该澄清对于国际组织规范和执行方面的讨论是至关重要的。从上述加拿大奶制品案执行专家组报告可以看出,国际法庭在很大程度上支持了结构主义的观点。国家的权利和义务并非建立在传统的主权基础之上,而是构建于公平原则的基石之上。

并不是世界贸易组织争端解决机制第一次使用结构主义的方法来解决争议。我们还可以看看国际法院的一个案例。1982年利比亚和突尼斯就海洋划界问题向国际法院提起诉讼。国际法院指出法院有责任适用公平原则作为国际法的一部分,并且平衡各种因素,其目的是产生一个公平的结

---

〔1〕 *Canada – Measures Affecting the Importation of Milk and the Exportation of Dairy Products*, WT/DS103/AB/RW, WT/DS113/AB/RW, at para. 12 – 24.

〔2〕 Ted Hopf, "The Promise of Constructivism in International Relations Theory", *International Security(IS)*, Vol. 23, No. 1(1998), pp. 171 – 200; Jutta Brunnee and Stephen Toope, "International Law and Constructivism: Elements of an Interactional Theory of International Law", *CJTL*, Vol. 39 No. 1(2000); Zehfuss Maja, *Constructivism in International Relations: The Politics of Reality*, Cambridge University Press, 2002.

果。[1] 除了海洋划界案件运用了公平和公正原则之外,国际法院还在布基纳法索与马里的边界争端案件[2]中使用了相同原则。在国际贸易法律中,诸如"公平市场份额"[3]和"公平竞争"[4]等词常常出现。

此外,"自由原则"[5]在 WTO 法律里面也可以找到。《反倾销协议》就是一个很好的例子,因为它是一项尊重 WTO 各成员利益的安排。比如在《反倾销协议》第 17.6(ii)条并不要求成员方制定一项具体的反倾销机制,也不要求成员之间必须有相同的反倾销机制,但是每一个成员有责任通过"采用最好和最合适"[6]的方法来遵守《反倾销协议》这一国际义务。

《反倾销协议》所赋予成员的权利可以通过上诉机构所使用的两种解释方法得到印证。尤其是第 17.6(ii)条所赋予的成员方政府权利就是一个典型例子。在美国热轧钢案的裁决中,上诉机构认为第 17.6(ii)条第二句预设了《维也纳条约法公约》第 31 条、第 32 条所使用的条约规则对于《反倾销协议》的一些条款来说可能产生至少两种解释,对于公约而言都是可以解释的。在这种情况下,如果一项措施可以用两种解释方法中的一种来适用,那么该措施就可以被视为符合《反倾销协议》的适用。[7] 从上诉机构报告中可以看出解释方法的选择是要看该方法是否符合《维也纳条约法公约》第 31 条、第 32 条的规定。因此,如果《维也纳条约法公约》第 31 条的文本没有排除适用

---

〔1〕 Continental Shelf Case(*Tunisia v. Libya*), ICJ Rep. 1982, p. 18.

〔2〕 Frontier dispute case(*Burkina Faso v. Mali*) ICJ Reports 1986, pp. 567 – 568.

〔3〕 Walter Goode, Dictionary of Trade Policy Terms, 4th ed, Cambridge University Press, 2003, p. 123.

〔4〕 Walter Goode, Dictionary of Trade Policy Terms, 4th ed, Cambridge University Press, 2003, p. 122.

〔5〕 Koskenniemi(2005), pp. 258 – 272.

〔6〕 PCIJ's decision in the *Lotus* case, PCIJ 1927(ser. A) No. 10, p. 18.

〔7〕 *United States – Anti – Dumping Measures on Certain Hot – Rolled Steel Products from Japan*, WT/DS184/AB/R, para. 59; *United States – Anti – Dumping and Countervailing Measures on Steel Plate from India*, WT/DS206/R, para. 7. 5 – 7. 6; *Argentina – Definitive Anti – Dumping Duties on Poultry from Brazil*, WT/DS241/R, paras. 7. 45 – 7. 47; *United States – Final Dumping Determination on Softwood Lumber from Canada*, Recourse to Article 21. 5 of the DSU by Canada, WT/DS264/AB/RW, para. 123; *United States – Anti – Dumping Administrative Reviews and Other Measures Related to Imports of Certain Orange Juice from Brazil*, WT/DS382/R, paras. 7. 126 – 7. 129.

某一个解释方法,那么成员方政府就可以自由选择其适用性。[1] 对于《反倾销协议》第17.6(ii)条的含义存在不同的声音。虽然对于《反倾销协议》第17.6(ii)条的解释和其目的可以阐述不同看法,[2]但是对于第二句[3]的理解仍然需要通过更多专家组裁决来证明如何来尊重成员方政府的决定。

尽管招致一些严厉的批评之声,[4]但是反倾销措施的特别审查标准设立本身就意味着成员方主管机关可以采用两种解释方法中的任意一种方法,只要这种方法符合通常的解释规则,并且符合第17.6(ii)条文本。这样的方法与常设国际法院的案例判决[5]类似,却与国际法院的案件判决[6]不同。在过去的几十年里,常设国际法院在荷花号案所使用的解释方法在学术圈形成了两种截然不同的看法。[7] 常设国际法院指出对于国家独立的限制在这里是不能被假定的,对于国家来说能够由国际法来限定的最重要的一条就是如果没有其他相反的可以被允许的规则存在,那么该国就无法在他国管辖权

---

〔1〕 *United States – Continued Existence and Application of Zeroing Methodology*, WT/DS350/AB/R, para. 268.

〔2〕 James P. Durling, "Deference, But Only When Due: WTO Review of Anti – Dumping Measures", *JIEL*, Vol. 7, No. 1 (2003), pp. 125 – 53; John Greenwald, "WTO Dispute Settlement: an Exercise in Trade Law Legislation?", *JIEL*, Vol. 7, No. 1(2003), pp. 113 – 24.

〔3〕 Bipartisan Trade Promotion Authority Act of 2002 Report, Senate Finance Committee, S. Rep. No. 107 – 139, at section III. 1(2002).

〔4〕 Daniel K. Tarullo, "The Hidden Costs of International Dispute Settlement: WTO Review of Domestic Anti – Dumping Decisions", *Law and Policy in International Business*, Vol. 34, 109, 118(2002).

〔5〕 最重要的案件如1926年的荷花号案。

〔6〕 有不少案件可以说明。参见 *Legality of the Threat or Use of Nuclear Weapons*, Advisory Opinion, 1996 ICJ 226, 238 – 39(8 July); Military and Paramilitary Activities(*Nicaragua v. United States*), 1986 ICJ, 14, 24(27 June); North Sea Continental Shelf(*Federal Republic of Germany v. Denmark*, *Federal Republic of Germany v. The Netherlands*), 1969 ICJ. 3, 44(20 February, 1969)。

〔7〕 路易斯·亨金就常设国际法院对荷花号案的判决大为赞赏,认为其是20世纪在管辖权领域内具有里程碑式意义的判决之一,参见 Louis Henkin, "International Law: Politics, Values and Functions", *Recueil des Cours*, 216, 9(1989 IV), p. 278。在劳德派特看来,该判决在管辖权的方面提出了有价值的意见,参见 1 *Oppenheim's International Law*, p. 270, footnote 2, Hersch Lauterpacht edition, 1937; Bin Cheng, *General Principles of Law as Applied by International Courts and Tribunals*, 29(1953)。另一派的观点以布朗利为代表,认为该案在管辖权原则方面的判决毫无帮助,而且该判决的特点就是笼统和含糊其辞。参见 Ian Brownlie, the Principle of International Law, 7th edition, Oxford University Press, 2008, p. 302。

内行使其权力。[1]

一些国际法学者将该原则理解为只要明示的国际法规则没有禁止即为允许。[2] 对于 WTO 法律而言,这个解释的假设是如果任何一个 WTO 所涵盖的协议,比如农产品协议或者反倾销协议,对于某一个特定事物持开放的态度,那么对于该事物的政策选择由成员方自己决定以加强国际贸易,但是必须受 WTO 法律文本之约束。[3] 虽说这样的一种解释会被"荷花号案"原则的信徒引为知己,但是却背离了传统的做法,因为这样做就势必要仰仗成员方自身的判断而可能导致被滥用的结果。

然而,如果我们同意国际关系是随着时间的推移而变化这个观点的话,那么就很难想象任何的国际贸易协议可以全面到涵盖所有最无法预见的贸易问题。[4] 由于在 WTO 条约体系内的非违法之诉和情势之诉的原则根深蒂固,所以当世贸组织成员想要以正当的且不违反法律文本的名义来施加贸易限制措施的选择权实际上是很有限的。

从以上的论述可以看出,通过借用结构主义原则可以更好地解决国与国之间的争议。再举一个例子。虽然 GATT 第 20 条明确成员方可以不遵守在 WTO 条约项下市场准入承诺的一般义务,但是这些措施不得侵犯其他成员方的权利。换句话说,该系争措施必须实现一个特定的合法目标,而且该措施只能是必要的,一旦超过这个必要的限度,那么对方国家也可以采取符合 GATT 协定或者在该范围内限制较少的措施来实现相同的目标。从以上分析来看,假如法律规范没有明确地规定,那么当事方就可以按照各自的理解

---

〔1〕 PCIJ 1927(ser. A)No. 10,p. 18.

〔2〕 Roger P. Alford,"Reflections on *US – Zeroing*:A Study in Judicial Overreaching by the WTO Appellate Body",*Columbia Journal of Transnational Law*, Vol. 45 (2006), pp. 196, 203; Yuval Shany, "Toward a General Margin of Appreciation Doctrine in International Law?",*EJIL*, Vol. 16(2005),pp. 907, 912.

〔3〕 Roger P. Alford,"Reflections on *US – Zeroing*:A Study in Judicial Overreaching by the WTO Appellate Body",*Columbia Journal of Transnational Law*, Vol. 45(2006),p. 202.

〔4〕 John Jackson,"State of International Economic Law – 2005:The Changing Fundamentals of International Law and Ten Years of the WTO",*JIEL*, Vol. 8 No. 1(2005),pp. 3 – 15.

来认定是允许的还是被禁止的。如果使用结构主义中的平衡方法,就可以比较明确地认定争端各方的权利和义务。在国际关系中,不是主权来决定一国的权利和义务,而是权利和义务决定一国的主权范围。

三、结　论

许多人,包括一些学者,主张 WTO 是全球化的重要组成部分之一,其原因是其规制了代表国家主权基石的某些行业,但是我们应该认清其中的现实性。理论可以成为预测和提供国家未来行为的重要参考。有着不同历史和传统的国家成立了 WTO 这个多边组织,那么毫无疑问各个国家对于执行 WTO 规则会受其传统和历史的影响。

只要现在还存在与 WTO 宗旨和精神不符的情况,只要那些挑战 WTO 规则和协议的政策和措施继续存在,那么就有必要从理论的角度对 WTO 规则的执行进行研究。各个国家,包括中国在内,都应该给予高度的关注。

总之,从传统的主权角度分析 WTO 执行问题已经不合时宜,借助国际关系中的结构主义可以较好地解释 WTO 成员需要执行 WTO 规则。

合同解释之大陆法

——方法、演进和趋势

廖志雄*

一、合同解释过程中法官必须面对的问题

现实生活中的大量合同纠纷与合同内容的解释有关。一般而言,无论在哪个现代法律体系之下,法官对合同或者合同条款进行含义解释时,需要面对两个最基本的问题。首先,当合同文本(在有书面合同的情形下)的语言文字的通常含义与合同当事人的内在真实合意不一致时,应当以哪一个为准?其次,在存在书面合同的情形下,在解释合同文本(条款)的含义或者探求合同当事人内在真实意思的过程中,合同文本之外的证据,譬如有关合同订立之前的沟通或合同订立之后的履行过程中的行为等证据,是否应当被法庭所接纳?如果回答是肯定的,哪些证据应当被接纳?

对第一个问题的回答(选择)是根本性的,当合同文本的语言文字通常含义与当事人内在意图不一致时,是以作为外在意思表示的合同语言文字(文本)为准,还是以当事人内在真实意图为准,法官必须二者择一。而第二个问题从表面上看,是证据法中关于证据可接纳性规则要解决的问题,但其实同时也是合同法有关合同解释的重要问题,因为对这个问题的回答,受到前一个问题的制约,反过来也反映对前一个问题选择的"颜色深度"。譬如

---

* 法学博士,新西兰怀卡托大学法学院高级讲师,研究方向为合同法、商业法、土地法。

说,如果法律要求法官必须以合同(文本)的语言文字的通常含义为准,那么当事人向法庭提交的存在于合同文本之外的用于证明其作所主张的“内在真实意图”的证据就不能被接纳。

对上述两个互相关联的问题的不同回答,反映了合同解释基本方法论的不同。一般认为,当合同文本的语言文字的一般含义与当事人主张的不同于一般含义的所谓真实意图不一致时,普通法系的法官通常会依照合同文本的通常含义来解释,并且对合同文本之外的用于证明内在意图的证据持排斥的态度。这被称为客观主义的合同解释,或者叫形式主义解释方法。[1]而大陆法系的法官通常被制定法要求不要受到合同文本语言文字之字面含义的束缚,应当着意探寻合同当时人在缔结合同时达成的真实意图。[2]与之相联系的,是对合同文本之外的证据持非常开放的态度,即所有用于证明当时人真实合同意图有关的证据都会被法庭接纳。这种合同解释的基本方法,被称为主观主义的合同解释,或者叫实质主义的解释方法。

二、大陆法系之合同解释方法

合同解释的前提是合同已经存在,解释不是判定合同是否已经成立,而是要解决合同的内容究竟是什么的问题。合同的成立与否,比之于合同解释,是一个更为客观的过程,往往独立于合同当事人的认知。一旦合同成立的法定要件具备了,合同即告成立。而合同解释是要探寻合同当事人究竟达成了什么样的共同意图(合意),因而是与当事人的主观认知更为密切相联系的事项。但是,两者也是密切关联的,对某一特定的契约文本的不同解释,可能导致关于合同是否已经成立的截然不同的结论。这一点在大陆法系中表现得更为明显,因为大陆法系中的合同解释,更多地作为整个合同法(甚至

---

〔1〕 普通法的法官在合同内容解释上对于合同外证据的可接纳性,已经逐步转向较为开放的态度,在某些方面甚至已经发生了重大的变化。关于普通法系的合同解释方法的历史发展和趋势的详细讨论,笔者在其他著作中已有讨论

〔2〕 许多大陆法系国家(地区)的立法明确要求法官如此。例如,《法国民法典》第 1156 条、我国台湾地区“民法典”第 98 条,等等。

债法体系或者整个民法体系)的一个组成部分来进行的,比如合同解释受到一般民法基本原则如公平、诚实信用(good faith)原则等的约束。对大陆法系合同解释法律规则的考察,必须考虑到这一点。也就是说,大陆法系合同解释的规则,不限于民法典或者合同法典中以"合同解释"为标题的那一条款或章节,甚者还不限于"合同"那一篇,还应当考虑更为广阔的整个民法体系框架。

与普通法系截然不同的是,大陆法系的合同解释规则不是由法官在审判实践中发展起来并通过判例来表述,而是由民法典或者合同法典以成文法的方式表达的。例如,《法国民法典》第三部分第三章第五节"契约的解释"包含了一系列的合同解释规则(第1156~1164条)。根据这些规则,合同解释是要"探寻合同当事人的共同意图(合意),而非执着于条款的字面含义"。[1] 对于有两种(或以上)可能含义(歧义)的条款,应当"依照可能产生效果的含义而非以不能产生效果的含义来理解",[2]且应"选择最适合于合同目的之含义"。[3] 至于什么构成"歧义","应当依照合同缔结地的惯常用法来解释"。[4] "惯例条款应当被补充进合同,即使合同中没有明示提到"。[5] 协议中的所有条款"应当通过赋予每一条款在整个协议(文本)中应有的含义来相互参照解释"。[6] 在存在疑问的情形下,协议"应当作对规定(要求)义务的一方不利而对承担义务的一方有利的解释"。[7] "协议的条款,无论协议用语表述得如何宽泛,也只应当包括看来是当事人意图去协议的事宜。"[8]"当某种情形被列举出来用于解释(合同)义务时,不应当认定这是意图排除合同依法应当覆盖但没有被列举出来的情形从而缩减合同

[1] 参见《法国民法典》第1156条。
[2] 参见《法国民法典》第1157条。
[3] 参见《法国民法典》第1158条。
[4] 参见《法国民法典》第1159条。
[5] 参见《法国民法典》第1160条。
[6] 参见《法国民法典》第1161条。
[7] 参见《法国民法典》第1162条。
[8] 参见《法国民法典》第1163条。

的范围。"[1]

《德国民法典》中直接表述为"合同解释"的条款是第157条。该条规定,合同解释应当遵循诚实信用原则并考虑交易惯例。其中并没有提到究竟采纳合同字面含义还是以探究当事人真实意思为原则。为此,需要回到第133条"意思表示的解释"。该条规定,对意思表示的解释应当探寻真实意图而非执着于意思表示的字面含义。该条是包含在民法典第一部分"总则"的第三章"法律交易(行为)"中的第二节"意思表示"之中的,而其前面的第一节是"合同的行为能力",其后面的第三节是"合同"(主要是关于要约和接受的规定,以及前面提到的第157条"合同解释")。由此可见,《德国民法典》将合同视为意思表示的一种,有关意思表示解释的法律规则当然适用于合同解释。《德国民法典》第133条与《法国民法典》第1156条在本质上相同,都要求法官在对合同解释时探寻真实意思而非拘泥于外在表示的字面含义。至于对合同解释应当遵循诚实信用原则并考虑交易惯例,《法国民法典》虽然没有直接在"合同解释"这一节中要求,并不等于合同解释不需要遵循这样的规则。譬如,"诚实信用"原则贯穿于整个民事法律体系,一切的民事法律关系都受到这一原则的制约,无法想象在法国合同解释不需要遵循这个原则。所以,法德两国合同解释的根本性规则没有本质上的差异。另外,《德国民法典》中没有类似于《法国民法典》第1157~1161条和第1163~1164条的条款。有学者认为,这是《德国民法典》的制定者有意避免将这些"规则"精确地写入民法典,因为它们不过是关于逻辑的规则。[2]有趣的是,非大陆法系的《美国合同法重述(二)》第201~208条却包括了许多这样的类似合同

[1] 参见《法国民法典》第1164条。

[2] Vogenauner, "Interpretation of Contracts: Concluding Comparative Observations" in Burrows and Peel (eds), Contract Terms, Oxford University Press, 2007, at 123, 130 - 131. 转引自 C Valcke, "Contractual Interpreation at Common Law and Civil Law: An Exercise in Comparative Legal Rhetoric" in J Neyers (ed.) Exploring Contract Law, Hart Publisher, 2008, pp. 77 - 114。

解释规则。〔1〕

我国台湾地区“民法典”第98条规定“解释意思表示,应探求当事人之真意,不得拘泥于所用之辞句”,几乎就是《德国民法典》第133条的中文版。虽然在合同解释规则中没有与《德国民法典》第157条类似的规则,但在司法实践中同样要求遵循诚实信用原则和考虑交易惯例。

许多其他大陆法系国家或地区也采纳了相当于《法国民法典》第1156条的规定,将探寻当事人真意而不应拘泥于合同字面含义作为合同解释的基本原则。比较典型的如《美国路易斯安那州民法典》(Louisiana Civil Code)第2045条明确规定“合同的解释是对合同当事人共同意图的确定”;又如《加拿大魁北克省民法典》甚至有着《法国民法典》第1156~1164条几乎一一对应的条款。〔2〕

三、对合同解释的主观主义的理论分析

支持主观主义合同解释方法的主要理由包括这样两点。首先,合同自由原则意味着合同的当事人有权选择是否缔结合同、跟谁缔结合同、以怎样的条款(内容)来缔结合同。也就是说,合同应当反映当事人的内在意愿。如果仅仅因为合同使用的语言文字之通常字面含义与当事人之真实意图不一致而忽略当事人的内在真实意图,这将会产生法官给合同当事人强加一个不符合他们内在真实意图的合同,严重违反合同自由原则。毕竟在某些情形下,合同文本中使用的某些语言文字,很可能被特定合同的缔结人赋予了不

〔1〕 例如,《美国合同法重述(二)》第202条第3款规定,除非不同的意图得到证明,合同依照合同用语的通常含义或者技术含义来解释。这表明在某种程度上,法官会接纳用于证明当事人不同于合同用语通常含义的内在意图的外在证据。但是,不能由此推断,认为美国已经接纳主观主义的解释方法。关于此点的讨论,参见廖志雄:《合同解释之普通法——方法、演进及趋势》,载《上外法律评论》(2017年·总第3卷),第39~50页。

〔2〕 参见《加拿大魁北克省民法典》第1425~1430条。再如《阿拉伯联合酋长国民事交易法》(通常被称为“民法典”)第265条。阿根廷最高法院也有类似的表述(见 Argentine Supreme Court of Justice, Fallos 311:1556,转引自 Julian Hermida,“Convergence of Civil Law and Common Law Contracts in the Space Field”)。

同于其通常含义的特定含义。这可能基于他们共同认可的某些语汇含义用法、他们过往的交易历史或者某些特定语汇在特定环境下的独特含义等。这些因素,使得某些合同文本用语被合同缔结人赋予不同于其通常字面含义的独特含义具备了某种程度上的正当性;他们的合同自由不应当因此受到损害。其次,从法律经济学的角度来看,如果法官过度执着于合同文本的字面含义而忽略合同当事人的真实意图,这将会导致合同起草、磋商和缔结的成本大大增加,导致对合同缔结效率的减损,违背合同法的促进交易原则。这一点对于大量没有受过法律专业训练的合同当事人来说,尤其重要。一个无可否认的事实是,现实生活中的大量合同,是在没有法律专业人士参与的情况下磋商和缔结的。法律专业人士的参与固然很可能避免某些麻烦,但法律服务的成本也是不容忽略的。

从另一个角度来看,合同解释的主观主义也存在明显的缺陷。第一,主观主义的合同解释,必然伴随着合同内容不确定的问题。合同当事人的内在真实意图,总是需要外在语言文字来表述的,如果合同的语言文字不按照他们的通常含义来解释,那么当事人赋予他们的不同于通常含义的所谓“特定含义”就有多种可能性。如此一来,合同的内容在法院判决生效之前,都无法确定。第二,对合同第三人的不公平问题。一般而言,合同的权利义务是可以转让的。没有参与合同磋商缔结过程的第三人,在受让合同权利义务时,只能够通过合同文本语言文字作通常含义的解读来判断和确定自己即将受让的权利义务的内容,而不能听信合同权利义务出让人所描述的不同于文本语言文字通常含义的所谓“真实意图”。如果将来有合同纠纷,法院根据所谓合同缔结当事人的“真实意图”对合同内容作出不同于合同文本语言文字通常含义的解释,合同权利义务的受让人的利益可能受到无辜损害,并且无从寻求救济。第三,与不确定性和对第三人不公平相联系的,是对合同促进交易原则的违背。合同法假定,合同的缔结与履行,是对合同各方都有利的,否则作为“理性的经济人”的各方,不会自愿缔结该合同。因此,合同权利义务的转让,作为合同的一种,也必然对促进经济合作增进全社会的福利具有不可忽略的作用。因为合同解释主观主义带来的合同内容不确定性和对第三人不公平问题,不可避免地产生抑制合同权利义务的高效率转让的效果,违背促进交易的原则。第四,主观主义的合同解释方法,会导致合同纠纷的解决效率下降。因为法官被要求不要受到合同文本语言文字的通常含义的约束来探寻合同当事人的"真实意图",这样将导致大量合同文本之外的证据被提交。这些证据可能包括:当事人在磋商合同过程中的大量通信记录、一方当事人内部讨论该合同的记录、当事人用以证明合同中某一语汇特殊含义的双方过往交易历史的记录、合同缔结之后当事人履行合同或者与履行合同相关的语言行为的相关证据等。这些证据往往种类繁多、数量惊人。然而,一旦法律允许提交这些证据,法官就必须依照证据规则来行事,解决几个最基本的、无可回避的问题:某一项提交的所谓"证据"是否真实且具有相关性、是否应当被接纳、如果被接纳应当如何解读该项证据并赋予怎样的权重。而诉讼各方也就需要围绕这些问题进行辩论,对提交的证据进行质证等。这样一来,涉及合同内容解释的诉讼成本就非常高昂;并且非常可能远远超出合同磋商起草缔结过程中使用法律专业人士服务而发生的成本。第五,主观主义合同解释的方法,还可能导致强行解释、鼓励诉讼的后果。"理性的经济人"假定,并不排斥"机会主义"。合同一方当事人,在某些情形下(譬如认为"有机可乘"时),可能强行主张其所谓"真实意图"不同于合同文本的通常字面含义,寻求逃避合同义务或获取额外利益。如果法庭判决支持了这个所谓的"真实意图",〔1〕那么合同他方就会被强加给一个他们从来没有期待过或进入过的合同,导致对合同他方合同自由的严重损害。

四、我国的合同解释方法的主义问题

我国《合同法》第125条规定,当事人对合同条款的理解有争议的,应当按照合同所使用的词句、合同的有关条款、合同的目的、交易习惯以及诚实信

〔1〕 由于"内在真实意图"证明的复杂性、证据的多样性、证据解读和权重分配的无限可能性,无可否认产生这样结果的可能性是真实存在的。

用原则,确定该条款的真实意思。这是我国合同解释的一般规则。该法第41条提供了关于格式合同解释的特别规则。该规则与《德国民法典》第305B条和第305C条第2款相对应,而适用范围略小于《法国民法典》第1162条。另外,《合同法》"总则"的第三章"合同的履行"中的第61条和第62条提供了合同约定不明确时适用的合同相关内容推定规则,严格而言,并非合同解释规则,而更接近于默示条款或隐含条款(implied terms)规则。《合同法》第125条高度概括,几乎把《法国民法典》第1161条("合同有关条款")、第1158条("合同目的"),以及《德国民法典》第157条("交易习惯及诚实信用原则")都包括进去了。至于该条究竟反映了主观主义还是客观主义的解释理念,并不清晰。一方面,中国法与大陆法系的密切关联以及第125条中上述用语对法德两国民法典有关条款的高度概括,以及"确定……真实意思"的表述,似乎表明其采取了主观主义的立场;另一方面,"按照合同所使用的语句""……确定该条款的真实意思"(注意,是"条款"的真实意思而非"当事人"的真实意思,在某些情形下两者可能不同),又似乎指向客观主义。学者对此条究竟反映了何种"主义"存在极大的争议。问题是,为什么关于合同解释的基本方法必须归结到某一主义呢?处于某一法系的国家,对于合同解释的法律规则设计,是否可以与所谓的"主义"脱钩?也许对这个问题的回答,可以为我国(以及其他国家)合同解释法律规则的完善找到可能的出路。

再看全国人民代表大会最近通过的《民法总则》[1]关于民事法律行为意思表示的解释规则。《民法总则》第142条规定:"有相对人的意思表示的解释,应当按照所使用的词句,结合相关条款、行为的性质和目的、习惯以及诚信原则,确定意思表示的含义。无相对人的意思表示的解释,不能完全拘泥于所使用的词句,而应当结合相关条款、行为的性质和目的、习惯以及诚信原则,确定行为人的真实意思。"该条区分两种不同的情形,适用不同的解释

---

〔1〕《中华人民共和国民法总则》于2017年3月15日第十二届全国人民代表大会第五次会议通过,自2017年10月1日起施行。

规则。对比两款解释规则,可以发现,共同的地方是:对意思表示的解释,应当“结合相关条款、行为的性质和目的、习惯以及诚信原则”。不同的是,对于有相对人的意思表示的解释,“应当按照所使用的字句……确定意思表示的含义”,而对于无相对人的意思表示的解释,则“不能完全拘泥于所使用的词句……确定行为人的真实意思”。可见有相对人表示的意思表示的解释,更加客观化,所使用的字句以及外在意思表示更受重视,更影响或者决定解释的结果。而对于无相对人的意思表示的解释,则更加主观化,法官被要求以确定行为人的内在真实意思为终极目标,需要在更大程度上忽略外在意思表示。第124条是第六章“民事法律行为”中的第二节“意思表示”中的一条,自然适用于作为民事法律行为之一的合同行为。将该条与《合同法》第125条对比,可以发现,在接受合同行为基本上都是有相对人的民事法律行为这一前提之下,新的《民法总则》对于合同民事法律行为解释的规则,是与《合同法》一致的,是对《合同法》第125条的确认和巩固。由此看来,我国合同解释的法律规则,是偏重于客观化的,这已经得到高位阶立法的再次确认。将我国《民法总则》第142条(以及《合同法》第125条)与经典大陆法系国家或地区的立法(如《法国民法典》第1156条、《德国民法典》第133条、我国台湾地区“民法典”第98条)相比较,就可以发现我国合同解释法律规则与经典大陆法系的立法已经存在重大的本质性的差别,这种差别已经不是“立法用语习惯不同”所能够涵盖。我国立法强调寻求外在“意思表示”或合同“条款”的真实意思,而后者则强调探寻合同当事人的内在真实意图,而非执着于意思表示或条款的字面含义。

依照学界普遍接受的观点,我国的法律体系大体上是归属于大陆法系的,尽管受到苏联的影响而具有社会主义法律体系的特色。那么,我们能否由此得出结论,我国合同解释是主观主义的?观察上述关于合同解释的法律规定,结合作者对两大法系合同解释方法历史和演进的考察和比较,[1]笔者

〔1〕 参见廖志雄:《合同解释之普通法——方法、演进及趋势》,载《上外法律评论》(2017年·总第3卷),第39~50页。

认为,我国采取的不是典型的大陆法系国家(地区)普遍采用的主观主义解释方法,而是一种接纳了普通法某些理念,融合了客观主义因素的,以主观主义为基础的"混合主义"的解释方法,或者可以称为"主观主义为基础的客观化方法"。解释目标或理念是主观主义的,但在解释具体方法和技术层面上,在很大程度上是客观化的。也许这是克服主观主义方法重大缺陷的尝试?另外一个可能的解释,就是我国合同法的立法,受到了《联合国国际货物销售公约》的巨大影响。该公约作为两大法系妥协的产物,不可避免地包含了一些"折中"与"混合"。[1]

考虑到合同法作为财产或财产性权利在不同权利主体之间的交易法,以及在经济全球化时代大量的交易非常可能在处于不同法域的主体之间进行,笔者认为我国《合同法》以及《民法总则》所采用的偏向于客观化的合同解释规则是恰当的,比诸经典民法体系中的合同解释规则,更能体现合同法促进交易的功能,更能符合现代交易全球化的趋势和需要。

五、结　论

大陆法体系对于合同解释的法律规则,总体而言是主观主义的,是以探寻当事人的内在真实意思为终极目标的。法官不仅被赋予权利而且是被要求在探求合同当事人内在真意的过程中不拘泥于合同条款的字面含义。当作为外在意思表示的合同条款的字面含义与当事人的内在真意不一致时,法官被要求依照当事人的内在真意来解释,不受合同文本字面含义的约束。并且,在解释合同的过程中,合同文本之外的相关证据,如证明合同目的、交易

〔1〕《联合国国际货物销售公约》第8条第1款规定,在他方知悉或者不可能不知悉的情况下,一方的陈述或行为依照该方的意图解释。第2款规定,在其他情形下(该条第1款之外的情形下),依照与合同他方同类的理性的人(a reasonable person of the same kind)在相同的情形之下所应有的理解来解释。这一款要求抛开合同当事人的特定意图,依照"同类理性人"的一般假定来解释合同,是典型的"客观主义"。第8条第3款紧接着规定,在确定一方意图或者理性的人所应有的理解时,"所有与案件有关的情形,包括磋商、合同当事人之间已经确立的惯常做法或用法,以及当事人的合同后行为,都应当得到恰当的考量",表明所有与证明当事人主观意图相关的客观载体都可以被法庭接纳。这似乎又与大陆法系的"主观主义"相呼应。

习惯等的证据,应当被接纳。但是,从对我国《合同法》和《民法总则》所采取的立场,以及有关民法体系判例的观察(以及对普通法系合同解释方法及其演进趋势的比较),笔者认为,大陆法系合同解释的法律规则,呈现出向客观主义靠拢的趋势。这在我国合同解释相关立法中得到明显的体现。这种趋势是符合合同法的价值功能和目标的。至于进一步发展是否有可能导致对普通法系合同解释客观主义的完全接受,目前下肯定的结论尚言之过早,但很值得进一步研究。

德国对商标恶意注册行为的法律规范

刘海虹*

商标恶意注册是我国近年来市场竞争中的一个突出问题,申请人利用我国商标注册制度和知识产权的地域性原则,违反诚实信用原则,抢注国内外权利人在先使用的未注册商标,在非核定使用的商品或服务上抢注他人的注册商标,还抢注他人的商号、名人姓名以及抢注作品名称、文学艺术作品中虚拟人物的名称和楼盘、场馆、风景名胜文化古迹名称等热门语汇或符号,商标恶意注册行为不仅可能侵犯他人在先权益,还占用公共资源。[1]抢注人通过高价转让抢注商标、提起商标侵权诉讼要求高额赔偿、攀附被抢注商标声誉等方式获利,极大地扰乱了商标申请和使用秩序,给诚信经营者造成了不必要的成本和障碍,已然成为一个严重的社会问题。商标恶意注册本身是一种经济现象,是伴随着商标注册制度的产生和发展而出现的,并非我国所独有,对商标恶意注册规范的制度选择与一个国家的商标权取得制度息息相关,在商标取得不要求证明"使用意图"的法域,较早就有对恶意注册的规范。本文选取对商标恶意注册进行专门规范的德国为研究对象,从比较法的角度分析其商标恶意注册产生的原因及其对商标恶意专门法律规范的演变历程,以期总结一些规律,对我国规范商标恶意注册提供一定的借鉴。

一、德国对商标恶意注册行为的法律规范架构

德国目前对商标恶意注册采取直接专门规范,商标法中通常明确规定

---

* 法学博士,上海外国语大学法学院讲师,研究方向为知识产权法。

〔1〕 参见北京市第一中级人民法院民五庭课题组:《恶意抢注商标现象的特点、成因及其司法对策》,载 http://blog.sina.com.cn/s/blog_1626c5d8b0102wqm2.html,最后访问日期:2018年4月30日。

"恶意注册"(boesglaeubig Markenanmeldung),并规定恶意注册的法律后果和相关利益人的救济途径。对于滥用法律或违反道德的商标恶意注册可以依据《德国反不正当竞争法》第3条和第4条[1]和《德国民法典》第826条[2]提起注销注册的诉讼。此外,被控商标侵权的被告如果认为原告的商标属于恶意注册,还可以基于《德国民法典》第242条[3]提出抗辩。

二、商标恶意注册的概念界定和性质

现行《德国商标法》第8条第2款第10项明确规定了"恶意注册"的商标是驳回商标注册的绝对理由之一。但是,并没有对恶意注册予以定义。德国商标法的评注(Kommentar)、教材及学者的相关著述中通常使用"滥用法律"的商标取得或商标注册的表述。之所以存在这样表述上的差异是因为后者是《德国商标法》明确规定恶意注册之前联邦最高法院对其在司法实践中发展出的这类案例群的概括,而前者是欧盟商标指令中的表述。现行《德国商标法》有关恶意注册的规定是为了落实欧盟商标指令的规定在1988年12月21日修改《商标法》时增加的,因此,德国学界和司法实践中都一致认同对"恶意注册"概念内涵和外延的界定和解释应该以欧盟商标指令的相关规定为基础。

---

〔1〕《德国反不正当竞争法》(2016年修订)

第3条 不正当商业行为之禁止

(1)不正当商业行为足以显著地损害竞争者、消费者或者其他市场参与者的利益的,是不合法的。

(2)针对消费者的商业行为无论如何都是不合法的,当该行为不符合对于经营者适用的专业的注意,足以显著地损害消费者根据信息作出决定的能力,并且因此足以促使其作出其他情况下不会作出的商业决定。在此从普通消费者,如果商业行为指向特定的消费者群体,从该群体的普通成员的角度判断。如果经营者可以预见,其商业行为仅仅涉及因为精神上或身体上的缺陷、年龄或轻信而特别需要保护的、可以明确识别的消费者群体的,从该群体的普通成员的角度判断。

(3)本法附录中所列的针对消费者的商业行为总是不合法的。

第4条 不正当竞争行为列举

……

10. 有针对性地阻碍其他竞争者。

〔2〕《德国民法典》(2016年修订)第826条规定:"以违背善良风俗的方式故意加损害于他人的,对该他人负损害赔偿义务。"

〔3〕《德国民法典》(2016年修订)第242条规定:"债务人有义务依诚实和信用并参照交易习惯履行给付。"

(一)恶意注册规定的由来

1936 年 5 月 5 日的《德国商标法》(Warenzeichengesetz – WZG)并没有规范恶意注册的规定。但是,根据当时《商标法》第 2 条第 1 款的规定,申请注册商标时,申请人必须提交相关材料,证明其有与在申请注册的商标所指定的产品或服务相关的特定商业经营。这在德国商标法理论上被称为"商标附属性原则"(Akzessorietaet der Marke),即商标是附属于商标所有人的商业经营的。作为市场竞争的参与者,经营者可以通过申请商标注册获得专用权,理论上商标权是一种为市场竞争而授予的专有权,商标法本身也是一般竞争法的一部分,因此,商标注册是经营者可以自由选择的一种竞争手段,但是,行使这一竞争手段不得违反正当竞争。WZG 本身并没有对恶意商标注册的规定,对于滥用法律或违反道德的商标注册可以依据当时《德国反不正当竞争法》第 1 条和《德国民法典》第 826 条提起注销注册的诉讼。

1988 年为了落实当时欧共体商标指令,《德国商标法》进行了一次重大改革,取消了对注册申请人有特定商业经营的要求,[1]但是修订后的 WZG 第 1 条对商标申请人仍有一般的商业经营要求。1994 年 10 月 25 日出台统一的《商标和其他标志保护法》(Gesetz über den Schutz von Marken und sonstigen Kenn-zeichen – MarkenG)的时候又取消了对申请人要有一般商业经营的要求。这样,任何个人都可以注册商标。当时就有很多人担心,取消这一要求会不会造成申请人滥用商标注册制度为转让投机的目的囤积商标,扰乱竞争秩序。但德国联邦政府认为采取商标独立性原则(Grund-satz der Nichtak-zesso-rietaet)是现代市场竞争的需要,在采取类似自由商标注册制度的地方并没有出现这种滥用。另外,对于滥用商标注册的不正当竞争行为可以利用商标法的现有规定和其他法律予以规范:《德国商标法》规定了使用义务,超过 5 年不使用的可以撤销;此外,在《德国商标法》之外还可以通过不

[1] Begruendung des Geseztentwurfs der Bundesregierung zur Reform des Angleichung der Rechtsvorschriften der 1. Richtlinie 89/104/EWG des Rates com 21. 12. 1988 zur Angleichung der Rechtsvorschriften der Mitgiedsstaaten ueber die Marken.

正当竞争法和民法的相关规定进行规范。

根据《欧共体商标指令》第3条第2款(d)[1]的规定,成员方可以在国内法中规定对恶意申请商标注册的商标不予注册,或者在获准注册后将其宣布无效。德国选择在MarkenG中增加一项新的无效理由,即第50条(1)第4项:申请人恶意申请的注册无效。根据修订草案的规定,该项规定旨在"纠正因删除商标注册对商业经营要求可能带来的问题"。[2]因此,在第50条(1)第4项并没有使用"违反道德"(sittenwidrig)或"滥用法律"(rechts-misbraeulich)这样的表述,而是使用了与欧共体商标指令一致的恶意注册的表述。根据当时的修订草案第21条第1款的规定:"恶意"的概念来源于《欧共体商标指令》,在解释和适用的时候应该与德国法中通常所谓的"恶意"具有不同的含义。[3]

(二)恶意注册概念的界定

那么,恶意注册的"恶意"到底该如何界定呢?德国学者认为应结合欧共体商标指令的宗旨和德国MarkenG的立法宗旨进行界定。根据《欧共体商标指令》序言的规定:为了降低在欧共体注册和保护的商标的数量,并因此降低这些商标之间的冲突,有必要要求注册的商标必须使用,未使用的商标可以被宣布无效。此外,《欧共体商标指令》的目的是建立统一的商标保护,而商标保护的目的是确保商标区分商品来源的功能。因此,无论成员方对商标注册是否要求存在商业经营或使用意图,注册商标的授权和保护都应该以

〔1〕 First Council Directive of 21 December 1988 to approximate the laws of the Member States relating to trade marks(89/104/EEC) Article 3 Grounds for refusal or invalidity…2. Any Member State may provide that a trade mark shall not be registered or, if registered, shall be liable to be declared invalid where and to the extent that:... (d) the application for registration of the trade mark was made in bad faith by the applicant. 该条为2015年新修改的《现行欧盟商标指令》第4条第2款。

〔2〕 德国议会第12/6581号出版物(BT – Drucks 12/6581),第79页。转引自Fuellkrug: Spekulationsmarken. Eroeffnet der Wegfall des Geschaeftsbetriebes die Moeglichkeit, Formalrechte zu missbrauchen? GRUR 1994, 679 – 688。

〔3〕 德国议会第12/6581号出版物(BT – Drucks 12/6581),第95页。转引自Fuellkrug: Spekulationsmarken. Eroeffnet der Wegfall des Geschaeftsbetriebes die Moeglichkeit, Formalrechte zu missbrauchen? GRUR 1994, 679 – 688。

"商标使用"和"商标区分功能"的实现为核心。同样,德国 MarkenG 1988 年修订草案第 3 条第 1 款也明确规定只有能够将一个企业的商品或服务与其他企业的商品或服务区分开的标志才能够作为商标注册。因此,区分功能是商标法保护的商标的基本功能。商标应服务于商业经营,商标的保护基础首先应该是便利商业竞争。[1]商标权是在特定的形式要件(尤其是注册)下受保护的无形财产,它赋予经营者在一般竞争法的规范下在市场中自由经营和发展的机会。不能因为取消了对注册申请人的"经营"要求,就认为商标法可以背离其保护商标区分功能的核心。因此,对恶意注册的界定也不能背离商标法保护商标区分功能的核心。

其次,对恶意注册的界定与使用意图和占有地位息息相关。尽管《德国商标法》取消了注册对商业经营的要求,但是并不意味着商标权的取得、维持和保护与商标使用没有关系。1994 年德国将商标和其他商业标志统一规定在内,商标权既可以通过注册取得也可以通过使用取得,从物权的角度来说,"占有"(Besitz)在商标权的取得和维护中具有系统的地位。作为主观权利,占有权取决于占有的意图,因为只有通过占有意图,占有权才具有权利的力量。同样,商标权的取得也是基于对商标的使用,即便是通过注册取得的商标权,只有通过使用意图及随后的使用才能使商标获得发展并保护其上商誉的完整权利。通过使用取得的"占有地位"(Besitzstand)应优先于通过注册享有的地位。根据现行德国 MarkenG,通过注册取得商标权并不要求使用,但是对于获得注册的商标所有人负有使用义务,这一义务具有一定的"宽限期":在规定的时间内不使用商标会导致其商标权的丧失。这一规定的初衷是根据市场竞争的规律赋予商标权人根据自己的情况和市场情形做出何时使用商标经营的决策自由。因此,已经注册但尚未使用的商标只是完整的主观权利的预备阶段,其所受的保护也是有限的。[2]

---

〔1〕 BVerfG NJW1980, 385. 转引自 Fuellkrug: Spekulationsmarken. Eroeffnet der Wegfall des Geschaeftsbetriebes die Moeglichkeit, Formalrechte zu missbrauchen? GRUR 1994, 679 – 688, note, 48a。

〔2〕 如《德国商标法》第 49 条规定的注册商标因不使用可以被撤销。

最后,在《德国商标法》的修正草案中还明确第 50 条(1)第 4 项规定的恶意注册与“滥用法律”或“违反道德”取得商标权案例群相近,都是一种阻扰行为。作为市场法的一部分,商标法具有维护市场竞争秩序,禁止扰乱市场竞争行为的目的。恶意注册涉及利用商标注册制度取得注册商标的地位阻碍其他市场参与者利用商标并因此谋取利益的行为。因此,恶意应结合注册时的动机和标识所有人在市场竞争中的行为来认定。在此,要特别区分企业为经营的自备注册与恶意商标囤积行为之间的差异。前者是对商标法商标使用义务宽限期的正当利用,而后者则很可能构成恶意注册。

虽然 1988 年修正案第 50 条规定了基于恶意注册的驳回绝对理由可以请求宣布该注册商标无效,但是,当时的 MarkenG 并没有明确将“恶意注册”规定为驳回绝对理由的一种情形。在随后的司法实践中,商标抢注现象愈演愈烈,出现了很多将名人姓名和肖像抢注为商标的案例。为了规范这些商标抢注,2002 年 4 月 22 日司法部公布的商标法修订草案中,将恶意注册作为授权时需要审查的驳回注册的绝对理由,[1]将规范商标抢注的关口提前到授权阶段,这样德国的专利商标局在审查商标注册申请的时候就可以把关(sehenden Auges)。[2] 2004 年德国 MarkenG 再一次修改时,在第 8 条第 2 款中增加了第 10 项,明确将恶意注册作为驳回的绝对理由。并修改了第 50 条,直接规定违反第 3 条、第 7 条或第 8 条规定的,可以基于无效请求注销商标的注册。

因此,从历史解释和体系解释的角度出发,并结合主观权利的理论分析,现行《德国商标法》对恶意注册的规定旨在纠正因删除商标注册对商业经营要求可能带来的问题,恶意注册在性质上是驳回商标注册的绝对理由,其内涵为利用商标注册制度和注册商标的地位,违反道德或滥用法律仅为阻碍和

---

〔1〕 Art. 2 VII Nr. 2, Entwurf z. Änd. des Gesetzes über den rechtlichen Schutz von Mustern undModellen und anderen Gesetzen – Referentenentwurf Geschmacksmusterreformgesetz vom 22. 4. 2002, http://www.bmj.bund.de/frames/ger/service/gesetzgebungsvorhaben/1000534/index.html.

〔2〕 Begruendung zum Geschmacksmusterreformgesetz, BT – Drucksache 15/1075, S. 67 f.

滋扰其他市场参与者利用商标的行为,[1]其外延既包括涉及相对利害关系人的商标抢注,也包括不涉及相对人的商标囤积行为。

三、商标恶意注册的类型及认定

类型思维是民法领域古老的思维方式,“所谓类型化,并非一种逻辑上、理论上的推演和建构,而是从本国司法实践中具体发生过的判例出发的一种实证研究与判例研究”。[2]由于德国在商标法专门规范恶意注册之前就可以通过民法和反不正当竞争法来规范恶意注册,而且作为大陆法系重要代表国家的德国,在民法和反不正当竞争领域有着较为丰富的类型化经验,因此德国对商标恶意注册的类型十分具有借鉴意义。根据《德国商标法》相关著述,德国司法实践中的恶意注册主要有以下三大类:阻碍性商标(Sperrmarke)注册、投机性商标(Spekulationsmarke)注册和虚假欺骗性注册(Markenerschleichung)。实践中还有一些介于不同案例群之间的恶意注册。

(一)阻碍性商标注册

这类恶意注册的特点是注册他人已经在先使用的标识,又可以分为妨碍他人受保护的占有地位(Stoerung des geschuetzten Besitzstands)和以违反商标保护宗旨的方式将商标作为竞争工具(zweckfremder Einsatz als Mittel im Wettbewerbskampf)两小类,但司法实践中这两小类之间的区分有时并不明显。司法实践中认定阻碍性商标注册行为要根据具体的案情综合考虑个案所有的相关事实。从联邦最高法院审理阻碍性商标注册案件的司法实践可以看出,阻碍性商标注册的构成要件包括:在先使用人受保护的占有地位和注册申请人阻碍竞争的意图。其中对阻碍竞争意图的认定是难点,根据最高法院的司法实践,商标注册申请人有使用意图并不能排除对阻碍竞争意图的认定。最高法院会综合注册申请人和在先使用人实际的经营情况、竞争关

〔1〕 BGHZ167,278 Tz. 41 – FUSSBALL WM2006.

〔2〕 于飞:《公序良俗原则研究——以基本原则的具体化为中心》,北京大学出版社 2006 年版,第 134 页。

系、市场状况，对注册申请人的使用意图和阻碍竞争意图进行认定。

（二）投机性商标注册

德国商标法并不禁止旨在向他人许可或销售商标的商标注册行为本身，但是，投机性商标注册则属于被商标法禁止的恶意注册。这类商标注册是指商标注册申请人并不从事申请商标指定的产品或服务的经营，其申请商标注册的目的也不是为了使用，而是为了把核准注册的商标销售或许可给善意第三人或者在与善意第三人发生冲突的时候对其主张禁止侵权和损害赔偿。投机性商标注册与阻碍性商标注册的区别在于，阻碍性商标是第三人在先使用的商标而投机性商标则是第三人有兴趣使用的商标。投机性商标往往是一些流行的标识、热门的语汇等。[1]根据司法实践中的认定标准，构成投机性商标注册的要件包括：（1）商标注册申请人没有使用意图，作为商标设计人或商标代理也没有相关商标经营的合理商业模式；（2）具有妨碍阻止他人的意图，囤积商标是明显出于向第三人主张禁止使用和损害赔偿的目的或将其作为工具胁迫他人购买或获得使用许可（可以结合注册人的客观行为进行认定，如索要过高的转让价格或许可使用费，在不同的商品或服务上注册大量的商标，向很多不同的企业使用同样的阻碍手段，注册商标时间与向他人主张侵权之间间隔很短，将名人的姓名、肖像或公有领域里的作品申请商标注册等）。[2]

（三）虚假欺骗性注册

这类恶意注册是指在向专利商标局申请商标注册时故意伪造或隐匿相关信息或材料，以欺骗的手段不正当地获取商标注册。当然，案例群的形成有利于将抽象的"恶意注册"具体化，但是，也应避免僵化地适用类型化的案例群。

---

〔1〕 投机性商标注册的典型案例有 Classes E（BGH WRP 2000，160 – Classe E）、Ivadal（BGH GRUR 2009，780 – Ivadal）、Furio（GRUR – RR 2013，211 – Furio）等。

〔2〕 BGH GRUR 2009，780 – Ivadal.

四、对抗恶意注册的救济途径

目前,德国对恶意商标注册的规范已经形成了一个较为完整的体系,从理论上来说,恶意注册属于违反道德的滥用法律行为,因此,反不正当竞争法和民法典的相关规定也可以适用;从程序上来说,在商标注册环节、商标注销环节和商标权行使环节都可以对恶意注册予以规范。

(一)恶意注册的规范端口提前至注册环节

根据《德国商标法》第37条的规定,违反《德国商标法》第8条第2款第10项规定的,如果恶意像第8条第2款第4项规定的"有欺诈的明显可能"那样明显时,应当驳回商标注册申请。但是,德国专利商标局在审查商标注册申请时的审查义务是有限的,无须承担不必要负担和进行不合理的调查。《德国商标法》第37条第3款规定的"明显"是指审查员根据申请材料或基于其审查的专业知识和通常的信息渠道无须广泛地调查就可以辨认。[1]"合理的调查"包括基于其审查数据库信息、公开的新闻报道等可以查询到的信息的调查,但是不包括耗时的消费者调查。

(二)注销程序是规范恶意注册的常用救济

鉴于德国专利商标局有限的调查义务,有很多恶意注册可能在注册环节并没有被驳回,而是获准授权。这样注销程序就成为规范恶意注册的常用救济。

1. 商标局依职权注销

根据《德国商标法》第50条第1款的规定,德国专利商标局有义务依职权对违反第8条第2款第10项的恶意注册予以注销。首先,依职权的注销只能由商标局在核准商标注册之后2年内做出;其次,依职权注销的前提条件是商标注册明显违反第8条第2款第10项。这里的"明显"与《德国商标法》第37条第3款规定的"明显"的含义是一样的。[2] 但是对于"明显"的

〔1〕 德国议会第15/1075号出版物(Begruendung zum Geschmacksmusterreformgesetz, BT – Drucksache 15/1075),第68页。

〔2〕 Stroebele/Hacker, Markengesetz, § 50 Rdnr. 20.

时间在商标局实践中却有不同的标准：有些注销案中要求认定在商标局授权时就已经存在明显违反第8条第2款第10项，而在另一些案件中商标局在受理注销申请时或在德国专利法院受理请求注销诉讼时存在明显违反即可。[1]

2. 由第三人启动的注销

对恶意注册任何人都可以根据《德国商标法》第54条第1款向德国专利和商标局提起注销申请。无论基于驳回绝对理由的注销申请是否由利害关系人提出，其目的都是保护公共利益，而不是有利害关系的第三人的利益。由第三人提起的注销申请没有时限的限制，第50条第2款规定的10年注销申请时限不适用于对恶意注册提起的注销申请。由于注销程序是一个行政程序，德国专利商标局依据《德国商标法》第59条第1款的规定依职权调查案件事实，但并不局限于当事人对事实的陈述和所提供的证据。

（三）基于反不正当竞争法、民法典相关规定提起请求注销注册商标之诉（Loeschungsklage）

在1995年《德国商标法》明确规定恶意注册之前，第三人就可以基于《德国反不正当竞争法》第1条[2]或《德国民法典》第826条对滥用法律或违反道德的商标注册提起请求注销之诉。1995年1月1日开始实施的《德国商标法》规定了对恶意注册可以向德国专利商标局提起注销申请。那么这两种救济之间到底是什么关系呢？2000年德国联邦最高法院在EQUI案[3]中明确指出，依据当时《德国商标法》第50条第1款第4项向德国专利商标局提起注销申请并不能排除当事人通过诉讼获得《德国商标法》之外的救济。根据德国学界的主流观点，对于恶意注册，当事人可以在依据《德国商标法》向德国专利商标局提起注销申请和向法院依据《德国反不正当竞争法》和

---

〔1〕 Carolin Schosser, Die boesglaeubige Markenanmeldung nach § Abs. 2 Nr. 10 MarkenG im Lichte des Benutzungswillens, Peterlang GmbH, 2013, 第16页注77。

〔2〕 2004年7月3日修改《德国反不正当竞争法》之后，请求注销商标之诉的《德国反不正当竞争法》依据为第3条和第4条第10款。

〔3〕 参见BGH GRUR 2000, 1032 – Equi 2000。

《德国民法典》相关规定提起请求注销之诉之间进行选择。对于案情事实比较复杂争议较大的案件,请求注销之诉较之向专利商标局提起注销申请应该是更好的选择。

(四)恶意注册可以作为商标侵权被告的抗辩

在侵权诉讼中,被控侵权人一般不能把商标基于驳回的绝对理由应予撤销(Loeschungsreife)作为侵权抗辩,但是可以将恶意注册和滥用法律取得商标权作为侵权抗辩。无论原告是在商标注册时存在滥用法律或违反道德的恶意注册还是在行使商标权时存在滥用法律和违反道德,被告都可以提出抗辩。这一救济对于规范囤积性商标注册很有意义,因为出于维护市场竞争和保护公共利益的需要,《德国商标法》并不禁止为出售目的注册商标的投机性注册行为本身,因此,对于在注册时很难认定存在阻碍竞争意图的囤积注册,当商标权人行使商标权主张他人侵权存在不正当性时,被控侵权人可以将恶意抢注作为抗辩,也可以提起反诉。当然,恶意注册还可以作为提起要求确认不侵权之诉的基础。

五、经验和启示

上述就德国对恶意商标注册规范的分析揭示了商标恶意注册及其规范具有以下规律。

1. 恶意商标注册本身是一种经济现象,其产生和发展与市场竞争中商标作为竞争工具的地位和重要性息息相关。各国商标法的制定都发生在资本主义市场经济发展的初期,但是早期商标的竞争价值并没有其他经营要素那么重要。随着市场经济的发展,市场竞争越来越激烈,对差异化经营的要求越来越高,商标的功能不断进化,除了区分商品来源之外,其广告功能凸显,对商标进行投资,利用商标权的排他性确立自己的差异化经营优势成为市场经济中的重要竞争手段。因此,市场上必然出现积极利用商标注册制度的商标抢注,其中就有滥用商标注册制度的恶意注册不正当竞争行为。

2. 从制度层面上讲,商标功能的发展推动商标权性质和商标法目的的拓展,进而直接影响商标权取得条件的变化和对恶意商标注册的法律规范规则的制定。伴随商标作为竞争工具重要性的发展,商标的功能不断拓展,商标权的性质也发生了变化,各国商标法的价值基础和宗旨也发生了一定的转向。上述德国商标法对恶意注册的规范历史清楚地表明了商标权的这种变化:德国在制定 WZG 的时候就已经明确商标法是反不正当竞争法的一部分,商标的功能在于在市场竞争中区分商品来源,WZG 也旨在保护商标的区分功能,商标申请人必须有特定的商业经营是商标注册的一个要件,当时的 WZG 明确将商标权界定为一种 Ausstaltungsrecht,即在商品上标注商标的权利。商标的附属性原则(Akzessorietaet der Marke)是商标法的一个基本原则。这一阶段的商标恶意注册多为抢注在先使用人的商标和欺骗性注册。随着商标法司法实践的发展和理论研究的深入,商标权被界定为一种与经营者市场利益相关的主观权利(subjektives Recht),以确保商标所有人在市场上从事经济活动的自由空间。违反公共道德和滥用法律的阻碍竞争的恶意注册越来越多,可以基于《德国民法典》和《德国反不正当竞争法》的相关规定规范。在随后的司法实践中,德国宪法法院进一步明确了作为主观权利的商标权的财产性质,在 Weinbergrolle 案中宪法法院明确了商标是受《德国基本法》保护的财产(Verfassungseigentum)的地位,其性质与受《德国反不正当竞争法》保护的法益不同。[1] 虽然商标既受商标法的保护也受反不正当竞争法的保护,但商标法保护的是商标的区分功能,而反不正当竞争法则将商标作为一种经营成果(die unternehmerische Leistung)来保护商标的广告功能,不正当利用商标的形象和广告价值的行为是一种不正当竞争。[2] 商标的广告功能在市场竞争中越来越重要,商标的独立价值也越发凸显。1994 年德国制定统一的 MarkenG 取消了商标注册对商业经营的要求,商标独立性原则

〔1〕 BVerfGE 51,193 – Weinbergsrolle:Das schutzfaehige Warenzaichen ist eine durich Art. 14 Abs. 1 Satz 1 GG geschuetzte Rechtposition(受保护的商标具有《德国基本法》第 14 条第 1 款第 1 句保护的法律地位)。

〔2〕 Karl – Heinz Fezer, Markenrecht, 4. Auflage 2009, Rn 14.

取代了商标附属性原则,1996 年 7 月 19 日修订 MarkenG 时又增加了第五章,明确规定商标是财产的标的,同时确立了商标自由转让的原则。商标从企业经营的非独立财产发展为独立的无形经济商品。商标法对商标的保护发展成对商标投资的保护,商标本身成为一种值得投资的产品,因此抢注热门语汇、他人姓名或肖像,囤积商标的恶意注册越来越多。尽管投机性注册本身并非为商标法所禁止,但是如果对投机性注册不予规范,将会使商标注册制度被滥用,国家的行政资源和司法资源被大量占用,商标法的规范效率也将受到影响,商标法对恶意抢注的规范也开始加强,并提前到商标授权阶段。因此,商标恶意注册现象是商标权扩张的一个副产品,规范商标恶意注册的核心是平衡对知识产权的保护和对公有领域的维护。

表 1 概括了德国商标法规范价值基础的发展与不同阶段恶意注册实践的特点及对恶意注册的规范之间的关联性:

表 1

商标权的功能	商标权的性质	商标注册的条件	恶意注册的体现	恶意注册的规范
区分功能	标注的权利 Ausstatungsrecht	对特定经营的要求	对在先使用商标的抢注,欺骗性注册	非商标法规范(民法,反不正当竞争法)
区分功能/广告功能	主观权利,经营成果	对商业经营的一般要求	对在先使用商标的抢注,阻碍性注册,欺骗性注册	商标法(撤销)和非商标法规范
区分功能/广告功能	无形财产权	无商业经营的一般要求	对在先使用商标的抢注,阻碍性注册,投机性注册,欺骗性注册	商标法(撤销,驳回绝对理由)和非商标法规范

德国对商标恶意注册的专门规范在以下方面对我们也有借鉴意义:

1. 从法律适用层面来分析,商标使用意图和阻碍竞争意图是认定恶意注册的核心因素。现代商标法的发展历史显示,商标使用一直是商标保护的核心,也是判断恶意注册的重要考量因素。在德国现行商标制度下,使用意图的实现具有5年宽限期,因此使用意图并非是可获得注册的要件,缺乏使用意图常常是恶意注册的一个标志,但是没有使用意图也不必然认定为恶意注册。商标使用意图和阻碍竞争意图两个判断因素既各自独立,又相互关联,对恶意的认定应综合考量所有相关事实,结合市场竞争所涉及的各种利益进行总体的客观判断。但是,根据德国相关司法实践,法官在认定时仍以法律逻辑的论证为主,就阻碍竞争意图的判断涉及竞争利益的权衡,应更加重视对举证的要求。

2. 将规范恶意注册的关口提前至商标授权环节有利于遏制占用国家行政资源和司法资源的商标囤积行为,但是,在商标授权环节对投机性商标注册的规范要特别注意区分正常的商标掮客和恶意阻碍竞争的商标掮客。鉴于商标授权机关的调查义务有限,充分掌握和利用商标注册申请人的过往申请历史信息、商业模式、经营架构信息数据十分重要。尽管如此,商标囤积行为本身并不为商标法所禁止,德国法中将恶意注册作为侵权抗辩的救济途径有很强的借鉴价值。

3. 德国规范恶意注册的体系化较强,商标法通过统一的"恶意"概念,构建了在授权和确权环节对恶意注册的全方位规范。在授权环节,作为绝对驳回理由的恶意注册的规定与对相对人(驰名商标所有人、被代理人、其他在先权利人)商标的抢注存在一定的交叉,其各自规定的构成要件也不相同,当事人可以根据抢注的具体情形选择相应的法律依据进行规范。在确权环节,法律对基于在先权利的无效规定了5年期限,但是抢注相对人商标如果在注册申请时出于恶意(第51条),提出无效的注销申请不受5年时限的限制。此外,商标法法内规范和商标法法外规范相辅相成。尤其是基于《德国反不正当竞争法》《德国民法典》相关规定提起请求注销注册商标之诉(Loeschungsklage),一方面避免给商标授权机关增加不适当的调查义务,避免因授权机关在授权环节把关过严对商标设计和商标经营等行业经营自由造成影响;另一方面也可以节约行政资源和避免因对行政裁定司法复审产生的时间成本和诉讼成本。

我国《商标法》对商标权性质和商标权取得的规定与德国存在差异,现行《商标法》并没有明确规定通过使用取得商标权,商标法明确保护商标的区分功能,而我国《反不正当竞争法》主要是保护未注册的商标,对不正当利用注册商标声誉的行为是通过商标法还是反不正当竞争法保护仍存在争议。因此就恶意注册的规范而言,明确商标权的性质和商标法的规范价值基础更有利于体系化地规范商标恶意注册行为。此外,与德国的商标恶意注册实践不同的是,恶意囤积商标的投机性注册是我国恶意注册的突出问题,其本质在于非为使用意图而注册,我国现行《商标法》中对商标抢注的规范主要还是集中在对相对人权益的保护上,因此导致实践中规范投机性注册在适用法律上捉襟见肘,只能灵活使用有关"诚实信用""商标使用"等一般规定来认定,这些规范实践虽然体现了商标授权确权部门和人民法院适用法律的智慧,但是仍无法有效地遏制投机性注册行为。因此,有必要在商标法中明确"恶意注册",并将规范恶意注册的关口提前至商标授权环节。

马来西亚海外雇佣管理之风险防控

项安琪*

一、马来西亚劳工制度概述

马来西亚是一个多民族、多元文化国家，其宪法规定伊斯兰教为国教，保护宗教信仰自由。法律上，马来西亚属于英美法系。关于劳工法律，马来西亚的劳工法律主要涉及《1955 年雇佣法》《1991 年雇员公积金法》《1969 年雇员社会保险法》《1952 年劳工赔偿法》《1994 年职业安全与卫生法》《1967 年劳资关系法令》6 部法律，主要规定了用工合规性及保险缴纳相关问题。

除此之外，许多具体法规条例也同时构成了马来西亚的劳工体系，例如《1966 年儿童与青少年法令》《2012 年最低退休年龄法令》《2012 年最低薪资条例》《2010 年兼职员工雇佣条规》《1980 年加班限制规定》等。一般来说，上述的法令仅适用于西马来西亚和联邦直辖区。东马来西亚则实行《沙巴劳动条例》《砂拉越劳动条例》等。马来西亚的主要劳工机构包括人力资源部、劳资关系部门、国内税收局、社会保障组织和公积金局。

从整体上看，马来西亚的劳动法具有以下几个特点：劳动者分层适用保护、着重保护妇女儿童权益、对外籍劳工具有特殊要求等。具体将在下文中细述。

---

* 上海江三角律师事务所律师，研究方向为国外劳动法。

二、马来西亚海外投资情况

2016年10月以来,由于政府管制,企业跨境投资存在难度,但并无影响近两年持续增加的资本输出。其中,经对比,对亚洲的投资比例逐年增高。考虑比对全球环境,亚洲的投资市场较为稳定并具有较大潜力,因此具有较强投资吸引力。

其中,东南亚国家联盟(以下简称东盟)逐渐显示出较强的投资前景。东盟于1967年正式成立,现成员方有马来西亚、印度尼西亚、泰国、菲律宾、新加坡、文莱、越南、老挝、缅甸和柬埔寨。东盟人口位居世界第三,且人口有年轻化趋势,有30%的人口小于30岁。相较于欧盟,东盟的发展重点主要放在提高各国的经济实力上。对于东盟的重点投资行业主要包括服务业、基础设施、高科技、制造业等。

东盟国家由于国家法系、经济实力不同,对外商投资所有权限制的程度也不相同。一般而言,发达国家对外商投资的准入限制较少,如新加坡除了某些指定行业(如广播行业)外,基本没有对外商所有权的限制,对金融、证券、基金管理等行业存在审批管理。对外商投资,针对行业特殊性会有进一步的特殊管理限制。[1]

其中,针对马来西亚,根据相关规定,中资企业在马来西亚可以设立代表处,但代表处每年支出有具体数字下限,且由国外机构支付。根据关于代表处的规定,代表处每两年至三年必须进行更新注册。此外,也可在马来西亚设立子公司、分公司或联营公司,对董事、股东要求都不尽相同。

而在公司设立方面,马来西亚政府为了保证马来西亚本土企业的资源,对外资公司在马来西亚设立了一系列的规定,包括对股权比例、董事会成员构成方面均有限制。例如,外资公司要成立霸级市场,必须有马来西亚当地人员拥有30%或以上的股权;销售行业公司必须委任马来西亚当地人员为

〔1〕 参见王军杰:《论"一带一路"沿线投资政治风险的法律应对》,载《现代法学》2018年第3期。

董事，并雇用马来西亚当地人员作为员工；关于外资企业的工程项目，在每次进行时都必须在建筑业发展部完成一次注册等。

三、马来西亚劳动雇佣制度要点

马来西亚的劳动雇佣具有劳动者分层保护、注重妇女儿童权益保护等特点。了解马来西亚劳动雇佣制度，有利于企业在"走出去"中减少雇佣风险，趋利避害，实现海外用工属地化管理。

（一）劳动者分层保护

马来西亚劳动法将劳动者分为两类：适用于《1955 年雇佣法》的员工（称"EA 员工"）以及不适用《1955 年雇佣法》的员工（称"非 EA 员工"）。根据《1955 年雇佣法》的规定，适用的劳动者仅限于"与雇主签订服务合同而每月工资不超过 2000 令吉者"，体力劳动者（包括手艺工人或学徒），受雇操作、维修机械推动载客、载货收费或商业用途的车辆，以及管理、监督其他在同一个雇主做体力劳动工作的工人。对于不属于上述范围内的劳动者，则不适用《1955 年雇佣法》。对这类劳动者的管理权归于企业，通过企业的自主管理权限制劳动关系权利义务，更多地强调劳资双方的合意，可以说完全出于契约精神。

由此，在实践中，企业一般将《1955 年雇佣法》作为限制劳动者的最低参考，同时通过完善企业的规章制度，如员工手册等，将权利义务完善且固定，进而由此实现对员工的管理。

（二）妇女权益保护

1. 工作类型和工作时间限制

根据《1955 年雇佣法》的规定，妇女禁止夜间工作、禁止地下工作。同时，不可从事在晚上 10 点到早上 5 点的工作，工作时要有连续 1 小时的休息时间。

2. 怀孕女职工

对于怀孕的女职工,《1955年雇佣法》[1]有以下规定:"2.9.1. 女雇员在至少怀孕了二十八个星期后生产,将可享有至少六十日的产假;但需附和两项条件:在分娩前四个月,她至少已为公司工作了一天;及在分娩前九个月,她至少已为同一间公司工作了九十日。""2.9.4. 一个女雇员如果她在分娩时已经拥有五位或以上还活着的孩子,将无法享有产妇津贴,但无论如何,她还可享有产假。""2.9.5. 产假可随时开始但不可早过分娩的三十日前及不迟过分娩后的第一天。无论如何,只有在医生的劝告下雇员才可在分娩前的十四天开始产假。"

由此可知,马来西亚劳动法对于女职工5次以内的分娩,每次分娩均可享有60日的产假以及获取生产津贴,但对于5次后的分娩,女职工可以享受60日产假。关于产假的计算,在有医生同意的情况下,女职工可以在分娩前14日开始休产假,否则产假最早应在分娩前30日内开始休产假且不晚于分娩后第一天。

此外,当女职工在休产假时因为某些原因死亡的,雇主必须将产假开始至死亡前一天的生产津贴支付给女职工的委任人。女职工休产假期间,由于怀孕或分娩而生病不能来上班,因此被雇主解雇的,属于违法解雇。[2]

3. 性骚扰

在马来西亚,性骚扰投诉包括以下3种:雇员针对雇员、雇员针对雇主、雇主针对雇员。在遭受投诉后,雇主须尽快(30日内)审理来自雇员的性骚扰投诉程序。但雇主对以下投诉可以拒绝审查:此前已经审查过同样的投诉,证明不成立的;或雇主认为该投诉是琐碎、无聊、无理取闹、不真诚的。对于处理,雇主可以立即解除,或给予降职或其他认为公平、适宜较轻的处罚。如处罚无薪、暂时停职,则期限不得超过两星期。

---

〔1〕 参见《马来西亚1955年雇佣法》(Malaysia Employment Act 1955)。

〔2〕 Ng Choon Sim C., "Making women's voices heard: technological change and women's employment in Malaysia", Gender, technology and development, 2002, 3(1).

（三）儿童及青少年权益保护

根据《1966年儿童与青少年雇佣法令》，[1]儿童和青少年都不得在地下场所、公共娱乐场所工作。儿童可以从事的岗位包括：家族生意中做帮手、正规公共娱乐场所、学校、培训中心或船、学徒（有学徒合约）；青少年可以从事的岗位包括：家族生意、办公室、店（包括酒店、吧、餐厅、摊位）、货仓、工厂、工作坊、戏院、剧场、俱乐部、商店、寄宿等（女性青少年不得在此场地工作，除非是家族生意）、工厂、船（有监护人协同），且女性青少年在俱乐部工作（非家族）需获得劳资关系部门总干事同意。

工作时间方面也有相关限制：儿童的工作时间应在8am～7pm，不超过6小时/日。连续3小时工作中应当有30分钟休息时间，一天应保持14小时休息。青少年的工作时间在7am～7pm，不超过7小时/日，其中学徒不超过8小时/日。连续4小时工作中应当有30分钟休息时间，一天应保持12小时休息。

（四）马来西亚外籍人士在马工作

根据规定，外国人在马来西亚工作必须获得工作准证。

马来西亚外籍专业人士有以下要求：（1）学士学位和最少3年在相关领域的经验；（2）拥有文凭和最少5年在相关领域的经验；（3）拥有技术认证和最少7年在相关领域的经验。对于马来西亚外籍专业人士受聘则有以下要求：（1）担任主要职位或高级职员，如高级管理人员；（2）行政人员，如专业人士或中层管理人员；（3）特定专业技术人员。

依据马来西亚《1968年雇员限制法》[2]和《1963年移民法》，申请工作准证必须由马来西亚雇主为外籍受雇人士向马来西亚移民局申请。马来西亚的工作准证包括：第一类工作签证（EP），适用于管理者、行政人员和特定技术人员，月薪5000马币以上，工作合同超过2年；第二类技术签证（PVP），适用于短期技术服务，月薪5000马币以上，工作合同不超过2年。以上两类

---

[1] 参见《1966年儿童与青少年雇佣法令》（Children and Young Persons Employment Act 1966）。

[2] 参见马来西亚《1968年雇员限制法》（Employment Restriction Act 1968）。

准则可携带家属。第三类劳工签证(AP),适用于特定行业的临时雇佣,月薪2500~4999马币,工作合同不超过1年,由于中国不属于马来西亚政府认定的外劳输出国,所以此类需要获得政府特批。

另外,对外资企业派驻人员,应当办理签证:专业人士签证(6个月~1年)或长期和短期旅游访问签证,但办理签证情况下,雇员薪金由外资公司承担,属于外资公司职员。

(五)解雇员工的程序要求

根据《1955年雇佣法》,对于企业解雇员工,最短通知期限如下:雇员受雇时长短于2年的,应至少提前4周通知;雇员受雇时长大于等于2年但短于5年,应至少提前6周通知;雇员受雇时长大于等于5年的,应至少提前8周通知。

同时,企业解雇应当支付遣散费:雇员受雇时长短于2年的,应按每年10天的薪资标准发放遣散费;雇员受雇时长大于等于2年但少于5年的,应按每年15日的薪资标准发放遣散费;雇员受雇时长大于等于5年的,应按每年20日的薪资标准发放遣散费;如受雇未满一整年,则按最近月份计算,按比例发放遣散费;如合同中约定解约费的从其规定。

四、马来西亚海外用工风险点

对中国企业来说,无论是国内外派员工还是企业在马投资建厂人员管理,都可能会遇到以下问题。

(一)劳资纠纷和群体性事件

随着海外用工雇佣比例的增高,因管理问题而引发的劳资纠纷和群体性事件日益增多。由于海外用工的特殊性,且不说中国企业对当地法律规定、司法实践等可能存在不了解的情况,从劳动者角度出发,身处异国的不确定性更为增加其对企业的抵触情绪,且更容易采取粗暴、激烈的方式与企业敌对。在这种情况下,企业如何最大限度地预防和降低突发事件的发生,是需要企业关注的重点之一。

因此,建议企业提前做好预防措施,深入地针对性了解当地法律规定及司法实践,与当地政府、中国使领馆建立持续有效沟通。在管理过程中,可以加深属地化理念,增进沟通,有效化解矛盾。

(二)文化背景和传统习惯差异

企业在"走出去"过程中,遇到的最大改变是文化冲击。不同国家的发展历史、社会形态、法律政策的不同,实际上都是国家和社会的内在价值和文化的体现,但同时也会反过来影响着这个国家和社会的发展。[1] 拿马来西亚举例,马来西亚支持宗教信仰自由,其中有大部分马来西亚人信奉伊斯兰教。那么,对企业而言,如果公司有数名穆斯林员工,建议提供一间祷告室,并在合理安排工作生产的同时,理解、同意穆斯林每天的祷告活动等。这些其实都是文化交流和融合的体现。如果缺乏对当地传统文化、风俗习惯的认识和尊重,将可能导致当地劳动者甚至民众的敌对情绪,不利于企业的正常经营与项目开展。所以,理解并包容文化背景和社会理念的差异,是企业"走出去"不可或缺的一步。

(三)建议企业建立合规管理体系

为更好地实现属地化管理,企业可以灵活采取用工方式,在管理中针对所在国家的特殊情况,采取符合国家特点、政策、项目需要的方式灵活处理。但同时,企业应当建立一套完善的合规和劳动用工雇佣管理体系,通过流程标准化来规范企业日常管理,减少用工风险,降低雇佣成本。

五、结语

随着国内企业与项目所在国市场的不断融合和深入合作,属地化管理已经成为许多企业"走出去"的重要举措。在属地化管理中,劳动人力资源的属地化可谓是至关重要的环节。

企业在海外雇佣管理中,对企业外派人员的安排、当地项目工作的筹备

〔1〕 参见蔡德仿:《东盟国家劳动争议处理体制及其对我国的启示》,载《中国劳动关系学院学报》2015年第2期。

和人员调动都应当有提前确立的计划以及对风险的防控。人员的录用、工作准证的办理、用工期间管理、解雇风险评估、群体争议的解决……都是企业需要注意的法律风险。企业应当根据实际情况,把握时间节点,与当地政府等保持畅通的沟通渠道,同时加深法律、政策的学习,提前分析法律风险,趋利避害,必定对海外雇佣管理以及管理属地化有所裨益。

附:中国与马来西亚的国际约定、双边协定等

1.《中华人民共和国政府和马来西亚政府关于扩大和深化经济贸易合作的协定》(2011.04.28)

2.《中华人民共和国政府与文莱达鲁萨兰国政府、印度尼西亚共和国政府、马来西亚政府、菲律宾共和国政府经济合作框架》(2009.11.13)

3.《中华人民共和国政府与马来西亚政府关于在世界贸易组织技术性贸易壁垒协定领域合作谅解备忘录》(2004.05.28)

4.《中华人民共和国政府与马来西亚政府旅游合作谅解备忘录》(2003.09.15)

5.《中华人民共和国政府和马来西亚政府签订避免双重征税协定议定书》(2000.06.05)

6.《中华人民共和国国家计划委员会与马来西亚初级产品工业部谅解备忘录》(1996.08.26)

7.《中华人民共和国政府和马来西亚政府民用航空运输协定》(1989.03.31)

8.《马来西亚政府贸易和工业部部长拉菲达致郑拓彬换文》(1988.11.21)

9.《郑拓彬致马来西亚政府贸易和工业部部长拉菲达换文》(1988.11.21)

10.《中华人民共和国政府和马来西亚政府关于相互鼓励和保护投资协定》(1988.11.21)

11.《中华人民共和国政府和马来西亚政府关于对所得避免双得征税和防止漏税的协定的议定书》(1985.11.23)

12.《中·马(马来西亚)税收协定和议定书》(1985.11.23)

普通法与本土社会文化交融下的马来西亚刑事法律

张　榕*

1871年，由海峡殖民地立法议会以1960年《印度刑法典》为蓝本制定《马来西亚刑法典》。该法典于1872年在新加坡、纳闽、马六甲及槟榔屿开始实施，并逐步拓展适用到“马来联邦”和“马来属邦”[1]，1948年马来亚联合邦成立后，统一修正有关刑事犯罪的法律，实施于全联合邦。现行《马来西亚刑法典》于1967年颁布，并于1976年3月31日实施于整个马来西亚。自《马来西亚刑法典》诞生以来，已经根据刑法修正案及相关法律对《马来西亚刑法典》修改许多次，增删大量的条款。

一、刑事法律体系的内容

《马来西亚刑法典》分则的排列次序体现了马来西亚主流社会的价值位阶。分则第一章就是国事罪，而侵犯人类身体与生命的犯罪和侵犯财产罪分别处于分则的第十一章与第十二章。分则部分的罪名排列通常是按照立法者的价值取向而定的，重要性依次递减，并且在马来西亚，国家利益与个人利益的地位差得很大，从第二章到第十章又排列了大量罪名，都是与“公权力”有关的，甚至包括藐视公职人员合法权力罪、与货币及政府票证相关的犯罪、影响礼仪与道德的犯罪、与宗教相关的犯罪等。我们可以理解为立法者将上述利

* 文学博士，上海外国语大学东方语学院讲师，研究方向为东南亚国家法律文化。

〔1〕 马来联邦包括马来半岛中部的4个州，即彭亨州、雪兰莪、霹雳、森美兰州。马来属邦包括马来半岛北部4个邦，即吉打、吉兰丹、玻璃市、丁加奴，以及马来半岛南部的柔佛州，总共5个邦。

益看得更重,较之个人利益,而选举产生的立法者,代表着自身归属群体的价值取向,各群体利益协调的最终结果就是今天的《马来西亚刑法典》分则面貌。

《马来西亚刑法典》的法律条文很有讲究。复杂罪名的法律规则经常由2个法律条文来表述,前1条是行为模式,后1条是法律后果。在前1条之后,还附有许多案例,对前1条作出的概括性规定加以解释。除了案例,往往还有法律解释,对司法中可能会遇到的疑难点说明清楚。制定法与判例共同被写入如此重要的一部法,互为补充,说明其立法技术已经相当成熟。为了规范刑事诉讼,1927年《刑事诉讼法》首先被引入马来联邦,直到1976年1月10日,《刑事诉讼法》才适用于整个马来西亚。《刑事诉讼法》对刑事诉讼中关于违法行为的审判与调查作出了一般性规定。不过,根据一般法不得减损特别法的原则。《刑事诉讼法》第3条规定:对《刑法典》规定的所有违法行为进行的调查和审判适用本法,其他任何法律规定的所有违法行为适用相同的条款,但如果正在生效的其他书面法律对调查和审判的方式或地点有特殊规定的,适用该法。

特别法的适用范围被限定在"调查和审判的方式或地点",不包括追诉。根据《刑事诉讼法》,对所有刑事案件的追诉和诉讼程序,由公诉人控制和自由裁量。如果《刑事诉讼法》或其他生效法律都没有规定或存在问题的,可以参照在英格兰生效的相关刑事诉讼法律规定,只要该规定不与《马来西亚刑事诉讼法》矛盾,就可以补充适用。

《马来西亚刑事诉讼法》把罪名分为可抓捕的罪名和不可抓捕的罪名,前一种情况下警察无须出示逮捕证即可实施抓捕,后一种情况则相反。《刑事诉讼法》又把罪名分为逮捕证罪名和传票罪名,前类罪名下的罪犯可能被判处死刑或6个月以上的监禁,上述之外的罪犯都属于后类罪名。另外,还有两种分类,即可保释的罪名和不可保释的罪名;可混合的罪名和不可混合的罪名。刑法分则的罪名对上面多种分类的归属情况,由《刑事诉讼法》附表一明确规定,不同类属在程序适用等方面存在差异。例如,对不可抓捕的罪名,个人可以在治安法庭,亲自或委托律师出席并起诉任何针对自己人身或财产的犯罪。对不可抓捕的罪名,在没有公诉人或者副公诉人命令的情况下,警察不能行使任何特殊调查权。笔者认为,某人的行为触犯不可保释且可抓捕的罪名,可以对某人予以抓捕,并立即移交给附近的警察,如果没有警察,应移交至附近的警察局等。

马来西亚没有事先制定各类程序的适用对象和适用标准,再把罪名与之对照,而是在具体罪名上详尽列举其所适用的各类程序。这是从个案出发,具体规则累积即为法的体现。刑事程序上按照罪名分门别类,符合马来西亚法律职业人的法学思维习惯,因为他们接受的大多是英国法教育,理解和运用起来顺理成章,因而延续至今。

无论是《刑法典》还是《刑事诉讼法》,都有两个通性,一是首先界定清楚法典中出现的概念和表述,没有界定的,应当根据该法典(刑事诉讼方面还包括 1967 年《警察法》)赋予它们的含义加以理解;二是附表对法典意义重要,它们与正文之间经常相互参照,不可分割。

《刑法典》和《刑事诉讼法》构建了刑事法律制度的基本框架。此外,单行刑法、非刑事法律中的附属刑法规范、地方刑法和宗教刑法、英国普通法和衡平法、判例、习惯法、国际刑法规则等加以补充和完善,如此一来,马来西亚刑法制度就会充满活力了。

二、刑事犯罪的罪、责、刑

(一)犯罪的内涵与要素

根据《马来西亚刑法典》,犯罪指"依照本法典应受惩罚的行为"。解析犯罪的概念,在马来西亚,一个行为须要满足两点才是犯罪,一是刑事违法性,二是应受惩罚性,这里并没有明确规定社会危害性。然而,观察《马来西亚刑法典》分则的法条,基本上所有罪名要么有现实的社会危害,要么尚未发生但有发生危害可能的危险,社会危害作为犯罪的本质特征似乎还是存在,然而,立法为什么对犯罪定义模糊处理呢?原因可能有三:社会危害要达到怎样程度才达到犯罪标准,恐怕难以界定;危害因被害人个体差异可能会有明显区别[1];为将来的刑事立法留下空间,维护国家利益必要时可以不考虑行为的社会危害。

因袭英国犯罪理论,马来西亚的犯罪构成要素有客观要素和主观要素。客观要素包括行为、不作为、因果关系、严格责任,主观要素包括故意、轻率、疏忽、犯意转移。在英美法系国家,犯罪通常须要主客观要素相对应才能构成,但是对一些轻罪法条没有明确规定主观要素,法官可以通过条文识别适用严格责任。这里有个主观要素(轻率)值得一提,即如果行为人不合法地承担了普通人在相同情况下应当避免风险,这在主观上就是一种轻率。这与大陆法系的过于自信的过失有些类似,过于自信过失指行为人已经预见到自己的行为可能发生危害社会的结果,但是轻信能够避免,以致发生危害结果。轻率和过于自信过失都要求预见到风险(可能的危害结果),不过"不合法地承担应当避免的风险"比"轻信能够避免"囊括的范围更广,马来西亚法官对定罪的自由裁量权很大可见一斑。

马来西亚实体法中的犯罪否定要素分为两类:正当性辩护和可宽恕辩护。正当性辩护包括个人防卫、必然行为;可宽恕辩护包括胁迫、麻醉、错误、精神病、强迫、未成年。本文将摘取其中很有意思的规定,探究这些规定与多元社会文化是否也有千丝万缕的联系。

在马来西亚,财产权神圣不可侵犯。个人防卫的对象甚至扩大到财产。《马来西亚刑法典》对下列损害财产的犯罪可以个人防卫,甚至致加害人死亡,包括抢劫,夜间侵入住宅,对为居住或保存财产使用的房屋、帐篷或船只放火烧毁的,但对盗窃、损毁、非法侵入住宅只有在不行使个人防卫权将导致受害人死亡或严重伤害的情况下,才允许故意致人死亡的个人防卫。

上面的这些罪行不仅侵犯了财产权,大部分也损害或危及人身权,双重法益受损,社会危害性较大,应发动社会成员的力量予以围剿,至于少数只损

[1] 参见袁益波:《英国刑法的犯罪论纲》,知识产权出版社2007年版,第32~33页。

害财产权的罪行,大抵是宗教信仰与习俗深恶痛绝的,为马来西亚全社会所不齿的。

《马来西亚刑事诉讼法》将对财产的保护开拓至更大的范围,只要有人实施了损害财产的犯罪,无论是财产所有人、使用人,还是上述两种人的雇工、被授权的人,甚至是帮助者,在财产加害人姓名与地址不明的情况下,都可以拘留财产加害人,直到财产加害人说出正确的姓名与地址或移送其至警察的控制中。对被声称或有可能属于偷盗的财产的,或者该财产有可能与某犯罪相关的,任何警察都可以控制该财产,并立刻向警局汇报。

上述规定对财产的保护,不仅在损害行为发生时,还延伸到损害发生后。任何侵害他人财产的行为,都会受到全社会的围剿。不过,这里头存在一定风险,会不会因此损害嫌疑人的正当权益,马来西亚对不当拘留他人的人,无论是公民还是警察,都要承担相应责任。上述的规定是赋予人们权利以保护财产,但怎样行使则由个人判断,法律规范之间彼此承接,这样,财产神圣不可侵犯才不是纸上谈兵,正如西方学者布莱克斯通认为,财产与生命、自由一样属于绝对权利的范畴。

财产被保护的层级与人身等同,是有历史渊源的。马来西亚刑法体制由英国人创设,英国人信奉的基督教认为"人类的所有财产是属于上帝的,人是对上帝负责的管家",因此财产权概念被注入了神圣的因子,私人财产神圣不容侵犯。财产权神圣化也符合英国法移植到马来西亚时的客观需要,当时海峡殖民地作为海上贸易重要枢纽,内陆各邦作为原材料来源地,经济繁荣稳定是殖民当局最关切的利益,在殖民地法律中对财产特别保护是殖民当局意志的集中体现,当然这样的法律也满足了当地苏丹既有利益的维护,自然受到他们的欢迎,长期沿袭下来,也就成为司法惯例,后由马来西亚独立后继承下来。

马来西亚诉讼中的犯罪否定要素有很多,例如前经宣告无罪和前经定罪(一罪不二罚)。公诉人可以对被告人提出证据所能支持的尽可能多的指控。不过,前经宣告无罪和前经定罪的原则始终应被遵守,即被告人不应因为相同的行为或疏忽两次或以上被陷于被判有罪的危险中。如果公诉人对前判决不满意,他只能上诉,被告人不会因为同一罪行受到两次以上的指控或审判。不过,该犯罪否定要素不适用如下情形:某人的一行为多年前被宣告无罪,现在又因类似的针对不同对象的行为被指控;没有经过审判的情况下,对某人作出限制或拘留的命令,接着因为作出上述命令的事由被指控;撤销指控后,依据相同的事实,又新发起或接着指控。

(二)刑事责任

刑事责任指犯罪人因实施犯罪行为而应当承担的国家的否定评价和谴责。行为人通常要承担与犯罪相应的刑事责任,但如果存在法定免责事由,行为人就不用承担刑事责任了。

根据《马来西亚刑法典》,以下为完全免责事由。受法律约束或事实上误以为受法律约束、司法活动中的法官、依照法庭判决或指示、依法或善意误以为依法、意外事件、避险行为、不满 10 周岁的儿童、10 周岁以上不满 12 周岁超出其理解范围、精神病人、为对方的利益善意实施、善意通知、受威胁被迫实施、导致轻微伤行为。醉酒为部分免责事由,只在被恶意或被他人疏忽大意的方式造成醉酒且未经本人认同、因醉酒而精神失常时,才能免责,其余情况下,醉酒也要承担相应刑责。

除此之外,被害人同意也是免责事由,《马来西亚刑法典》第 87 条至第 92 条陈述了被害人(或其监护人)同意免责的各种情形:不希望也不知道可能导致死亡或严重损害、为对方利益且不希望导致死亡、为儿童或精神病人的利益。但上述同意免责不适用于无论他人是否同意均独立构成犯罪的行为,这些犯罪的成立与受害人(或其监护人)是否同意无关。

法律离不开孕育它的社会文化。马来西亚人认为"同意非所谓伤害",即一旦经过同意,人就不会受到损害,没有人会同意有损于自身利益的事情。一个 18 岁以上的、精神健全的人,作出的同意就是有效的,哪怕是伤害自己的行为。这里的"同意"与"伤害"要做扩大解释,同意还包括默许,伤害也包括冒被伤害的较大风险。由于受到西方殖民者的长期影响,马来西亚社会遵从契约社会的法则,法律体系也属于英美法系,法官是消极中立的角色,既然当事人之间已经达成合意,法官就不会再干涉,一个行为如果已经得到当事人的宽恕,国家也会尊重当事人的意思自治,国家再加以否定就没有意义了,这种国家与公民之间的默契维持着社会的稳定和谐。如果同意是在害怕被伤害、对事实存在错误认识、醉酒时作出的,就无法免责。这些合意存在瑕疵,与社会的正义直觉并不相符,故不被法律保护。不仅如此,同意免责的适用对行为人的意图也有限制,如果行为人意欲造成他人死亡或严重伤害,不管被害人是否同意,皆不能免责。根据马来西亚刑法理论,意图才是决定一个行为能否因同意而免责的依据。虽然,用意图来定罪的审理模式源自西方殖民者,并通过法律、判例确认及延续,但这也与东方社会提倡的善意、助人等良好道德相符。根据法社会学的效力理论,与民众一般价值观、规范适用对象隶属群体的价值观一致是法的有效性的前提。西方的刑事法律规则在东方的法律观念的接受下实现成功移植。

马来西亚还有关于可和解犯罪的规定。可和解犯罪中享有和解权的一方可以提出和解。经过和解的犯罪,会产生被告人无罪的效果。如果某犯罪可以和解,该犯罪的教唆、帮助行为或者实施该犯罪的意图(当意图本身也是一种犯罪时),可以相似的方式和解。刑事和解制度在马来西亚的适用,分为两类:第一类,用语言等故意伤害他人宗教信仰、故意伤害、受挑衅后故意致人伤害、非法限制、非法拘禁、除严重挑衅引起之外的刑事暴力或刑事暴力威胁、强迫劳动、故意毁坏财产、非法侵入、非法侵入住宅、违反对无行为能力者提供照顾或供养的契约、出于犯罪目的引诱或拐带或扣留已婚妇女、诽谤、印刷或雕刻明知是诽谤的物品、出售包含诽谤内容的印刷品或雕刻物、为扰乱公共秩序而故意侮辱;第二类,故意致人重伤、受挑衅后故意致人重伤、忽视他人生命安全致伤、忽视他人生命安全致重伤。对第一类罪行,如果没有发起诉讼,法定人可以予以和解;如果已经发起诉讼,法定人经主审法庭同意可以予以和解。对第二类罪行,受害人经主审法庭同意可以予以和解。

刑事和解制度意在防止公权力对私权利的过度干涉。一些纠纷由当事人之间自由协商，能够很好地被处理，不涉及第三人，不需要公权力介入。对社会影响轻微的案件，有和解权的人如果愿意可以直接终结诉讼，只有在惊动公权力的情况下，才需要公权力的许可，只有社会影响略大的案件，公权力的同意才是必备的。马来西亚的刑事和解制度实现了法律资源配置最大化，私力救济一定范围内能够妥善保护法益，这时候，公力救济的保留才是明智之举。

刑事和解制度体现了国家对私力救济的一定范围内的包容。这样的做法旨在动员一切力量，打击长期存在街头犯罪高发、毒品活动猖獗、弱势者边缘化、贫富差距拉大等社会问题。长期以来，国家与政府采取的应对措施面对日益严重的犯罪问题已经相形见绌。当国家权力无法或不能及时救济时，马来西亚赋予公民在一定范围内有权采取私力救济，产生的后果也能为刑事法律所允许。

（三）刑罚

马来西亚刑罚的正当理由遵循折中主义，判处刑罚的基本理由是功利主义；道德过错通常不会受到刑事惩罚，除非惩罚对社会是有用的，并且可能被刑法所包含；在适用刑罚时，更多地强调报应主义。刑罚种类包括死刑、自由刑、财产刑、资格刑。马来西亚司法机关在量刑时基本上遵循罪刑相当原则、刑罚均衡原则、刑罚个别化原则，执行刑罚的准则也是教育性、社会化、人道主义。

以乱伦罪为例，2001 年《马来西亚刑法典》修正案中加入了乱伦罪，规定“一个人与根据法律、宗教、习惯或者风俗规定不能产生婚姻关系的人发生性关系，即构成乱伦。”道德失范的乱伦行为，近年来越发猖獗，严重破坏了人类传统价值观念，对现有家庭关系产生巨大冲击，其社会危害性已经相当严重。所以，《马来西亚刑法典》将其置于“侵犯人类身体与生命的犯罪”的章节之下，对触犯者予以重罚，承受漫长的监禁并施以鞭刑。乱伦者确实是罪有应得，但对鞭刑的人道与否，一直存在些争议。在马来西亚，对严重违反宗教礼仪、社会风化的重罪，通常单处或并处鞭刑，罪行越重，鞭打的次数越多。这是肉刑的残留,以损害行为人身体惩罚犯罪,在现代社会,也只有少数的国家还予以保留。然而,笔者更愿意把鞭刑看作报应主义的体现,而不是反人道的固执。被鞭打者承受的皮肉之苦是最有效的教育,使他不敢再犯类似的罪;另外,鞭刑的肉体损害是可以恢复的,给予被鞭打者改过自新的机会,这不就是教育的意义吗?

秉持刑罚理由的功利主义与报应主义,马来西亚没有明确规定时效。在马来西亚,一个人实施犯罪后,经过了5年、10年或者20年,公诉人还可以追诉他吗?回答是肯定的,法律格言有云“时间不会违抗国王”,意思是对于政府(追诉刑事案件),不会有时间的限制。无论罪行实施了多久,行为人仍然要在法庭接受审判,并按照法律的规定承担刑罚。只有行为人死亡,才能使其免受追诉与审判,不仅如此,行为人的家人以及行为人留下的遗产在行为人死后,都免于追诉,这一点与马来西亚的民法不太相同,民事案件有时会针对死者或其近亲属的财产。

一般来说,犯罪行为的社会危害性会随着时间渐渐减小,但在马来西亚并不会被法律所宽容,承担的刑事责任不会被减免。这体现了马来西亚对犯罪的高压政策,任何想通过逃逸而免责的意图,是无法得逞的。在东方文化中,一个人对自己的行为负责是公正的,如果同罪不同果,就与东方社会的价值判断相左,偏离法律的标准,也就是不公平不正直。这一点上,马来西亚刑法的严厉性也符合东方社会严刑峻法的法律传统,真正是“一失足成千古恨”,以上观点体现的正是刑罚的报应主义。事实上,犯罪很多年后,再被追诉的案件少之又少,由于大量纷至沓来的案件,司法效率十分重要。案件发生后一段时间,重案时间较长,简易案件时间较短,如果不行使追诉权,追诉权就会消灭,成为司法惯例。马来西亚之所以没有明文规定诉讼时效,可能基于充分发挥法律震慑作用的考量,既然这样的规定有利于威慑犯罪,就利大于弊。

三、特色性刑事制度研究——以上诉制度为例

根据学者对英美法系上诉制度的历史性考察,这一制度的初衷是为了纠

正法官的错误而非为当事人提供救济。时至今日，马来西亚仍然对当事人提起的上诉持消极态度，既没有按照诉讼数额和案件性质批准上诉的规定，在受理上诉时也主要由法院裁量。不仅如此，当事人必须根据事实和判例提出客观的上诉请求，如果当事人回避了对自己不利的判例，法院有权不受理该上诉。

马来西亚的刑事上诉事由分为两种：事实认定错误和法律适用错误。对因事实问题提起的上诉，在 1995 年陪审团制度废除前，凡涉及判处死刑的案件，由陪审团认定案件事实，法官适用法律。当这样的案件被上诉，上诉法院通常不会干涉陪审团认定的案件事实，实际上也很难证实陪审团的裁决是否错误，因为陪审团在作出裁决时，不要求说明裁决理由。对独任法官或者治安法官审理的案件，上诉法院通常会对他们作出判决的事实问题进行干涉，这就使上级法院认定下级法院，对某一特定案件作出判决的理由是错误的成为可能。对因法律问题提起的上诉，上诉法院可以根据判决书中的判决理由，衡量下级法院的判决是否存在错误。在认定有罪的上诉获得成功后，下级法院的判决和处以的量刑将被驳回，上诉法院将作出无罪判决或者处以新的刑罚。如果上诉人只对量刑提起上诉，且上诉获得成功，上诉法院将驳回原来的量刑，同时对上诉人判处它认为恰当的刑罚，上诉法院的量刑既可能重于也可能轻于原审量刑。这一点与许多国家"上诉不加刑"原则迥异，对由被告人提起的上诉，在马来西亚存在加重处罚的风险，这样被告人是不是就不敢上诉了？的确会有这样的效果，不过立法的目的应该不是恐吓，而是警醒。这样的规定与马来西亚审限制度密切相关。根据马来西亚的法院系统设置，可以推断出刑事案件应当是三审终审的，同时，马来西亚的法官数目占人口总数的比率很低，面对大量的案件，如果被告人一再上诉，会将当事人和司法人员拖入旷日持久的诉讼，所以有必要在上诉前让上诉人明白可能付出的代价。不过，并非上诉人的上诉申请一定能够启动上诉程序，例如下一级法院上诉到高等法院，并经高等法院作出判决的案件，要想再上诉到联邦法院，则必须取得高等法院承审法官的有关证明或检察官的证书，说明该案所涉及的法律问题宜由联邦法院作出判决以符合公共利益。可以发现,马来西亚上诉制度以追求正义为最高价值,上诉可以不受审限的限制,但由于客观条件的制约,不得不付出公民的少许自由、民主代价,私权利对公权力做出让步。

我国公司对外担保法律制度初探

周　涵*

一、我国公司对外担保法律制度的基本理论

（一）我国公司对外担保与个人担保的差异

担保在市场资本的运行中起着重要的作用。我国担保法以典型担保方式为调整核心。"典型担保方式是指当事人依法律行为设定的，在借贷、买卖、货物运输、加工承揽等经济活动中用以担保债权实现的保证、抵押、质押、留置、定金等担保形式。"[1]公司担保是担保的一种形式。公司对外担保是指公司以自己的资产与信用为其他企业或者他人担保债务，在债务人不能偿还债务时，公司以自己的资产替代债务人履行债务偿还义务。

公司对外担保与个人担保存在以下差异：（1）公司对外担保是以公司的名义做出、以公司资产承担担保责任，而董事、经理所做的个人担保是以个人名义做出、以个人资产承担责任。在董事、经理以个人签名做出担保时，不能要求公司承担担保责任。董事、经理个人财产与公司财产是相分离的。（2）公司对外担保比个人担保有更严格的程序要求。公司对外担保又分为普通担保和关联担保。普通担保是指公司根据担保协议为其他的没有关联关系的企业或者个人提供担保。根据《公司法》第16条的规定，普通担保要

---

* 法学硕士，上海外国语大学法学院法律硕士工作秘书，研究方向为民商法学。

〔1〕 曹士兵：《中国担保制度与担保方法——根据物权法修订》，中国法制出版社2017年版，第21页。

根据公司章程规定,由董事会或股东会、股东大会决议。关联担保是指公司为有关联关系的企业或者个人提供担保(如公司为本公司实际控制人,或者母公司为子公司提供担保)。第16条规定公司为关联企业担保,必须经股东会或者股东大会决议。而个人担保则没有严格的程序要求,一般只要求个人在真实意思下做出。(3)公司对外担保比个人担保在担保数额等方面更受限制。《公司法》第16条规定公司章程对投资或者担保的总额及单项投资或者担保的数额有限额规定的,不得超过规定的限额。因为公司是营利性的,对外担保是属于给公司增加负担,会导致公司现有资产的减少,危害公司债权人的利益,影响公司独立责任制度。而个人在担保金额方面,则没有明确的法律限制。(4)在实践中,公司对外担保的方式有保证、抵押、质押3种方式,实践中以保证为主,即以信用担保为主。个人担保可以采用的方式更广泛,留置、定金等财产担保的方式都适用。

由上我们可以看出,由于担保主体的不同,导致担保制度上的巨大差异。公司这一特殊的主体,使得公司对外担保制度在担保方面具有特殊性。

(二)我国公司对外担保的立法价值

公司法是规制公司的法律,公司是资本的集合体,是以追求效益为主要的价值取向。目前,我国的公司法体现的是以效益为主,兼顾公平与安全的立法价值。但是,在具体的公司对外担保的案件中,大多司法判决并未从公司法的特有价值出发,并未梳理清晰个案中各方当事人应有的义务、确立合理的责任划分机制;各方当事人利益未得到全面考量与均衡保护,公司法本身所保护的效率与安全未得到合理兼顾。法院的裁判偏重于保护债权人利益,认为有利于提升交易效率。[1]《公司法》第16条是防止公司董事等个人损害公司和其他股东、债权人的利益,该条本身有着自己的核心价值和规范目标。我国公司法追求的保护中小股东以及债权人利益,体现了公司法追求公平、维护交易安全的价值取向。同时第16条并没有禁止公司进行对外担

〔1〕 参见罗培新:《公司担保法律规则的价值冲突与司法考量》,载《中外法学》2012年第6期。

保,也提现了公司法追求效率的立法价值。交易效率与交易安全的兼顾是第16条的核心价值。

在我国的公司对外担保制度中,存在公司利益与债权人利益两种利益。不同的价值衡量、价值追求也代表着所保护利益的不同。在公司对外担保中,存在三种观点:第一种观点认为:应当优先保护公司以及公司股东的利益。从第16条的规定出发,这种观点认为公司对外担保行为会损害公司的利润,我们要维护公司资金的稳定,就要减少公司对外担保行为。并且认为第16条的规定是效力性强制性规定,违反此法条规定,公司对外担保合同不发生效力。这种观点偏向于维护交易安全的立法价值。第二种观点认为:应当优先保护债权人的利益。该观点认为,合同有效公司承担担保责任,合同无效公司也要承担缔约过失责任,都要承担责任,同时公司的合法权益可以通过其他方式保护,所以认为要维护债权人的利益。这种观点注重保护相对人的利益,侧重于追求交易的效率。第三种观点认为:应当平衡保护公司的利益和债权人的利益。公司对外担保制度的特殊性就要求公司利益和债权人的利益需要平衡维护。这就意味着,我们需要完善公司对外担保制度的规定,防范风险,否则会损害公司以及公司股东的利益。从另一角度出发,债权人的利益如果得不到保护,在公司对外担保中债权人承担的义务很重而获利很少。这样的话,会打击债权人的积极性,使一些缺少资金的企业得不到资金,不利于市场的发展。从市场的长期发展来看,这也无助于公司的进步以及实现营利性的目的。这种观点认为平衡保护两者的利益,体现公平以及追求交易安全与交易效率平衡的立法价值。

在实务裁判中,法院一般从促进交易效率的价值判断出发,认为在公司对外担保中,违反公司章程关于公司对外担保规定的对外担保合同有效,并且认为无论公司对外担保合同是否发生效力,公司都要承担担保责任。公司对外担保制度牵涉到《公司法》和《担保法》等相关规定。从实体法层面来看,《担保法》《公司法》保护的利益各有不同,保护的侧重点也不相同。根据《担保法》的相关规定,该法是为了促进经济的发展,资源配置以及资源的流通,为了保证债务的清偿。这样来看,《担保法》是以促进交易效率、保证债务安全为价值追求的。而根据《公司法》的相关规定:公司法是为了公司的健康发展、维护公司以及公司股东的利益,促进经济的发展进步,更好地规制公司的行为。同时,公司法中有多个利益主体。由于《担保法》和《公司法》所追求的价值不一样,所保护的利益主体不同。

可见,公司对外担保制度更需要体现公司利益与债权人利益平衡保护的价值追求,需要兼顾维护交易安全与交易效率的价值取向。优先保护公司利益或者债权人的利益都不能更好地贯彻《公司法》公平的原则。从这种意义上来看,公司对外担保制度的特殊性要求我们要同时保护公司利益以及债权人的利益。在司法实务界,我们在案件中对公司对外担保制度进行的价值判断,也是需要维护公司利益与债权人利益的平衡。我们要考量公司对外担保的特殊性。因为这个法律制度的价值取向既与《公司法》优先保护公司和股东利益的价值选择不同,也与《担保法》追求维护交易安全、交易市场有序的价值选择不同,我们需要平衡交易的安全与效率。

二、我国关于公司对外担保法律制度的法律规定及问题

(一)我国《公司法》关于公司对外担保法律制度的规定

1. 确认公司具有担保能力

《公司法》确认了公司对外担保能力。《公司法》第16条明确肯定了公司具有对外担保能力,对于关联担保与非关联担保,公司都具有相应的能力,仅有程序上的差异。从整体来看,确定了公司对外担保的对象范围,无论是本公司股东或者实际控制人还是其他的企业或个人,只要符合程序上的规定,公司都可以提供担保。同时,《公司法》顺应了公司对外担保的立法趋势,将极大的自治权赋予公司章程,股东可以在公司章程中设定有关条款规定公司对外担保的决议机关、数额、表决程序等事项。

2. 明确公司对外担保的决策机构

《公司法》第16条规定由公司章程授权股东会、股东(大)会、董事会为

对外担保的决策机构，董事、经理、高管等不能成为决策主体。法律规范具有指引和评价作用，《公司法》的明确规定，具有公示公信的效果，这就推定所有的人知道公司对外担保的内部程序。那么董事以及经理等高管是无权擅自作出公司对外担保的决定。“法律对董事或者高级管理人员担保权利能力的限制，是任何人都应该知道的，因此，相对人没有合理理由相信其有代理权，无法构成表见代理。”〔1〕根据第16条的规定，公司提供关联担保是必须经过股东会或者股东大会的，为其他的企业或者个人提供担保的决策机构是选择董事会还是股东(大)会，由公司通过公司章程自主决定。而公司章程的产生和修改都是由全体股东集体讨论通过的，这样无论是关联担保，还是普通担保的决策，在一定程度上维护了中小股东在公司对外担保上的话语权。

3. 设立决议程序标准

由于公司对外担保对于公司资产影响重大，《公司法》对决策程序作出了严格的规定，并且对参与决策的股东进行了一些强制性限制。根据第16条的规定，对于普通担保，只要符合《公司法》所规定的董事会及股东大会的决策程序即可，而对于关联担保，则规定了表决权排除规则。即公司股东会或股东大会在讨论决定本公司是否为本公司股东或者其他关联的个人或企业提供关联担保时，本公司股东或者与接受担保方有利益关联的股东的表决权将不能行使。第16条的表决权排除规则能够有效防止大股东操控股东大会、作出不合理的担保决策、损害公司资产，并且这样能够保护中小股东的利益。这一制度与我国的股权结构有关，股权比较集中，“一股独大”的情况较为普遍。而表决权排除规则能够使公司关于对外担保的决议更加合理，更好地维护公司的利益。

4. 限制公司对外担保的数额

随着公司法的发展，公司内部意思表示越来越自由化，更多地强调尊重公司自治。现行《公司法》把公司对外担保金额确定的权利授予了公司章

〔1〕 李建伟：《公司法学》，中国人民大学出版社2008年版，第109页。

程,由董事会或者股东(大)会根据公司章程的规定对公司对外担保的金额进行限制。公司的资产数额稳定有限,公司用于对外担保的金额越大那么公司自身的资金紧张风险就越大。由公司章程对公司对外担保数额进行限制,使公司在对外担保的时候能够考虑公司的整体利益,作出最优的决策,从而可以有效控制公司资金风险,同时也可以保护中小股东的利益。

可见,《公司法》第16条是关于担保制度的主要条款。“从意思自治的方面来看,法律若无明确的禁止性规定,公司作为一般民事主体皆可以提供公司担保。”[1]这体现了“法无禁止即自由”的原则。现行《公司法》明确确定公司具有提供对外担保的能力,并且规定了公司对外担保的决策程序。这些规定对于公司中小股东以及债权人的保护、维护交易安全原则、公司经营风险的规避具有很重要的意义。同时,我们也通过一些特殊的规定来防范风险。

(二)我国公司对外担保法律制度存在的问题

1. 公司对外担保的内部决策程序存在瑕疵

第一,根据《公司法》第16条的相关规定,公司为本公司股东、实际出资人以外的企业或者个人提供的一般担保要根据公司章程的规定由公司董事会或者股东大会讨论。即使公司章程并没有对公司的对外担保进行规定,也不可以把属于重大管理事项的公司对外担保交由公司的高管层决议。并且该款没有规定股东的范围和比例。若出席股东大会并参加决议的股东的比例不合理,则很容易导致会议决定被操纵。而且公司召集召开股东大会和董事会花费的时间长、会议成本高,尤其是股份有限公司,股份较分散,股东人数庞大,则召集会议的成本更高。并且由于人多意见多以及对外担保程序的复杂,使形成决议的时间较长,会影响公司的运作和工作效率。公司对外担保金额的多少代表风险的大小。若公司章程没有对公司对外担保金额的上限以及担保合同中的担保方式进行明确要求,则会造成公司内部在进行决策

〔1〕 刘俊海:《现代公司法》,法律出版社2011年版,第556页。

时没有标准,会对公司的对外担保决策产生不利的影响。公司对外担保金额的多少也应成为确定决策机构的标准。如果每一笔公司对外担保都要经过严格的审议,尤其是对一些小金额、对公司资本不造成影响的担保也要股东会或董事会审核,那么会增加成本,影响效率。

第二,第16条关于对外担保的规定过于粗略使公司可以有效地避开相关法规。首先,表决权排除制度。根据《公司法》第16条关于表决权的规定,在为本公司股东或者其他有利益关系的关联股东提供关联担保时,与其有利益牵连的股东的表决权将被剥夺。这一制度可以有效防止公司资产的流失。但是由于公司的股东之间往往都有利害关系和个人关系,他们往往相互帮助、相互支持,操控会议。而相关的法律包括《公司法》并没有为其提供相关的法律救济途径。其次,第16条没有对参加股东大会的股东人数(至少参加人数)以及中小股东在大会中所占比例作出明确规定。中小股东所持股份较少多为散股,所以对公司的关注度较小,参加股东大会的小股东人数较少,这样公司的控股股东、大股东就能避开法律规定,从而控制公司。第16条关于控制大股东权利的相关程序性规定没有发挥作用,不能达到控制大股东权利、保护中小股东利益的目的。

2. 缺乏对相关主体的保护

《公司法》中关于公司对外担保的法律规定,对于第三人和中小股东的利益缺乏很好的保护。并且在其利益受到损害时,没有规定相应的救济措施。第一,公司对外担保缺乏对第三人的保护。对第三人的保护是与第三人的审查义务相关联的,而与第三人审查义务相关的是公司章程的内容。《公司法》赋予了公司章程在公司对外担保事项上很大的自治权,公司章程是体现公司个性化设计的法律文件,是公司生活中的"宪法"(或公司内部小宪法)。公司章程是公司的名片,反映着公司的股权结构和公司的治理制度。"《公司法》第16条就体现了公司章程的起草和完善应当遵循量体裁衣的设计准则,体现公司章程的个性化设计。"[1]那么,公司的公司章程对于公司对外担保制度可以不规定,也可以有各种不同的规定。这样在公司对外担保中公司章程对第三人的约束力,以及担保权人是否有审查义务、审查的限度等都没有明确的规定。《公司法》第 11 条明确规定公司章程对股东、董事、监事等高管具有约束力,也就是公司章程对内的效力规定与其他相关法律规定一致。对于公司章程效力的扩张、对第三人的效力法律没有明确规定。这对于第三人权利的保护是很不利的。在实践中,由于缺乏具体的操作细则和指导,当事方查询到公司章程也很不容易。在上市公司中,由于其开放程度高、涉及的股东的利益多、真实信息披露制度要求也比较高,一般上市公司的公司章程既在公司设置存放同时也在登记机关备案。这样的话担保权人可以查询的途径较多,并且真实度、准确性也高。所以,上市公司的接收担保主体具有审查的可行性和必要性,应具有审查义务。对于有限责任公司等开放性较低、以人合性为主的公司,公司信息的公示程度较低,公司章程可以查阅的途径不多以及信息的准确性不能保证,所以不能必须要求相对方对公司章程进行查阅,这样耗时耗力,也达不到好的效果。

为了更好地维护第三人的权利,第三人对公司对外担保的决议应知晓。《公司法》第 16 条对公司对外担保的相关内容作出了明确的规定,法律是具有公示公信力的,那么第三人在决定是否接收公司担保时,应该查阅公司章程对公司对外担保的规定。"法律保护善意相对人,对恶意相对人的保护将会受到责难。善意是不知道或不应该知道。第三人履行了对公司章程审查义务,则是善意的。"[2]根据权利义务对等原则,提供对外担保是公司加重自身负担的行为,对公司的资产稳定有一定的威胁。为了更好地规避风险、促进交易安全,公司对外担保应该加大保障性规定;对于接受担保的主体来说,担保是为了保障债权的实现,是为了自己权益的实现,根据享有权利对应也要履行义务的原则,接受担保方在具有审查可行性下应履行查阅义务。"这

〔1〕 刘俊海:《公司法学》,北京大学出版社 2008 年版,第 67 页。

〔2〕 梁上上:《公司担保合同的相对人审查义务》,载《法学》2013 年第 3 期。

样的话不仅对于公司资本维持以及公司风险的管控有利,而且有助于构建安全、稳定、和谐的市场交易环境以及社会公平体制。担保权人自应查阅公司章程,并以此证明自己的善意第三人身份,这对于规制公司越权担保,减少越权担保纠纷,促进担保业务的良性发展均大有助益。"[1]根据法律的公示效力和权利义务对等原则,第三人具有审查义务。但是在审查章程的可行性方面我们应该作出具体的规定。这一部分我们在完善建议方面再说明。

第二,公司对外担保对中小股东的保护不足。虽然公司对外担保制度在对公司对外担保的决策程序上设置了对中小股东保护的一些规定,但是由于我国公司治理的实际情况以及程序设置得不严密,导致在实践中中小股东的利益得不到有效的保护。"《公司法》第16条仅强制要求股东、董事、监事等内部人员必须遵循规定。"[2]在我国,由于公司内部管理结构存在缺陷,大股东"一股独大",在公司享有绝对的控制权。在公司对外担保的表决上,往往中小股东发挥不了作用,对外担保的决议往往体现大股东的意思。公司的对外担保行为会给公司资产增加负担,给公司的经营管理带来风险。但是由于中小股东的意见得不到重视,导致利益分配不公平、不平衡,并且也会给债权人带来交易风险。这些与公司法安全、公平的价值取向不相符。我们需要加强中小股东对大股东权利的制衡作用,以保障公司正常的管理运营。

三、我国公司对外担保法律制度的完善建议

(一)确立公司对外担保中的董事责任追究制度

在公司内部治理结构中,董事享有很大的权利,发挥着重要作用。而享有相应的权利,必然承担对等的义务。在我国《公司法》中,第148条明确规定了董事的忠实和勤勉义务。董事的忠实是要求董事在管理公司的过程中,要把公司的利益放在首位。公司的利益是董事进行业务的判断准则。董事

[1] 高圣平:《公司担保相关法律问题研究》,载《中国法学》2013年第2期。

[2] 胡旭东:《公司担保规则的司法续造——基于145份判决书的实证分析》,载梁慧星主编:《民商法论丛》(第50卷),法律出版社2012年版。

不得滥用权力为自己或他人牟利。根据上述规定,在公司对外担保制度中,董事在进行决策的时候应当遵循忠实义务,做出最有益于公司的决策。董事在公司对外担保中应承担的义务具体体现在以下几个方面:首先,董事需要把公司对外担保的所有内容向公司向全体股东做真实、准确的说明,这是真实信息披露制度的要求。其次,要禁止董事在与本公司有牵连的企业里担任相关的职务,以防董事为了其他公司的利益而损害本公司利益。如果有同时兼任的情况存在,要及时报告董事会。最后,要发挥监事会的功能,做好监督工作。对公司对外担保要做到每一环节都监督到位。对于公司其他董事、高级管理人员的对外担保行为要做到监督监察,发现不利于本公司的行为,要及时制止或者报告董事会。完善我国的董事忠实义务能够在一定程度上减少公司对外担保的风险。勤勉义务要求董事在进行公司的经营管理时,对公司的业务能够认真负责、妥善考虑多种因素,做出最佳的最有利于公司的决策。在董事会决议公司对外担保相关事项时,董事要对提供担保的其他主体的资本、信用以及财务状况做充分的了解。这样的话,董事们能够基于这些资料合理地考虑风险,基于营利的目的,做出合理的决议。

董事的忠实义务和勤勉义务需要在公司对外担保中贯彻。根据违反了义务要承担相应责任的规定,我们还需要建立对董事违反规定的责任机制,规定董事在公司对外担保中违反上述义务将承担的不利后果。关于公司因为承担对外担保责任导致公司利益受损,董事需要承担相应的赔偿责任,弥补公司损失。同时还要建立对股东的救济制度,比如股东代表诉讼、股东对决议提出异议等相关救济制度。我国《公司法》就规定了相关的股东诉讼制度。这样的规定既可以对董事执行公司的业务活动进行监督,也能维护中小股东的话语权。公司董事在公司对外担保中如有违反义务的行为或者做出的决议损害了公司的利益,股东可以通过上述途径要求董事承担责任。

在关于公司对外担保的相关内容上,应当添加上述违法义务,违反法律规定应该承担不利后果。并且对要承担的责任,进行明确细化的规定。

(二)发挥监事会和独立董事的作用

在我国《公司法》关于公司对外担保的规定中,只有对于股东大会和董事会的规定。这两个机关是对公司事务进行决策执行的机构。用权受监督，在公司对外担保法律体系中，应当把对股东、董事以及高管人员等主体的活动进行监督的监事会纳入其中。法国的公司法就把公司对外担保的决议机关和批准机关分开，由监事会承担对董事会决议的审查批准。在德国，公司提供关联担保一定要经过监事会的批准。这样的规定可以使公司内部权力分散，在公司对外担保的决策中做出合法合理、对公司有益的决议。

在上市公司的内部治理结构中，独立董事发挥着很重要的作用。在证监会关于上市公司独立董事制度的有关规定中，确立了上市公司中的独立董事对上市公司的重大关联交易的事先许可制度。即在上市公司中，对于高于公司净资产5%的以及交易额在300万元以上的与牵连的自然人达成的关联交易，需要经过独立董事的批准后，才能由董事会决议。同时，在上市公司的公司对外担保内容上要求在上市公司的公司章程中，要对决策的程序以及提供担保的债务人身份、参加董事会的人数比例以及通过决议的人数比例（要求全体董事出席并且2/3以上同意）作出具体明确的规定。这就表明在上市公司对外担保中，独立董事可以很好地发挥作用。在我国现行的公司法背景下，笔者认为，由于上市公司股东众多、牵涉的利益较广，为了更好地维护公司的利益，维护交易安全、防范风险，我们应该把上市公司所有的关联担保（包括有牵连的企业）都应由独立董事先审核批准。在发挥监事会和独立董事作用的同时，我们应该加强对公司风险的管控，这样可以减少公司对外担保的风险，避免公司利益的损失，维护交易的安全。

（三）规定出席股东大会的中小股东比例

我国的股东大会的表决方式是“资本对多数决”。这样容易出现控股股东操控决议的情况。并且由于上市公司股东人数众多，召开会议耗时较长，中小股东出席率低。我们可以明确规定，出席股东大会的股东比例，并且规定出席的中小股东的比例不能低于一定的比例。这样规定既可以保证决策会议的顺利召开，又能保证公司决议的合理性，并且防止股东大会被大股东利用。明确参会中小股东的比例，可以保证中小股东在公司对外担保上的话语权,维护自身的利益,也可以防止大股东利用公司对外担保掏空公司,保持公司运营的平稳和资本的安全。

(四)明确第三人的审查限度、范围

第一,第三人审查义务的限度。第三人审查决议的形式有两种:首先,实质审查是指对公司章程中关于公司对外担保决议的形成过程、决议内容是否真实等进行审查。其次,形式审查仅是对公司对外担保决议是否符合法律规定的内容,是否缺少一些事项进行审查。具体到公司对外担保上来看,实质上具体包括:主要是决议的内容以及决议通过的程序是否存在虚假问题。通说认为实质审查是不合理的,过度维护了公司的利益,不利于保护第三人的利益。在实践中,第三人无法对决议形成的过程以及决议内容的真假进行调查。这个过程耗时耗力,不符合效益原则。因此,要求第三人进行实质审查不符合效益及效率原则,也不利于交易的进行。笔者赞同上述观点,采用形式审查更为合理。第二,第三人审查的范围。首先,查询股东名录审查是否为关联担保。公司一般都具有股东名册,这是证明股东身份的最正式的文件。股东的姓名和名称是公司章程必须记载的事项。通过查询,可以知道是不是为本公司股东提供担保。其次,公司对外担保的决策机关。根据法律规定,决策机关只能是股东大会或者董事会。通过公司章程,看决策机构是否符合法律规定。再次,公司对外担保有无担保金额上限。为了维护公司以及全体股东的利益,股东可以在公司章程对公司对外担保的单项金额或者总金额的上限进行规定。第三人可以通过查阅,了解此次担保的金额是否符合规定。最后,公司对外担保的决议是否符合法律规定。主要是指担保决议上有没有公司的公章,决议的内容以及参会人员的比例是否符合要求,文本的格式是否正确、文本上的签名是否存在等。

从民法上物之特性论特殊之物的归属

马海蓉[*]

一、问题的提出

世间万物并非都是民法上的物,前者泛指世间一切物理意义上的物,后者是指能成为民事法律关系客体的物。民法上的物通常都有相应的所有权人,但在实际生活中,某些特殊的物的所有权归属具有较大争议,众说纷纭,迫切需要法律的完善。

2015 年 1 月 30 日,一位新疆牧民在阿勒泰地区青河县境内发现一块狗头金,重达 7.8 公斤,价值 196 万元,其所有权归属引发热议。

2014 年,家住陕西省丹凤县的李某发现一把古剑,随后将其交给文物部门。经鉴定,这把青铜剑距今约有 3000 年,李某获荣誉证书及 500 元奖励,引发社会热议。

2011 年 7 月,两位新疆人海拉提和加尔恒在新疆阿勒泰地区一牧场发现了中国第二、世界第四的铁陨石,具有重大科研价值。后被当地政府从山中运出并保管起来。经交涉,政府同意每人奖励 5000 元,大大低于两人心理预期。“第一发现人”“牧场主人”以及当地政府就陨石归属产生争议。

2012 年春节,四川省彭州市通济镇麻柳村吴某亮在其家附近发现埋藏于地下的一批乌木,估计市场价值上千万元。吴某亮自称发现者,并雇来挖

* 法学硕士,上海外国语大学法学院讲师,研究方向为民商法。

掘机挖掘。通济镇政府接到举报,当夜赶往监控保护。随后在成都考古队专家指导下,镇政府挖掘出 7 件大型乌木,并运到当地客运站暂存。2012 年 7 月,彭州市国资办正式答复:乌木归国家,奖励发现者吴某亮 7 万元。而吴某亮提出这批乌木价值在 2000 万元左右,按照相关法规应该奖励自己 400 万元。2012 年 7 月 26 日,吴某亮和姐姐吴某惠起诉通济镇政府,请求法院确认 7 件乌木为自己所有。

上述物品,分别属于矿物类、文物类、陨石类及乌木类,均应属于民法上的物,但由于缺乏法律规定或者规定不明确,发现者个人、物品所依附的土地所有人或承包人以及当地政府均声称归其所有,社会舆论、学术界以及司法界同样产生了很大争议。

二、民法上物的概念和特征

我国《民法总则》第 115 条规定:"物包括不动产和动产。法律规定权利作为物权客体的,依照其规定。"《物权法》第 2 条第 2 款也有类似的规定:"本法所称物,包括动产和不动产。法律规定权利作为物权客体的,依照其规定。"上述法条仅对物的分类做了列举,并未对什么是民法上的物作出明确的规定。通说认为,民法上的物是指存在于人体之外,占有一定空间,能够为人力所支配并且能满足人类某种需要,具有稀缺性的物质对象。[1] 其特征如下。

(一)物是除人体以外的一种客观存在

民法上的物是物理意义上的物,是除人体以外的具有物质形态的客观存在。根据学者考证,在古罗马时期,人、动物和自然界在宇宙平等共居,人对自然和万物的君临一切的主体态度,尚未建立起来。[2] 奴隶不属于人,属于物。直到 1537 年罗马教皇保罗三世才宣告,印度人、黑人或新大陆的土著居

---

〔1〕 参见王利明主编:《民法》,中国人民大学出版社 2018 年版,第 94 页。

〔2〕 参见赵晓力:《民法传统经典文本中"人"的观念》,载《北大法律评论》(第 1 卷·第 1 辑),法律出版社 1998 年版。

民也是“真正的人类”,[1]法律才确认自然人是法律上的主体,其他非人类的客观存在为法律上的“客体”。从古代的罗马法到近代的《法国民法典》和《德国民法典》均将民法上的物视为除自由人外的存在于自然界的物质实体。

人的身体为人格所附,以个人尊严为基本原理的近代法思想,不允许对生存的人的身体或身体的一部分具有排他性或全面性支配权。[2] 即人体本身不是物,但与人体分离的毛发、牙齿及死亡后的遗体属于物。随着医学技术的发展,与人体分离后仍具有使用价值的血液、器官可成为赠与合同的标的物(通过器官移植及器官捐赠等途径)。另外,代孕技术的发展使得代孕母亲的生殖器官成为代孕协议的标的物。上述以活体器官为标的物的合同有效性均要看是否符合专门的法律规定及公序良俗原则,并且债权人不能要求强制执行这类合同。

现代德国物权法理论认为,“从人体分离出来并且已经独立化的人体部分可以是所有权客体之物”,并已经有判例支持了因对为避免丧失生育能力而专门存放起来的精子造成损害的赔偿请求。[3] 在我国现行法律中对此没有相应规定,但在一些学者的研究成果中有较明确的说法。如王利明教授主编的《民法典(草案)》中有明确规定:“自然人的器官、血液、骨髓、组织、精子、卵子等,以不违背公共秩序与善良风俗为限,可以作为物。”而在梁慧星教授的《中国民法典草案(建议稿)》中也规定:“自然人的器官、血液、骨髓、组织、精子、卵子等,以不违背公共秩序与善良风俗为限,可以成为民事权利的客体。”当然以上理念尽管在学界被公认,但在已实施的《民法总则》中并没有被采纳。

另外,伴随试管婴儿辅助生育技术的不断成熟,在中国近几年冷冻胚胎

---

〔1〕 参见薛军:《“物”的概念的反思与中国民法典的编纂》,载《法学》2002 年第 4 期。

〔2〕 参见[日]四宫和夫:《日本民法总则》,唐晖、钱孟姗译,台北,五南图书出版有限公司 1995 年版,第 129 页。

〔3〕 参见[德]M. 沃尔夫:《物权法》,吴越、李大雪译,法律出版社 2004 年版,第 7 ~ 8 页。

的法律属性及其继承问题成了理论界及司法界争议的焦点。[1] 冷冻的受精胚胎具有发展为生命的潜能,含有未来生命特征,与已被定性为物的精子和卵子的属性并不相同。关于冷冻胚胎是"人"抑或"物"的法律属性有主体说、客体说和中间说三种观点。[2] 首先,主体说把冷冻胚胎看作法律上的人,享有一般自然人的民事主体地位。如在美国的路易斯安那州明确宣布胚胎为"生物学意义上的自然人,其并不是生育的中间媒介也不是医生的财产。"其立法机关定义胚胎为"由多个生存细胞和人类基因物质组成并最终在子宫内发育成的一个未出生的婴儿。"[3] 其次,客体说认为冷冻胚胎等脱离人体的器官和组织的法律属性为民事法律关系的客体,具有物的属性。但不是普通之物,而是属于一种伦理物。将脱离人体的器官和组织、尸体以及医疗废物等界定为人体变异物,作为物格中的最高格即伦理物中的物,使其在物的类型中具有最高的法律地位,对其权利行使予以最大的限制,有利于对这种特殊的物的保护,建立更为和谐的市民社会秩序。[4] 该学说对我国首例冷冻胚胎继承案产生了重要影响,一审判决认为"实行体外受精—胚胎移植手术过程中产生的受精胚胎为具有发展为生命的潜能,含有未来生命特征之物,不能像一般之物一样任意转让或继承,故其不能成为继承的标的"。最后,中间说(又称折中说)认为,传统民法理论坚持一种道德宇宙的两分法,非人即物。但是实际上存在大量介于人与物之间的处于中间状态的实体。中间说既不承认冷冻胚胎取得"人"的主体地位,也不简单地视其为一团细胞组成的物,认为冷冻胚胎是介于人与物之间的过渡存在,赋予其比一

[1] 参见《国内首例冷冻胚胎继承案》,载 http:/news.163.com/15/0709/07/AU2J7TPR00014SEH.html,最后访问日期:2018 年 2 月 4 日。

[2] 参见徐国栋:《体外受精胎胚的法律地位研究》,载《法制与社会发展》2005 年第 5 期。

[3] LA. RGV. STAT. ANN and human genetic – child"第 9 条:126(2008).9:121(2008)," A human embryo"as"composed of one or more material so unified and organized that it will develop in utero intoliving cells an unborn child.

[4] 参见杨立新、陶盈:《人体变异物的性质及其物权规则》,载《学海》2013 年第 1 期。

般物更多的保护，并建立了“物—中介—人的三极模式”。[1] 该学说对上述案件的二审判决有重大影响，二审判决书认为“胚胎是介于人与物之间的过渡存在，具有孕育成生命的潜质，比非生命体具有更高的道德地位，应受到特殊尊重与保护。双方父母是胚胎之最近最大和最密切倾向性利益的享有者”。因此，江苏省无锡市中级人民法院终审判决双方父母共同享有胚胎的监管权和处置权。该判决书用了监管和处置的表述，回避了冷冻胚胎是否能成为继承的标的物的问题。

尽管冷冻胚胎的属性在我国法律中并没有明确的规定，但在审判实践中冷冻胚胎被当作物的案例时有发生。如在全国首例男方废弃冷冻胚胎侵权赔偿案中，南京市玄武区人民法院审理认定，男方张某单方废弃胚胎，构成了对女方王某身体权、健康权和生育知情权的侵害，且因胚胎为带有情感因素特殊的物，王某还存在精神上的损害。法院依法酌定张某赔偿王某抚慰金3万元。[2] 可见该案把冷冻胚胎视为了侵权损害赔偿的对象。

从上述理论界的争议和实践界的做法来看，本文认为冷冻胚胎还不能被称为民事主体。《民法总则》规定自然人的民事权利能力始于出生，涉及遗产继承、接受赠予等胎儿利益保护的，胎儿视为具有民事权利能力。而在医学上通常认为受精之后的胚胎还不是胎儿，只有在其发育到具有初步的人形即受精胚胎着床第九周开始后才可以称为胎儿。因此，冷冻胚胎还不是胎儿，更何况还不在母体之中，认定其为主体没有法律和医学依据。而冷冻胚胎也不是一种普通物，受精胚胎具有潜在的生命特质，含有提供者的遗传物质，是成为民法上主体的开始阶段，将冷冻胚胎视为一种特殊之物并予以特殊保护较为合理。因此，冷冻胚胎可以成为遗产被继承，当被损毁时也可以作为一种具有情感因素的特殊物而请求精神损害赔偿。

---

〔1〕 参见张善斌、李雅男：《人类胚胎的法律地位及胚胎立法的制度构建》，载《科技与法律》2014年第2期。

〔2〕 参见《丈夫单方废弃冷冻胚胎，南京中院判决赔偿妻子三万元抚慰金》，载 http://fashion.ifeng.com/a/20180228/40292207_0.shtml，最后访问日期：2018年2月6日。

(二)现代民法上的物不以有体物为限

民法上的物是一个不断发展的概念。在罗马法中将物视为除自由人以外的具有经济价值的事物,包括权利、利益及权利之客体,包括财产权利而不包括身份权。[1]《法国民法典》承袭了罗马法的理念,认为物兼指有体物和无体物。而传统德国民法理论则强调"物必有体",将物限定在有体物,日本民法也继承了该观念。到了近现代,各国均认识到"物必有体说"与现代社会经济、科技发展状况不相符合,渐渐将空间和自然力,甚至虚拟财产纳入物的范围。因此,现代民法意义上的物包括以下几类。

1. 有体物。有体物的范畴不是一成不变的,其变迁反映了人类认识自然、改造自然的伟大进程。早期罗马法上的有体物(有形物)是指"存在于自然界中可以触知的实体物,如桌椅、奴隶、谷仓、土地"。[2] 随后物理学的进步使得有体物不仅限于固体和液体,气体也成为有体物的一种形式。并且随着对自然资源利用的不断深入,人们把各种能源如天然气、电力、热力、光能等可以用仪表测量的物称为"自然力",纳入物的范畴中。如史尚宽先生就认为"物者,谓有体物及法律上俱能支配之自然力"。[3] 现代数字化通信业的迅速发展使得无线电得以广泛应用,成为一种新的自然力。无线电频谱是自然界存在的一种电磁波,是无线通信的信道或载体,也是一种能够被人类利用的自然资源,其对于保障国防安全和社会公共利益具有非常重要的作用,因此其作为重要资源的一种,被确认为物,如我国《物权法》第 50 条规定"无线电频谱资源属于国家所有"。

2. 空间。在制定物权法的过程中,有学者提出了空间的概念,认为应该将空间纳入物的范畴。[4] 而《物权法》第 136 条规定"建设用地使用权可以在土地的地表、地上或者地下分别设立。"该法条是对土地分层利用的规定,

---

〔1〕 参见谢邦宇主编:《罗马法》,北京大学出版社 1990 年版,第 164 页。

〔2〕 江平、米健:《罗马法基础》,中国政法大学出版社 2004 年版,第 178 页。

〔3〕 史尚宽:《民法总论》,中国政法大学出版社 2000 年版,第 249 页。

〔4〕 参见孙宪忠:《〈物权法总则建议稿〉第 11 条及其说明》,载孙宪忠:《争议与思考——物权立法笔记》,中国人民大学出版社 2006 年版,第 38~39 页。

也间接引出了空间利用权的概念。空间利用权是指在土地使用权及其效力所及空间之外，对地表上下一定范围内的空间所享有的排他使用权。[1] 该权利的客体便是一定范围之内的空间。人口的增长和土地资源的短缺使得土地利用向地下和地上空间立体化发展，地下的地铁、车库和各类管道，地上的高架桥、空中走廊和线路都是利用空间建设的。各国对于空间利用权的立法模式有所不同，如美国各州设立专门的空间法（如《俄克拉荷马州空间法》），德国和日本采用在民法典用益物权的相关章节中规定的模式。而我国台湾地区在建造捷运系统时创立了一种新的空间法立法模式——法律包裹模式。即制定一个“建立大众捷运系统条例”的包裹，里面除了一个全新的“大众捷运法”外，并配合修正与“区分地上权”有关的法律，如“民法”“土地法”“都市计划法”“土地税法”等，同时修改“土地登记规则”“土地复丈办法”等相关政令，毕全功于一役。[2] 我国目前仅有《物权法》第136条对空间利用权有简单规定，且是纳入了建设用地使用权的范畴，并非将空间视为一个独立的客体，更未建立独立于土地的空间权登记制度。鉴于科技与经济的发展而产生的空间利用的紧迫性，需要在立法上增设关于特定空间可以“视为物”的规定，[3] 并设立单独的空间利用权制度。此外，国家拥有领空范围内的航线所有权，此航线也应视为空间的一种类型。

3. 网络虚拟财产。网络虚拟财产是互联网发展的产物，是以一定的数据、信息、符号储存到网络中的虚拟物，[4] 主要包括比特币、区块链、网游中的装备、网络社交账号以及网络交易平台（如淘宝店铺）等。之所以称其为财产，是因为其具有一定的财产价值，并且可以在一定范围内流通。司法实践中，已经出现了电子游戏装备被盗要求赔偿、QQ号码归属权争议等纠纷。

---

〔1〕 参见刘保玉：《空间利用权的内涵界定及其在物权法上的规范模式选择》，载《杭州师范学院学报》（社会科学版）2006年第2期。

〔2〕 参见苏永钦：《区分地上权的立法问题》，载《民法经济法论文集（一）》，台北，瑞明彩色印刷有限公司1988年版。

〔3〕 参见刘保玉：《物权体系论——中国物权法上的物权类型设计》，人民法院出版社2004年版，第96页。

〔4〕 参见陈旭琴、戈壁泉：《论网络虚拟财产的法律属性》，载《浙江学刊》2004年第5期。

《民法总则》第127条规定:“法律对数据、网络虚拟财产的保护有规定的,依照其规定。”这是我国民法基本法首次提到对网络虚拟财产的保护,虽然仅是一条引致性规定,但其宣示了对数据和网络虚拟财产的保护,并为以后特别法的规定提供了法律依据。该法条位于第五章“民事权利”,但未将网络虚拟财产放在该章的物权、债权、知识产权及综合财产权中的任何一种类,而是放在了第126条“其他民事权利和利益”该兜底性条款的后面,回避了其具体属性。主要原因是在《民法总则》起草过程中,专家和社会舆论对网络虚拟财产的属性争议太大,始终达不成一致,最终采取了模糊方法处理,终致形成了现在的第127条。〔1〕 网络虚拟财产的法律属性之争主要有“债权客体说”“物权客体说”“知识产权客体说”“服务行为说”等观点。

第一,债权客体说。该学说认为网络虚拟财产在行使权利时必须得到网络运营商的技术配合,受到服务器状态的限制,即网络虚拟财产权人无论是基于自己的网络游戏劳动获取的网络虚拟财产,还是基于与网络运营商或者其他网络用户之间的网络虚拟财产买卖合同而获取的网络虚拟财产,其在行使相关网络虚拟财产权利时必须通过与网络服务合同和软件授权使用合同的配合方能实现。网络虚拟财产在行使方式上的特殊性使其无法脱离债权的归属,不能上升为支配性的物权。〔2〕 因而网络虚拟财产只能是债权的客体,而不是物权的客体。

第二,物权客体说。该学说认为网络虚拟财产是物权的客体,其法律属性是物,属于虚拟物;自然人自己拥有网络虚拟财产作为自己的物权客体,当其死亡,网络虚拟财产也会作为自己的合法财产,成为继承权的客体即遗产。〔3〕

---

〔1〕 参见杨立新:《民法总则规定网络虚拟财产的含义及重要价值》,载《东方法学》2017年第3期。

〔2〕 参见王雷:《网络虚拟财产权债权说之坚持——兼论网络虚拟财产在我国民法典中的体系位置》,载《江汉论坛》2017年第1期。

〔3〕 参见杨立新:《民法总则规定网络虚拟财产的含义及重要价值》,载《东方法学》2017年第3期。

第三,知识产权客体说。该学说认为网络虚拟财产属于网络游戏开发商的智力成果,因而应当列为知识产权中著作权的范畴。对于玩家,只限于该著作权中的使用权,系玩家通过过关斩将或购买获取的,并非对这些数据享有独占权和所有权,而是使用权。也有观点认为虚拟财产应认为是玩家的智力成果,具有新颖性、创造性、可复制性并需要一定的载体,因此可将虚拟财产视为玩家的知识产权。[1]

第四,服务行为说。该学说认为网络虚拟财产是网络服务提供者向权利人给付的专属服务行为,而非某种可以脱离主体行为而独立存在的特殊物。无论网络虚拟财产以何种形式呈现,均可将其还原为网络服务提供者提供的一系列服务行为,而权利人对于网络虚拟财产的取得、占有、使用和处分等行为,则本质上是对于这些特定服务的使用。[2]

本文认可将网络虚拟财产纳入物权客体的观点,但与传统意义上有体物的特点存在较大区别,是民法上物的形式的重大突破。

首先,将网络虚拟财产视为债权客体和专属服务行为并不妥当,没有涵盖所有的网络虚拟财产。上述观点的作者得出该结论是以淘宝店铺和网络游戏装备为例,但仅对此类建立在网络服务提供者搭建的电子平台上的网店如淘宝店铺、京东入驻商家等适用,对网络服务提供者的自营店铺,如天猫超市、京东自营、河马鲜生等越来越多的自营电子平台店铺却不适用,因为他们之间并不存在服务合同,这些自营店只是以网络形式销售产品,线下和实体店铺一样存在仓库或展示店面(如小米之家和优衣库的网上下单实体店提货等),[3]故此类自营电子商铺经营不属于服务行为,也不存在服务合同,不能将其视为服务行为或债权客体。倒是与民法上传统的物一样,完全由其权利人拥有所有权,可自主支配、自由转让、赠与甚至继承。

[1] 参见石杰、吴双全:《论网络虚拟财产的法律属性》,载《政法论丛》2005年第4期。
[2] 参见刘明:《网络虚拟财产权权利客体研究》,载《社会科学研究》2015年第2期。
[3] 阿里巴巴创始人马云近期提出的新零售概念更是将线上线下融为一体。

其次,网络虚拟财产还包括比特币[1]等完全虚拟和数字化、市场化的新型交换媒介,它不像普通电子货币一样只是实物货币的电子数据形式,但其属于物权客体的理由与传统货币是一样的。我国现行关于比特币的政策性文件主要有两部,一部是2013年12月3日由中国人民银行、工信部、银监会、证监会、保监会(简称五部委)发布的《关于防范比特币风险的通知》,该通知在“正确认识比特币的属性”的部分,否定了比特币的货币属性,但承认了比特币的商品属性——比特币是一种特定的虚拟商品,不具有与货币等同的法律地位。另一部是2017年9月4日中国人民银行、中央网信办、工信部、工商总局、银监会、证监会、保监会(简称七部委)发布的《关于防范代币发行融资风险的公告》。该公告将比特币认定为“虚拟货币”,属于虚拟财产这个大范围的子集。在审判实践中,法院判决对比特币有3种定性意见:“不合法的物”[2]“计算机信息系统数据”[3]“盗窃的对象”。[4] 尽管目前中国对比特币缺乏足够的法律规定与明确的法律定性,但台州市中级人民法院将比特币认定为“受刑法保护的代表被害人在现实生活中实际享有财产”的认定具有相当深远的意义:它肯定了比特币本身的财产价值,对其予以法律保护。

---

〔1〕 比特币(Bitcoin,缩写BTC)是一种总量恒定为2100万枚的虚拟货币,具有去中心、匿名性、全球化等特性,且开放代码。利用比特币向大洋彼岸进行转账,相比于传统转账更为高效、便捷、低成本。比特币目前也被用于跨境贸易、支付、汇款等领域。现在比特币已成长为一个在全球有千万级用户,数十万商家接受付款,市值高达数千亿美元的货币系统。

〔2〕 在高某某与刘某某不当得利纠纷案[(2015)商民初字第1531号]中,原告因误操作将时价约70,000元的31.659枚比特币汇至被告账户,后诉请不当得利返还,遭到了法院驳回。山东省济南市商河县人民法院在判决书中,将比特币认定为“不合法的物”,其交易亦不受法律保护。交易主体之间的比特币多付、少付、付错对象等均不受法律保护。

〔3〕 陈某犯非法获取计算机信息系统数据、非法控制计算机信息系统罪[(2015)金刑初字第00090号]中,被告人陈某于2014年3月通过非法网站查询到吴某在796交易所网站的账户密码,登录吴某个人账户,将账户内约1.64个比特币兑换成899.10美元(约合人民币5501.59元),后将899.10美元转入自己的796交易所账户用于投资经营虚拟货币。江苏省淮安市金湖县人民法院在判决书中写道:“被告人陈某违反国家规定,侵入他人计算机信息系统,获取该计算机系统中存储的数据,情节严重,其行为已构成非法获取计算机信息系统数据罪。”

〔4〕 武某某盗窃罪一案[(2016)浙10刑终1043号]。浙江省台州市中级人民法院在作出的二审刑事裁定书中写道:“被害人金某付出对价后得到比特币,不仅是一种特定的虚拟货币,也代表着被害人在现实生活中实际享有的财产,应受刑法保护。”“被告人武某某通过互联网窃取了被害人金某的比特币后,再将其出售所得款项计人民币20余万元转到了其个人的银行账户,其行为已构成盗窃罪。”

再次，知识产权客体说不当之处在于该观点只适用于具有一定独创性的网络游戏中的游戏装备，并不能涵盖所有的网络虚拟财产。

最后，本文认为网络虚拟财产应视为一种新型的民法上的物，可分为绝对权性质的网络虚拟财产和相对权性质的网络虚拟财产。前者主要是指比特币等虚拟货币、自主搭建电子平台的网上店铺等，网络用户通过自己的劳动或支付对价获得其所有权，具有一定价值，在特定范围内可以自由转让，权利人拥有绝对的支配权；后者主要是指游戏装备、依赖他人搭建的电子平台开设的网店、社交账号等，由于权利人与网络服务提供商签订了网络服务合同，其支配权受到网络服务商的约束，不具有完全的自主权，但权利人仍可以依法及依合同将其处分给他人（如将密码告知对方并修改等方式），并获得相应的价值回报，故仍具有物的属性。另外由于网络的特殊性，上述两种类型的网络虚拟财产均具有排他性和公示性，该特点也能证明物权客体说的合理性。

综上，本文认为网络虚拟财产应该属于物权客体，但作为互联网发展的产物，必定不同于传统民法意义上的物，需要法律的特殊保护。故《民法总则》第127条以引致性条文的方式加以规定还是非常明智的，需要随着科技的发展不断完善法律的规定。

（三）物必须能为人力所支配

由于民法上的物须为民事主体所支配，故不能涵盖世间所有之物，日月星辰、海洋、宇宙等目前人类尚无法自由支配的物理意义上的物均不属于民法上的物。曾经有美国人和中国人成立“月球大使馆”，买卖月球上的土地，[1]一西班牙女子号称是太阳的主人，[2]他们的主要理由均是联合国《外层空间公约》第2条的规定：各国不得通过主权要求，使用或占领等方法，以

---

〔1〕 参见《美商人倒卖“月球土地”，获利七千万元》，载 http://tech.sina.com.cn/d/2014-06-12/10429433164.shtml，最后访问日期：2018年3月6日。

〔2〕 参见《太阳有了“主人”？想用必须先付钱》，载 http://news.163.com/10/1130/04/6MNA4DJH00014AED.html，最后访问日期：2018年3月6日。

及其他任何措施,把外层空间(包括月球和其他天体)据为己有。他们认为虽然该条约规定国家不得宣称拥有任何行星或恒星,但对个人却无此规定。所以他们抢先将月亮和太阳系多数行星登记在自己名下,甚至找当地公证机关进行了公证。对此类天方夜谭般言行,我国管理部门同样以《外层空间条约》为依据,认为"月球大使馆"的做法违反了第1条:探索和利用包括月球和其他天体应为所有国家谋福利和利益,不论经济或科学发展程度如何,应为全人类的开发范围。该公司销售月球土地是投机倒把的行为,依法建议做出责令该公司退回已收取的月球土地销售款,罚款5万元并吊销营业执照的处罚。[1] 而美国司法机关认为这是买卖双方自愿的,他们的司法权限还无法延伸到月球上,对这种行为毫无办法;在西班牙,当地公证处接受将太阳登记为私人财产的申请,还开出了"公证证明"。其实从民法角度来看,这个问题可以很好解决,日月星辰均无法为人力所支配,不能成为民法上的物,当然也不能成为所有权的客体以及买卖的标的物了。

(四)物须具有有用性和稀缺性

有用性是指物既能满足人类的物质需要,即具有使用价值和交换价值,如生活用品等;也具有满足人的精神需要的价值,如亲人的照片、日记本、友人间的来往信件等。稀缺性是指物并非取之不尽、用之不竭的,而是具有数量上的有限性,因此自然界的阳光、空气尽管具有有用性,但由于其能无限地供给,不是民法上的物。

(五)物具有独立性,并能以一定标准计量

独立性是指物能独立存在而满足人类生活的需要。物的独立性,不必非得是物理意义上的独立,只要依据一般的社会观念或经济观念、法律观念能够加以区别即可。[2] 而可计量性也是物的特征之一,无论是有体物还是无体物,均有其计量标准,从而满足人们使用和交换的需要。

---

〔1〕 参见《"月球大使馆"在质疑声中轰然倒塌》,载 http://news.china.com/zh_cn/social/photogallery/moon_embassy.html,最后访问日期:2018年3月16日。

〔2〕 参见梅夏英、高圣平:《物权法教程》,中国人民大学出版社2007年版,第25页。

三、矿物类、文物类、陨石类及乌木类物品之归属

(一)以“狗头金”为例的捡拾类矿物之归属

根据取得方法不同,矿物应分为开采类矿物和捡拾类矿物,“狗头金”属于后者。每次媒体报道“狗头金”的捡拾事件,均会引起社会对其归属的广泛争议。[1] 综合起来看,主要有两种观点:一是属于矿产资源,归国家所有,国家给予捡拾者适当的奖励;二是属于无主物归先占者所有。第一种观点的法律依据是《矿产资源法》第3条“矿产资源属于国家所有,由国务院行使国家对矿产资源的所有权。地表或者地下的矿产资源的国家所有权,不因其所依附的土地的所有权或者使用权的不同而改变。”该法条明确规定无论是地表还是地下的矿产资源所有权均为国家所有。“狗头金”的成分通常由自然金、石英和其他矿物集合体组成。[2] 故“狗头金”属于矿物应该是毋庸置疑的。然而本文并不认为“狗头金”属于上述法条中规定的矿产资源而归属于国家。理由如下:《矿产资源法》的立法目的是合理开发利用并保护稀有的矿产资源,为国民经济建设和社会发展提供重要的物质基础。整部法律均是围绕着具有一定规模的矿产的勘查和开采及其法律责任展开,故该法认为的归国家所有的矿产资源应限制在成规模的开采类的矿物范围,对于“狗头金”或奇石、玉石之类的零散矿物并非该法所要保护的范畴。《矿产资源法》第35条第1款“允许个人采挖零星分散资源”的规定也可说明该法的立法本意,允许零星分散的矿物属于个人所有。

因此,对于“狗头金”或奇石、玉石等偶然捡拾类矿物不属于国有矿产资源,而应依据先占制度归捡拾者所有。政府不应该与民争利,而应藏宝于民。除非其有很高的科研价值,则可参照不动产征收制度,通过合理补偿的方法,

---

〔1〕 如刘武俊:《“狗头金”归属之争折射法律短板》,载《文汇报》2015年2月12日,第5版;王立彬:《从矿物学审视“狗头金”归属》,载《新华每日电讯》2015年2月9日,第6版;杨涛:《“狗头金”归属与藏宝于民》,载《证券时报》2015年2月9日,第A03版;等等。

〔2〕 参见王立彬:《从矿物学审视“狗头金”归属》,载《新华每日电讯》2015年2月9日,第6版。

收归国有。正如本文开头捡拾"狗头金"所在地的政府官员表示:"没有让牧民上交的意思,如果他愿意卖,我们政府可以按照市场同等价格把这块金收购了,放在我们县上博物馆,若不想卖那他就自己保管着。"[1]

(二)文物类物品之归属及奖励

根据《辞海》的解释,文物是指遗存在社会上或埋葬在地下的人类文化遗物。文物属于民法上的物,其所有权归属与普通物一样具有国家所有、集体所有、私人所有等多种形态。我国《文物保护法》第2条规定了五大类受国家保护的文物种类,并且在第5条明确规定:"中华人民共和国境内地下、内水和领海中遗存的一切文物,属于国家所有。"然而,现实生活中的文物存在形态各异,并非一概归国家所有。故该法第6条特别规定:"属于集体所有和私人所有的纪念建筑物、古建筑和祖传文物以及依法取得的其他文物,其所有权受法律保护。"尽管《文物保护法》和《文物保护法实施条例》对文物的归属有明确的规定,但司法实践中对某些新出土的或通过特殊方式取得的文物的归属仍存在国有和私有之争。

1. 陪葬出土的文物

此类文物需区分为古墓葬出土及普通墓葬出土。《文物保护法》第5条第2款规定"古文化遗址、古墓葬、石窟寺属于国家所有。"而古墓葬是指清代和清代以前之墓葬、辛亥革命以后,与著名历史事件有关的名人墓葬、遗址和纪念地,也视同为古墓葬。[2] 因此只要是古墓葬,不管该墓葬是否有后人,其出土的文物均属于国家所有。而如果是有主的普通墓葬,其陪葬的出土文物可视为墓葬的从物归后人继承,这种归属既符合文物保护法,也符合公序良俗和民间习惯。如果是无主的墓葬之出土文物应比照《民法通则》第79条和《物权法》第114条关于埋藏物的规定处理,归国家所有。

---

〔1〕《新疆青河县国土局称"没有让牧民上交狗头金"》,载 http://www.chinanews.com/sh/2015/02-11/7054636.shtml,最后访问日期:2018年4月6日。

〔2〕最高人民法院、最高人民检察院《关于办理盗窃、盗掘、非法经营和走私文物的案件具体应用法律的若干问题的解释》第2条。

2. 被挖掘或发现的埋藏或隐藏的文物

对于在工地、农田、河流、森林等地挖掘或发现并且明确是无主物或所有权不明的文物归属于国家。而对于在祖宅挖掘或发现的文物，根据最高人民法院《关于贯彻执行〈中华人民共和国民法通则〉若干问题的意见（试行）》第93条规定，公民、法人对于挖掘、发现的埋藏物、隐藏物，如果能证明属其所有，而且根据现行的法律、政策又可以归其所有，应当予以保护。同时，我国《文物保护法》第6条又明确规定保护集体和私人所有的纪念物、古建筑和祖传文物的所有权。因此，埋藏于公民祖宅内的文物，只要当事人能够提供证据基本证明属于祖产的埋藏物，后人具有合法继承权，在法律没有明确规定禁止私人拥有该文物的情况下，法院应判定该文物属于公民的私人财产。[1]

3. 对发现文物并上交给国家的单位和个人的奖励

被埋藏或隐藏的文物从不为人知的未知状态到出现在人类社会面前，这个过程具有偶然性，发现者是有贡献的，也花费了一定的人力和物力，理应受到一定数量的物质或者精神奖励，以此激发更多的人在发现文物之后能够主动上交给国家，由文物部门进行保护、研究。近年来，全国各地民众发现文物主动上交给国家的新闻屡见不鲜，但各地奖励的标准却差别巨大，从数百元、数千元到上万元，没有确定的标准，甚至发生上交者对奖励金额不满与文物部门纠缠数十年的例子。[2]

我国《文物保护法》第12条第4款规定：发现文物及时上报或者上交，使文物得到保护的单位或者个人，由国家给予精神鼓励或者物质奖励。但具体如何奖励却没有明确规定。而有些国家明确规定了奖励的比例，如意大利法律规定出土物品归国家所有，奖励金额不得超过出土物价值的1/4；西班牙20世纪80年代颁布的《历史遗产法》第44条规定上交历史遗产的发现人和

---

〔1〕 参见最高人民法院2013年公报案例“汪秉诚等六人诉淮安市博物馆返还祖宅文物纠纷案”。

〔2〕 参见《村民38年前上交文物被许诺奖励至今未兑现》，载 http://china.eastday.com/c/20130828/u1a7623014.html，最后访问日期：2018年4月17日。

发现物所在处的土地主人,有权获得发现物价值一半的现款补偿。

我国的一些地方政府已在改变奖励过低、奖多少没具体标准的状况。比如,2015 年 3 月起,《陕西省群众保护文物奖励办法》正式施行,物质奖励由当地人民政府给予,对象包括群众及时提供线索,使文物得到保护,主动上交来源合法文物的等。根据保护文物行为情节和文物的等级、数量,分别给予群众 100 元至 1000 元、500 元至 1000 元和陕西省上年度城镇居民人均可支配月收入 1 倍至 10 倍的现金奖励。[1]

(三)陨石等"天外来客"的归属

陨石,是地球以外脱离原有运行轨道的太阳系其他天体的碎片散落到地球且未燃尽的石质、铁质或是石铁混合的物质。陨石对于探索太阳系的起源及其早期的演化历史、研究地球内部物质和地球起源及其演化史有非常重要的意义。[2] 并且由于其罕见和珍贵,也有很高的收藏价值。由于陨石是"天外来客",其性质和来源不同于有特别法规定的文物、古生物化石、矿物,也不属于有民法规定的天然孳息和埋藏物,其归属在我国现行立法上没有明确的规定。唯一提到陨石的法律是 1995 年 5 月 4 日原地质矿产部颁发的《地质遗迹保护管理规定》第 7 条提到"陨石作为一种奇特的地质景观应予以保护",然而该法条既没有具体的保护措施,也没有明确陨石的归属。综观国外法律,德国法为鼓励发现者将其公之于众,以利于促进科学认识之进步,通说主张类推适用《德国民法典》第 984 条关于埋藏物之规定,令陨石之发现者与包藏物(土地)所有权人各享有一半之共有份额;[3] 国家、科研机构等若欲取得其所有权进行科学研究,则依一般之交易规则。其他大陆法系国家民法也有类似的规定。英美法系国家通过判例来确定陨石的归属,如在 1892 年 Goddard v. Winchell 案中,在"发现无主动产,归发现者。发现不动产,归土地

[1] 参见《同样是上交,奖励差别真大》,载 http://readmeok.com/2016-3/11_46111.html,最后访问日期:2018 年 4 月 18 日。

[2] 参见《辞海》,上海辞书出版社 2010 年版,"陨石学"词条,第 2839 页。

[3] 《德国民法典》第 984 条规定:"发现因长期埋藏而不能查明其所有权人的物(宝藏),并因发现而占有该物时,其所有权的一半归属于发现人,另一半归属于宝藏埋藏所在地的物的所有权人。"

所有人”的前提下,美国最高法院作出“陨石作为不动产,归土地所有人权人。即私地归地主,公地归州或联邦政府”之判决。[1] 从上述国家的做法来看,其共同点在于发现人及土地之所有人均有成为陨石所有权人之可能,发现人所有的理由是基于无主物先占之规则,而土地人所有是将陨石视为土地的孳息或添附物。

陨石不同于普通的无主物,有很高的科研价值,对于一个国家甚至是全人类而言都是稀世珍宝,应优先保障其科学研究之用。如果仅依据先占规则归属于发现者,在陨石交易市场并不规范健全且陨石数量稀少的情形下,科研机构在收购或征收时极有可能面临漫天要价而无力支付的窘境,不利于科研事业的进步。陨石的成分接近于矿产,其珍稀性和科研价值又等同于文物和古生物化石,而矿产、文物和古生物化石在我国现有法律中均属于国家所有,基于同样的立法思路,因此本文认为国家应该出台陨石保护办法,根据陨石的体积、成分、种类等标准将陨石分为科研类陨石和普通陨石。科研类陨石归国家所有,发现人或捡拾者有义务上交,并获得物质和精神奖励。拒不上交,情节严重的可视为犯罪,偷运至国外的构成走私罪。普通陨石可依先占制度归发现人所有,也可在市场进行交易。

(四)乌木类的归属

乌木是由地震、洪水、泥石流等自然灾害将地面大型树木全部埋入古河床等低洼处,埋入淤泥中的部分树木,在缺氧、高压状态下以及细菌等微生物的作用下,经成千上万年炭化过程形成乌木,故又称“炭化木”。历代都把乌木用作辟邪之物,制作工艺品、佛像、护身符挂件,具有较高的工艺价值和观赏价值。古人云:“家有乌木半方,胜过财宝一箱。”近几年在四川、江西等地均有民众挖掘、发现大型乌木并引发归属争议的案例。[2]

---

〔1〕 该陨石深入地下3英尺(约为0.9米),且非人力不能移动,故法院认定其为不动产,原告即土地所有人获胜。

〔2〕 参见《重庆8村民挖出乌木被判充公》,载 http://new.qq.com/cmsn/20141030/20141030003287,最后访问日期:2018年4月26日;《江西再现乌木,政府称归国家》,载 http://new.qq.com/cmsn/20140514/20140514045201,最后访问日期:2018年4月26日。

乌木归属争议与陨石一样,仍是由于其性质和来源存在争议而引发的。学术界,对于乌木的性质认定有类推为"文物、古生物化石""矿产资源、野生资源""天然孳息""埋藏物""无主物"等多种不同的物,从而得出归国家所有、集体所有、土地承包人所有以及发现者所有各种不同的结论。[1] 本文上述类推均有不合理之处,理由如下:文物系人类文化遗存、古生物化石是指地质历史时期形成的动植物化石,法律之所以将文物和古生物化石归为国家所有是由于其历史价值和科研价值;矿产资源归国家所有主要是由于其对工业生产、国民经济发展与安全具有重大意义;乌木已经炭化,不属于《物权法》第49条规定的"法律规定属于国家所有的野生动植物资源"。总之,乌木并不符合以上物的特性,也不具备上述物的意义,故不应归国家所有。"天然孳息"与原物相对应,而乌木系古代树木经自然力的作用炭化而成,找不到对应的原物,正如鸡蛋孵出小鸡、蚕茧抽出蚕丝一样,是一种物理意义上的转化,而非孳息,故无法用孳息归属于原物之规则。《民法通则》及《物权法》所指的"埋藏物"应归原所有人,且一般是特意埋藏之物,而乌木无法确定此前是否有所有人,也并非刻意埋藏,故不能用"埋藏物"规则来类推。

综上,乌木不具备必须归国家所有的文化、历史、经济、科研意义,[2] 也不符合归属于国家的物理特性,国家没有必要与民争利,而应该藏富于民,将乌木定性为无主物,所有权确定为发现者所有,符合民间习惯和公序良俗。当然为防止民众为了经济利益而胡乱挖掘,破坏环境、地貌,需要制定法律规范乌木的挖掘行为,并且规定相应的刑事、行政和民事责任。

矿物类、文物类、陨石类及乌木类物品均是自然界给予人类的馈赠,明确其所有权归属也是为了更好地保护它们,让物尽其用,为人类进步做出贡献。

---

[1] 参见金可可:《论乌木之所有权归属——兼论国家所有权之种类及其限度》,载《东方法学》2015年第3期。

[2] 有地质学、植物学专家在接受记者采访时表示乌木的科研价值不大,即使需要研究,也仅需一块木头就够了。参见中央电视台:《四川天价乌木归属纠纷调查》,载 http://style.sina.com.cn/news/b/2013-04-17/0744120520.shtml,最后访问日期:2018年5月3日。

论消费者团体公益诉讼既判力的扩张

沈志韬*

消费者团体公益诉讼，是指消费者团体针对侵害众多消费者合法权益等损害社会公共利益的行为而提起的诉讼。与其他民事诉讼一样，消费者团体公益诉讼也具有既判力，即公益诉讼当事人和法院不得就已裁判的诉讼标的作不同的主张和判断。〔1〕但实践中，消费者团体公益诉讼具有团体诉讼、维护公共利益的特点，常引起此类诉讼的既判力发生扩张。

一、消费者团体公益诉讼既判力主观范围的扩张

既判力的主观范围，又称既判力人的范围，是指既判力原则上只及于对立的双方当事人之间。〔2〕我国法律并未直接规定既判力主观范围的相对性，但《民事诉讼法》及其司法解释的部分规定体现了这一原则。〔3〕根据既判力相对性原则，双方当事人不得对确定判决重复起诉和重复主张，法院对前诉确定的诉讼标的不得再行受理，如后诉涉及前诉诉讼标的内容，也应以

---

* 法学博士，上海外国语大学法学院讲师，研究方向为民商法、国际法。

〔1〕参见张艳丽、于鹏、周建华：《民事诉讼理论与制度》，法律出版社2017年版，第85页。

〔2〕参见[日]高桥宏志：《民事诉讼法：制度与理论的深层分析》，林剑锋译，法律出版社2003年版，第558页。

〔3〕如《民事诉讼法》第124条第5项规定："对判决、裁定、调解书已经发生法律效力的案件，当事人又起诉的，告知原告申请再审，但人民法院准许撤诉的裁定除外。"又如最高人民法院《关于适用〈中华人民共和国民事诉讼法〉的解释》第247条规定了重复起诉的构成要件，包括前诉与后诉的当事人、诉讼标的、诉讼请求均相同。上述规定从"生效判决"角度规定了既判力相对性原则，即当事人受前诉生效裁判约束不得再行起诉，而案外人可以另行起诉。

前诉为判断基础。[1] 消费者团体公益诉讼的既判力原则上也应有相对性,但此类诉讼维护公共利益的特点,又常导致既判力主观方面的扩张。

(一)消费者团体公益诉讼的公共利益属性

根据我国法律规定,根据《民事诉讼法》第55条、《消费者权益保护法》第47条、最高人民法院《关于审理消费民事公益诉讼案件适用法律若干问题的解释》(以下简称《消费公益诉讼解释》)第1条规定,包括中国消费者协会和在省级消费者协会在内的法律规定的机关和组织,有权对经营者侵害众多不特定消费者合法权益或者危及消费者人身、财产安全危险等损害社会公共利益的行为提起公益诉讼。根据上述规定,消费者团体公益诉讼的制度设计目的,系维护消费者的公共利益,而此类诉讼只能由法律规定的机关和组织提起,其中包括省级以上消费者协会。这样制度设计的优越性显而易见:消费者公益案件往往体现"小额但多数受害"的特点,即单个受害者所受损失较小,但受害的消费者人数较多,[2] 消费者提起诉讼所花费的成本往往高于所获得的利益,常缺乏起诉维权的动力;而我国现已成立各级消费者协会3296个,其中省级以上协会31个,消费者协会具有完善的组织机构和较强的诉讼能力,能更好地提起公益诉讼,并维护消费者的整体利益。

但该制度设计也容易在实践中产生两方面问题:其一,公益诉讼的既判力是否能及于实际遭受损害的消费者;其二,原告提起公益诉讼并经法院裁判后,其他有诉权的机关或组织,是否能就相同的诉讼标的再次起诉同一被告。以长春市中级人民法院审理的"吉林省消费者协会与光复路龙昌调料行等侵害消费者权益公益诉讼"案为例进行说明,光复路龙昌调料行(以下简称龙昌调料行)的实际经营者为韩某、韩某龙和王某某,2014年8月至11月,龙昌调料行在多次向不特定的消费者销售不符合标准的食用盐,累计9.45吨;另被查获9.7吨假冒食用盐未销售。经吉林省产品质量监督检验院检验,该批产品为不合格且不得进行销售。吉林省消费者协会(以下简称吉林

[1] 参见张艳丽、于鹏、周建华:《民事诉讼理论与制度》,法律出版社2017年版,第85页。

[2] 参见黄西武:《民事诉讼法与民事公益诉讼》,载《法律适用》2011年第10期。

省消协）以龙昌调料行、韩某龙、王某某等三被告侵害消费者公共利益为由，提起公益诉讼并请求判令三被告在省级以上新闻媒体公开道歉。审理法院认为，三被告销售不合格的食用盐，侵犯了众多消费者的合法权益，三被告应依法承担民事责任，故判决三被告公开赔礼道歉。[1] 这是一起典型的消费者团体公益诉讼案件，根据既判力主观范围的相对性，裁判效力应仅及于参与诉讼的当事人之间，但如果固守既判力相对性原则，则容易产生两个问题：其一，该判决的效力是否与受侵害消费者没有任何关联；其二，其他有诉权的组织能否就相同的侵权行为，再次起诉被告。上述问题的本质，是消费者团体公益诉讼维护公共利益的特点，在实践中产生了扩张既判力主观范围的需求。

（二）既判力主观范围扩张的情形

许多大陆法系国家在理论上承认民事诉讼既判力主观范围的扩张效力，即当事人与某些案外人间的联系，也可能使案外人与诉讼标的产生法律上的关系。一些国家专门就此问题作了规定，如《日本民事诉讼法》第 115 条第 1 款规定，“确定判决效力波及的人的范围：（1）当事人；（2）当事人为他人而成为原告或被告时的该他人；（3）在口头辩论终结后本款前项所列入的继承人；（4）为本款前 3 项所列的人而持有诉讼标的物的人。”根据上述规定，日本法中因民事既判力不仅及于诉讼当事人，还可能因扩张效力而约束案外人，通常包括诉讼继承人、请求标的物的持有人、诉讼担当场合的被担当人。借鉴上述理论，可对我国消费者团体公益诉讼既判力主观范围的扩张问题，作如下探讨。

第一，既判力对消费者的扩张。部分大陆法系国家承认民事诉讼中的“诉讼担当”，即第三人替代诉讼标的之权利义务主体持有当事人适格，并且该当事人承受的判决效力也及于权利义务主体的情形，担当人实际上代理被

[1] 参见长春市中级人民法院（2016）吉 01 民初 819 号民事判决书。

担当人而实施诉讼,并行使了被担当人的诉讼权利。[1] 在消费者团体公益诉讼中,诉讼标的为被告经营者是否损害了消费者的公共利益,该诉讼标的与普通消费者具有法律上的联系,但与消费者协会并无实际联系;消费者团体基于法律规定提起公益诉讼,实际行使了本属于消费者的诉讼权利,该情形也类似于"诉讼担当",其中消费者协会是担当人,而受害消费者是被担当人。如德国学者哈普夏特也认为,消费者团体诉讼中,实体法上的不作为请求权的主体因不正当竞争行为遭受损害的经营者个人,由经营者组成的团体提起诉讼实为主张这些受害者的权利。[2] 基于诉讼担当理论,消费者团体公益诉讼的既判力应当扩张至被担当人,即未直接参与诉讼的普通消费者。

仍以"吉林省消费者协会与光复路龙昌调料行等侵害消费者权益公益诉讼"为例,本案中,三被告向消费者销售不合格的食盐,侵害了消费者的利益,受害消费者有权针对三被告提起违约或侵权之诉。三被告的销售行为并未直接侵害吉林省消协的利益,吉林省消协基于法律规定提起公益诉讼,诉讼标的中权利义务持有人实为受害消费者,事实上替代了消费者而成为适格原告,其行为构成"诉讼担当"。同时,法院判决三被告公开赔礼道歉,三被告道歉的对象显然也应当是消费者。因此,基于"诉讼担当"理论,本案判决的既判力主观范围事实上应当及于受害消费者。

第二,既判力对其他有诉权组织的扩张。《消费公益诉讼解释》第 15 条规定,消费民事公益诉讼的裁判生效后,其他有原告资格的机关或组织不得就同一侵权行为,另行提起民事公益诉讼。上述规定事实上突破了既判力相对性,将既判力延伸至其他未参加诉讼的组织,即一旦公益诉讼裁判生效,其他有诉权资格的组织即便未参加公益诉讼的,也不得再就同样的侵权行为再行起诉。

上述规定的理论依据,可以借鉴日本法的"诚实信用"原则进行分析。

---

〔1〕 参见[日]高桥宏志:《民事诉讼法:制度与理论的深层分析》,林剑锋译,法律出版社 2003 年版,第 216 页。

〔2〕 参见陶建国等:《消费者公益诉讼研究》,人民出版社 2013 年版,第 51 页。

如在一件日本最高裁判所审理的案件中，法院根据“诚实信用”扩张了既判力的主观范围：在前诉中，原告 A 以 BC 为被告，基于土地回购协议提起了“请求转移登记诉讼”，最终 A 败诉；在后诉中，原告 ADEF 以 BCG 为被告，以征收处分无效为由提起了“请求转移登记的诉讼”。后诉的原告增加了 DEF，被告增加了 G，新增加的当事人原则上不受前诉既判力约束。但法院认为，后诉原告 DEF 与 A 具有兄弟关系，很可能知晓前诉的情况；后诉被告 G 是前诉部分标的物的受让人，前后两诉的诉讼标的也基本一致。因此，法院以 DEF 等原告可能与案件存在利害情况为由，驳回了原告的诉讼请求，将前诉的既判力扩张至后诉的全部原告。[1]

借鉴日本法的做法，可对我国消费者团体公益诉讼的既判力扩张作如下思考：其一，在先公益诉讼裁判生效后，其他有权组织应当知晓诉讼情况，如就同一侵权行为继续提起诉讼的，将可能使被告陷入无穷的诉讼中，这有违“诚实信用原则”。其二，其他有诉权组织欲再次提起公益诉讼的，可能因为法院驳回了在先诉讼中原告的全部或部分诉请，其他组织再行起诉的，诉讼标的和被告均可能与前诉相同，法院继续受理的，将可能在事实上违反“一事不再审原则”。

二、消费者团体公益诉讼既判力客观范围的扩张

既判力的客观范围，是指既判力对判决中发生作用的判决事项，一般限于法院以诉讼标的为内容的判决主文中。[2] 传统民诉法理论认为，判决理由只是判决主文的依据，并非当事人诉讼目的的指向，故既判力不应及于判决理由。但消费者团体公益诉讼具有团体诉讼的特点，对既判力客观范围的扩张有现实需求。

---

〔1〕 参见［日］高桥宏志：《民事诉讼法：制度与理论的深层分析》，林剑锋译，法律出版社 2003 年版，第 584 页。

〔2〕 参见张艳丽、于鹏、周建华：《民事诉讼理论与制度》，法律出版社 2017 年版，第 99 页。

(一)消费者团体公益诉讼的团体诉讼属性

团体诉讼制度发端于德国,是指法律规定具有法人资格的某些团体享有当事者资格,可以作为原告提起诉讼。[1] 团体诉讼主要分为几类:一是禁令请求之诉,即消费者团体可对不正当竞争行为,提出排除请求或禁令请求;二是损害赔偿之诉,即消费者团体可经消费者授权,担当消费者的损害赔偿请求权诉讼;三是不当利益剥夺之诉,即经营者故意违反法律致使多数消费者发生损害而获利时,消费者团体可请求违法者将不当利益缴纳于国库。[2] 此类诉讼具有如下特点:其一,团体诉讼的诉讼目的是为维护公共利益;其二,原告具有非营利性、公益性的特点,且由法律明确规定。[3]

我国消费者团体公益诉讼也体现了团体诉讼的特点:其一,诉讼目的是为维护公共利益。消费者协会提起公益诉讼的,并非因为自身利益受到侵害,而是因为消费者的公共利益受到侵害,故基于法律规定提起诉讼。其二,原告资格基于法律特别规定。根据我国法律规定,省级以上消费者协会等法律特别规定的组织,才能作为消费者团体公益诉讼的原告;同时,根据《消费公益诉讼解释》第13条的规定,原告的诉讼请求受到法律限制,只能请求被告承担停止侵害、排除妨碍、消除危险、赔礼道歉等民事责任,而不得提起包括损害赔偿在内的其他诉讼请求。根据上述分析,我国的消费者团体公益诉讼在法律形态上更类似于德国法上的"禁令请求权之诉"。法律严格限制消费者团体公益诉讼的原告资格和诉讼程序,本意可能在于:其一,确保此类团体诉讼有序进行。如法律不对原告资格加以限制,将可能导致诉讼泛滥,使被告陷入无穷尽的诉讼中,也使法院的同类案件大大增加。其二,确保团体诉讼此类规范进行。如法律允许消费者协会提起损害赔偿的诉请,将可能导致消费者在诉讼中不当获益,反而侵害消费者的利益。

---

〔1〕 参见[日]谷口平安:《程序的正义与诉讼》,王亚新、刘荣军译,中国政法大学出版社1996年版,第197页。

〔2〕 参见陶建国等:《消费者公益诉讼研究》,人民出版社2013年版,第41~44页。

〔3〕 参见刘学在:《民事公益诉讼制度研究》,中国政法大学出版社2015年版,第84~95页。

但上述制度设计在实践也可能导致这样的问题：因消费者协会不得提起损害赔偿的诉请，如消费者遭受实际损失并提起后续诉讼的，是否可以引用在先公益诉讼中的裁判理由，以减轻甚至免除后诉的举证责任。这一问题的实质为，消费者团体公益诉讼的团体诉讼性质，对既判力客观范围扩张的需求。

（二）既判力客观范围扩张的情形

传统观点认为，既判力仅及于判决主文，判决理由不应具有既判力：其一，判决理由中的当事人主张，与诉讼请求相比处于手段性、次元的地位，当事人可能未对其中的争点作认真思考。其二，不使判决理由具有拘束力，也可使法院不拘泥于实体法上的逻辑顺序，更加高效准确地对诉讼标的作出判断；否则，法院需按照实体法上的逻辑顺序对诉讼中所有的争点作出判断，不免导致诉讼程序冗长。[1] 但在消费者团体公益诉讼中，基于其团体诉讼特点，法律应当允许诉讼既判力扩张至判决理由，并允许消费者在后续赔偿诉讼中引用。

第一，从诉讼法理论发展来看。有观点认为，判决理由是法院基于查明事实作出判决的依据和灵魂，如将既判力局限在判决主文，则意味着后诉的法官可能对基本相同的事实，作出完全不同的认定，并导致判决大相径庭，故应当赋予判决理由既判力。[2] 这一观点在部分大陆法系国家得到了承认，如日本学者提出了"争点效"理论，认为经过当事人争议、法院实质审理的争点，法院在判决理由中对此作的判断具有约束力，败诉当事人不得提出与该事实认定相矛盾的诉讼，法院也不得作出与之相矛盾的判决。在日本法院判例中，法院却常以该理论为基础，采信前诉判决理由确定的争点。[3] 又如在消费者公益诉讼领域，德国法规定了判决效力扩张制度，如《德国禁令诉讼

[1] 参见[日]高桥宏志：《民事诉讼法：制度与理论的深层分析》，林剑锋译，法律出版社2003年版，第505～506页。

[2] 参见张艳丽、于鹏、周建华：《民事诉讼理论与制度》，法律出版社2017年版，第102页。

[3] 参见常怡：《民事诉讼法学研究》，法律出版社2010年版，第197页。

法》第11条规定,当被告败诉后,其后提起个人诉讼的当事人可以援用前诉判决理由的判断对抗被告。[1]

我国最高人民法院《关于民事诉讼证据的若干规定》第9条规定,已为人民法院发生法律效力的裁判所确认的事实,当事人无须举证证明,除非有相反证据足以推翻的除外。观点认为,上述规定并未表明我国法律允许裁判既判力扩张至判决理由。[2] 但事实上,上述规定初步体现了既判力客观范围扩张的思想,如在消费者团体公益诉讼后,消费者根据规定有权在后续诉讼中引用公益诉讼确认的事实。在最高人民法院审理的"湖北省鹤峰八峰民族药化工业总公司与湖北省八峰药化股份有限公司欠款纠纷案"中,法院也采纳了在先判决中的查明事实和判决理由,如法院认为,一审、二审判决书中已提及涉案热电厂的所有权归属,虽然一审、二审案件并非确权之诉,判决对所有权归属的认定也不属于判决主文,但依照法律规定,上述生效判决作出的相关认定,无须当事人再行举证、质证,故一审、二审中作出的司法确认,对本案事实认定及处理结果有根本影响。[3]

第二,从消费者团体公益诉讼的制度设计来看,在公益诉讼中,消费者协会不能请求被告赔偿损失,故在公益诉讼胜诉后,消费者有权继续提起损害赔偿之诉。在后续诉中,消费者也需证明经营者违约或侵权的行为,经营者造成消费者损失等要件事实,而这些要件事实可能在公益中已作审理或在裁判文书中已有论述。如法律允许消费者在后续诉讼中引用公益诉讼的认定事实和判决理由,将能大大减轻消费者在举证质证、庭审辩论等方面的诉累。否则,消费者需在后续诉讼中重新举证,因消费者的诉讼和举证能力较弱,如举证不当的,法院可能会对相同的要件事实作出与前诉不同的认定,并导致不同的判决结果。

如在上述"吉林省消费者协会与光复路龙昌调料行等侵害消费者权益公

[1] 参见陶建国等:《消费者公益诉讼研究》,人民出版社2013年版,第49页。
[2] 参见常怡:《民事诉讼法学研究》,法律出版社2010年版,第201页。
[3] 参见最高人民法院(2011)民二终字第30号案民事判决书。

益诉讼”案中,吉林省消协为证明其主张,提供了多家检测机构的《检测报告》,审理法院采信了上述证据,并在裁判理由中认定三被告销售的食盐不符合国家标准,损害了消费者的利益。当消费者提起后续赔偿之诉时,如法律允许消费者引用前诉判决的认定事实和判决理由的,消费者便无须另行举证证明被告的违约或侵权的事实,这将显著减少消费者的诉累,也将减轻法院的审判工作量。相反地,如法律不允许消费者引用的,部分消费者举证能力较强,法院可能将支持其诉请,而部分消费者举证能力较弱,法院可能会基于证据不足等原因驳回其诉请,这最终将导致“同案不同判”的情形。

三、既判力扩张理论与实践需求的弥合

消费者团体公益诉讼是我国一种较新的诉讼类型,就实践中出现的部分问题,可以借助既判力扩张理论加以解释和处理。但在部分情形中,既判力扩张理论还不能完全满足司法实践的需求,主要表现为:其一,消费者团体公益诉讼的根本目标是维护消费者的公共利益,我国可以扩张既判力的主观范围,使更多的消费者从公益诉讼中受益,但因民事诉讼的程序刚性化、事实认定形式化、诉讼成本较高等局限,[1]导致公益诉讼还不够高效便捷,这是既判力扩张理论无法解决的问题。其二,我国可以扩张既判力的客观范围,允许消费者在后续损害赔偿中,引用公益诉讼的裁判理由,便利消费者向不法经营者追偿,但如何在便利消费者的同时减少同类案件数量,如何在消费者未提起后续诉讼时也能从经济上惩戒不法经营者,这也是既判力扩张理论无法解决的问题。鉴于此,我国有必要构建完善多元化争端解决机制、现代化团体诉讼制度,从根本上弥合理论与实践需要间的差距。

(一)完善多元化争端解决机制

司法实践中,消费者协会常借助调查警告、和解调解等多元化纠纷解决机制,促进纠纷的迅速解决。截至目前,我国省级以上消费者协会共提起团

〔1〕 参见张艳丽、于鹏、周建华:《民事诉讼理论与制度》,法律出版社2017年版,第11页。

体公益诉讼案件4件,其中1件原告胜诉,3件原告与被告和解后撤诉。[1]实践中,常用的多元化纠纷解决机制主要包括诉前调查督促、诉中和解等程序。

第一,诉前调查督促程序。部分国家法律规定,消费者团体在提起公益诉讼前,应通过诉前调查与警示程序,督促经营者整改不法经营行为。[2] 如《日本消费者合同法》第41条规定:“在提起诉讼之前,适格消费者团体应当向将成为被告的经营者提出书面的停止侵害请求……在请求到达的一周以内不得提起诉讼,但是该被告拒绝停止侵害请求时不在此限。”我国《消费者权益保护法》第37条第5项也规定:“(消费者协会应当)受理消费者的投诉,并对投诉事项进行调查、调解。”可见,消费者协会在提起公益诉讼前调查、调解投诉事项,是一项法定义务,也是促进纠纷迅速合理解决的重要手段。

如在上海市第一中级人民法院审理的“上海市消费者权益保护委员会诉天津三星通信技术有限公司侵权责任纠纷案”(以下简称上海消保委诉三星公司侵权责任纠纷案)中,上海市消费者权益保护委员会(以下简称上海消保委)检测发现,三星公司某型号手机共预装应用软件44个,但该公司未告知消费者预装软件信息,也未提供卸载途径,上海消保委认为三星公司侵害了消费者的知情权、选择权,遂提起消费者团体公益诉讼,请求法院判令三星公司在手机外包装或说明书中说明预装软件的信息,并提供预装卸载途径。在诉讼中,三星公司根据要求增加了软件卸载功能,完善了产品包装、官方网站信息,上海消保委遂撤诉。[3] 本案诉讼前,上海消保委作了较为全面的调查、督促工作:其一,调查案件事实,上海消保委委托检测机构对样品手机测

---

〔1〕 原告胜诉案件为长春市中级人民法院(2016)吉01民初819号案,原告撤诉案件为上海市第一中级人民法院(2015)沪一中民一(民)初字第10号案、(2015)沪一中民一(民)初字第9号案,以及南京市中级人民法院(2016)苏01民初2034号案。

〔2〕 参见肖建国、宋春龙:《消费民事公益诉讼关键问题研究》,载上海市消费者权益保护委员会编:《中国消费者公益诉讼第一案纪实与解读》,上海人民出版社2016年版,第131页。

〔3〕 参见上海市第一中级人民法院(2015)沪一中民一(民)初字第10号民事裁定书。

试后发现，生产商在受试手机中均预装了软件，既未告知消费者基本情况，也未提供卸载路径，其中以三星公司为典型。其二，告知整改要求。上海消保委合理利用诉前调查督促程序，在诉前、诉中多次督促三星公司整改，促使三星公司落实了整改方案，高效地实现了诉讼目的，并减少了司法资源的消耗。

第二，诉中和解程序。根据现有司法实践情况，消费者团体公益诉讼和解的前提一般是，经营者根据消费者协会的要求停止不法经营行为。同时，鉴于公益诉讼涉及消费者的共同利益，如原告申请撤诉的，法院应对其撤诉理由进行审查，确保当事人有真实的和解意愿，且和解协议不损害公共利益。[1] 如美国法律规定，消费者集团诉讼中当事人请求和解的，法院应当审查以下内容：和解协议内容是否公平、被告经营者是否有履行和解协议的经济能力、双方当事人是否存在恶意串通以损害他人利益的行为。[2]

如在南京市中级人民法院审理的“江苏省消费者协会与南京水务集团有限公司侵权责任纠纷案”中，南京水务公司向消费者提供了格式合同《供用水合同》，合同第7条规定，如消费者欠缴水费的，应每日按欠缴金额0.5%的比例支付违约金。江苏省消费者协会（以下简称江苏省消协）认为，《供水合同》的违约金标准超过法律规定标准，侵害了消费者的利益，遂于2016年提起消费者团体公益诉讼，请求法院确认涉案合同的违约金条款无效。双方当事人在诉讼中达成和解：其一，江苏省消协审查了省内全部供水公司制定的供水合同，查找是否存在不公平条款，并委托各市消协组织督促取消此类条款。其二，江苏省消协通过约谈、发送公函的方式，与南京水务公司协商和解方案，该公司修订了《供水合同》并取消了违约金条款。江苏省消协遂向法院申请撤诉。法院审查发现双方当事人具有真实和解意愿，且南京水务公司已取消了违约金条款，故裁定允许原告撤诉。[3]

---

〔1〕 参见蔡彦敏、洪浩：《正当程序法律分析：当代美国民事诉讼制度研究》，中国政法大学出版社2000年版，第287页。

〔2〕 参见杨严炎：《论美国的和解集团诉讼》，载《环球法律评论》2006年第4期。

〔3〕 参见南京市中级人民法院（2016）苏01民初2034号民事裁定书。

(二)完善消费者团体诉讼制度

我国消费者团体公益诉讼的形态更类似于德国法上的“禁令请求之诉”,与德国法相比,尚欠缺“损害赔偿之诉”“不当利益剥夺之诉”等模式。为在便利消费者求偿的同时减少同类案件数量,并在消费者信息不全面时在经济上惩戒不法经营者,我国有必要适时参照德国经验,构建“损害赔偿之诉”“不当利益剥夺之诉”制度。

第一,消费者团体损害赔偿之诉的构建。《德国法律服务法》规定,消费者团体可基于消费者委托提起损害赔偿之诉,消费者团体胜诉后,将获得的赔偿金交付给授权的消费者,并可根据约定提取诉讼费用。[1] 这样的诉讼模式在实践中能够便利消费者主张经济损失,在理论上也能较好地适应我国国情。其一,丰富法律救济途径。我国消费者团体公益诉讼原告的诉讼请求受到法律限制,消费者因不当经营行为遭受实际损失的,不能直接在现有的公益诉讼中受偿,需另行提起损害赔偿诉讼。如我国适时规定消费者团体损害赔偿之诉,消费者将有权授权消费者协会主张损失,这将便于消费者维权。同时,如果大量遭受损失的消费者共同授权消费者协会向不法经营者求偿,也能使同类案件数量大大减少。其二,对接代表人诉讼制度。我国在构建消费者团体损害赔偿时,还可对接我国“人数不确定的代表人诉讼”的经验。根据我国《民事诉讼法》第54条规定,在人数不确定的代表诉讼中,法院可公告通知权利人参加诉讼,权利人应及时向法院登记,诉讼既判力及于登记的权利人;同时判决对未登记的权利人有预决效力,如其在诉讼时效期限内提起诉讼,且法院认定其请求成立的,应裁定直接适用已作出的裁判。在构建消费者团体损害赔偿时,法律也可规定消费者协会应通过公告方式,尽可能多地获得消费者授权,并在诉讼时向法院登记授权起诉的消费者;诉讼后,裁决既判力可参照代表人诉讼的情形,对已登记消费者生效,对未登记消费者有预决效力。这将能更大范围地救济消费者利益,也能更有效率地处理同类案件。

---

〔1〕 参见陶建国等:《消费者公益诉讼研究》,人民出版社2013年版,第43页。

第二，不当所得剥夺之诉的构建。《德国不正当竞争法》第10条规定，如经营者故意违反法律，致使多数消费者发生损害而自己获得利益时，消费者团体可以请求违法者将不当得利缴纳于国库。不当所得剥夺之诉的适用条件如下：其一，原告为法律规定的组织或团体；其二，被告经营者存在故意的违法经营行为，使消费者遭受损失并因此获益；其三，收缴被告的经济利益应归国库所有。[1] 德国法中的不当所得剥夺之诉，也能较好地补充我国团体诉讼制度：其一，分担团体诉讼功能。在经营者违法行为造成多数消费者损失，而消费者的个人信息无法确定的情形中，如消费者协会（或其他有适格原告）仅提起"禁令请求之诉"，在经济上不足以惩罚经营者；但因消费者个人信息不明，消费者协会也无法得到消费者授权并提起"损害赔偿之诉"。在不当得利剥夺之诉中，法律允许消费者协会自行提起诉讼，并请求法院判令收缴经营者的违法所得，这种诉讼模式能弥补上述两种诉讼功能的不足，并有效防止经营者继续持有违法所得利益。其二，便于司法实践实施。消费者协会提起不当所得剥夺之诉时，无须得到消费者的个人授权，能较为便捷地直接提起诉讼。同时，如消费者协会胜诉的，法院应判决被告直接向国库缴纳不当所得，这样的制度设计便于在实践中实施与执行。

---

〔1〕 参见刘学在：《民事公益诉讼制度研究——以团体诉讼制度的构建为中心》，中国政法大学出版社2015年版，第139～142页。

论刑事证明实质化背景下的法律援助制度*

孔凡洲**

在现代法治语境下，刑事辩护制度已经成为刑事司法中一个重要的部分，刑事辩护的有效性在一定意义上体现着一个国家刑事法治的水平。辩护制度的设置，是基于人类反抗压迫、趋利避害的本能，也是当事人诉讼参与权和辩证法思想在刑事诉讼中的体现。[1] 法律援助制度是辩护制度的重要组成部分，也是我国刑事诉讼实现控辩平等对抗的重要保障制度。但我国法律援助制度在制度设计和运作效果上，与法律援助功能之充分实现尚存差距。推进以审判为中心的诉讼制度改革，就是要避免庭审形式化，强调刑事司法证明的实质化。在此背景下，本文将对法律援助制度进行专门探讨。

一、律师援助制度的发展及内涵

追溯对抗式审判程序发展的历史，英国在1696年《叛逆罪审判法》之前，法庭上以禁止辩护律师为原则，认为法官能够居中审理，法官可以为被告人利益说话。然而，事实证明，作为控诉一方存在伪造证据指控被告的风险，法官在庭审中对被告一方的偏见也难以避免，随着这一原则的缺陷逐步显现并被广泛诟病，《叛逆罪审判法》才赋予了叛逆罪被告与控方平等的地位，集中

---

* 本文获"中央高校基本科研业务费资助"，系上海外国语大学校级青年基金项目"比较法视野下的刑事证明实质化研究"（项目编号：201711400044）阶段性成果。

** 法学博士，上海外国语大学法学院讲师，研究方向为刑事诉讼法、证据法、司法制度。

〔1〕 参见谢佑平：《刑事程序法哲学》，中国检察出版社2010年版，第252～254页。

体现在被告可以在审前和审判中获得律师协助。律师在庭前协助被告人准备庭审抗辩,在庭审中可以询问辩方证人和控方证人,“被控叛逆的被告能够同国家指控他们一样借助律师进行辩护”。[1] 如今,在诉讼中获得律师的帮助已经是一项普遍的权利,“刑事诉讼的历史就是扩大辩护权的历史”。[2] 在刑事诉讼中,国家甚至有义务保障被告人获得律师辩护的权利,不仅不能阻止律师帮助被告人,而且还应在被告人无能力获得专业法律人才辩护的情形下,为被告人提供免费的法律援助,维护被告人辩护权的完整享有。

辩护权是被告人的重要诉讼权利,“一个人,即使最卑微的人的生命也应受到尊重。国家控诉他的时候,也必定要给他一切可能的手段为自己辩护”。[3] 《公民权利与政治权利国际公约》第 14 条明确指出被告人获得公平审判权的最低限度就是获得律师辩护权。有效辩护除了享有立法赋予的自行辩护权之外,国家还应当保障被告获得专业律师辩护的权利,一方面是允许自行委托律师进行辩护,另一方面是在符合条件的情形下国家应进行法律援助,指定辩护律师进行辩护。首先,从被告人人权保障的角度看,辩护人是实现有效辩护的关键之一。辩护人在庭前可以调查证据,进行阅卷等准备性工作,便于当庭有效质证。就保障被告人利益的角度而言,律师在场权属于被告人重要的诉讼权利。比如《法国刑事诉讼法典》就明确规定,除非当事人明确放弃律师在场权,否则只有在律师到场的情形下才能由当事人进行陈述,对当事人进行讯问和要求对质。[4] “米兰达规则”也有关于律师在场权的强调,特别是在被告受审时,在未聘请律师的情况下,国家应当有义务为其确定辩护律师进行辩护,“你有权在受审时请一位律师。如果你付不起律师费的话,我们可以给你请一位”。其次,从查明案件事实,实现司法公正的

---

〔1〕 [美]兰博约:《对抗式刑事审判的起源》,王志强译,复旦大学出版社 2010 年版,第 75 ~ 80 页。

〔2〕 [日]田口守一:《刑事诉讼法》,刘迪等译,法律出版社 2000 年版,第 89 页。

〔3〕 [法]孟德斯鸠:《论法的精神》(上册),张雁深译,商务印书馆 2004 年版,第 90 页。

〔4〕 《法国刑事诉讼法典》第 114 条规定:“除当事人明确放弃之外,只有其律师在场或者按规定传唤律师到场的情况下,才能听取当事人陈述、进行讯问、令其对质。”参见《法国刑事诉讼法典》,罗结珍译,中国法制出版社 2006 年版,第 111 页。

角度看,庭审具有一定的专业性,律师往往受过法律教育和法律职业训练,且以法律之术为业,律师作为辩护人自然可以弥补当事人法律专业知识和能力的不足,最大限度地维护当事人利益。最后,即使在强职权主义诉讼模式下,律师的言行在庭审中受限较多,其作用之发挥似乎也不及当事人主义模式下那样充分,但律师依旧会通过参与庭审对法官心证的形成施加影响,以降低法官恣意妄为、偏听偏信的风险。质证权是被告人重要的程序性权利,基于被告人对相关法律知识和质证经验的匮乏,更受限于被告人处于被指控地位,甚至人身自由被限制的现实,被告人依靠自身很难进行有效质证。质证是具有专业性的庭审活动,没有辩护人的参与,对证据难以进行实质性的质证。诉讼程序中,法律赋予被告人以交叉询问的方式进行质证的权利主要由辩护人代为行使,被告自行进行交叉询问的现象并不多见。在刑事审判中,控辩双方在物质资源和专业技能方面存在客观上的不平等,天然处于弱势一方的被告若无辩护人协助质证,则其不利地位会更加恶化。刑事诉讼规则的设计坚持平等武装、抑强扶弱原则,目的在于实现控辩平等对抗。

刑事犯罪不仅是对个人权益的侵害,而且是对公共利益的侵害,因此国家有责任追诉犯罪,恢复被犯罪打破的社会秩序。然而,根据无罪推定原则,作为犯罪嫌疑人、被告人的公民在未被审判机关定罪以前,均被假定无罪,其各项权利均应得到保障。因此,国家在追究犯罪的时候,也应当保障犯罪嫌疑人、被告人的人权不被侵犯。当部分案件的犯罪嫌疑人、被告人基于特定的原因未委托专业律师进行辩护的,国家有责任为其提供法律援助,提供有实际效果的法律服务。建立和完善法律援助制度,向符合条件的被告人提供法律援助,帮助其进行质证,不仅从庭审程序上可以保障质证活动的有序实质开展,对于促进质证规则的运行具有重要意义,而且有利于案件事实的查明,实现司法公正。

在我国,被告人的辩护权是一项宪法性权利,宪法规定被告人有权获得辩护，[1]但关键是辩护的有效性问题。有效辩护是辩护权问题的核心，也体现了当事人在诉讼中的主体性地位。有效辩护主要通过案件中获得律师辩护率和辩护的效果两个指标进行考察，前者是形式指标，后者则强调实质功能。从现有的研究成果和实证调研发现，我国的刑事辩护存在辩护率低和辩护质量不高的问题，“一是刑辩不到位，尚有50% ~70%的刑事审判辩护律师缺位；二是到位的刑事辩护尚未达到实质化，实体辩护和程序辩护均残缺不全；三是法律援助工作还处在艰难的推进中，缺人、缺钱、缺经验，无效辩护制度尚未建立”。[2] 在质证过程中，证人出庭作证制度有助于保障被告人行使有效质证权。然而，在缺乏专业辩护人协助被告人行使辩护权的情形下，仅凭身陷囹圄以及缺乏法律专业训练的被告人，在证人出庭后很难有效询问证人以及通过面对面询问证人把关键证据信息有逻辑地展现在法庭上。从增强质证效果的角度而言，不仅要提高律师在庭审中的辩护技能，也需要通过规则保障辩护方有效行使辩护权。目前，提高律师辩护率的途径主要有两方面：一是从立法和司法两个层面确保当事人在案件中委托律师进行辩护的权利；二是国家承担被告人获得律师有效辩护权的义务，主要体现为构建完善和有操作性的法律援助制度。事实上，要从根本上解决律师辩护率低和辩护形式化的难题，就要完善法律援助制度。

法律援助是实现控辩质证对等性的重要保障，是刑事司法证明实质化的要件之一，质证主体在专业素养方面差距过大并不能实现质证的目的，导致司法证明呈现形式化、虚化等局限。司法证明实质化要求加强证明主体在庭审中对案件事实证明的能力，因而当庭举证、质证尤为关键。质证本身具有对抗的性质，而有效对抗则以双方法律地位的平等以及能够有效表达意见为基础，能提出有效意见的前提在于掌握必要的资源，这种资源在庭审质证中

---

[1] 我国《宪法》第130条规定：“人民法院审理案件，除法律规定的特别情况外，一律公开进行。被告人有权获得辩护。”

[2] 樊崇义：《“以审判为中心”的概念、目标和实现路径》，载《人民法院报》2015年1月14日，第5版。

主要体现为专业知识和技能。对被告人而言,最为典型的即是能否获得有能力的辩护律师帮助质证。普通公民对社会财富的掌握有限,拥有较多资源的一方必然在质证中处于有利地位,这种实力上的差别势必会影响庭审质证的效果。就平等武装的角度而言,国家有责任弥补这种诉讼资源上的差别,通过法律援助来提升未能聘请律师一方的质证能力。法律援助制度是通过国家为被告人安排免费律师协助辩护,是被告人平等武装的重要机制。然而,国家提供的免费律师存在工作成效不高的情形,律师无偿提供辩护,难以切实尽到勤勉义务,平等武装的效果体现不明显,被告方在庭审中依然无法与控方进行平等对抗,实质辩护难以落实。美国已经建立较为完善的法律援助制度,指定律师为被告人提供辩护比例较高,主要方式有公设辩护人制度、[1]指派律师项目[2]和合同律师代理制度。[3] 比较典型的是公设辩护人制度,通过国家出资设立公共辩护人办公室,在其中工作的律师都是政府的雇员,有政府下发的薪资保障,以此来协助贫困的被告人进行辩护,而不是仅依靠律师在无酬劳的状态下以良善之心来帮助被告人实现有效辩护。英国建立了值班律师制度,包括警署值班律师与法庭值班律师,目的在于确保每位需要法律建议的被告迅速获得帮助。[4] 新西兰也确立了法庭值班律师,任何已经受到犯罪指控但没有自己律师的人均可免费获得值班律师的法律帮助。[5] 因此,完善的法律援助制度是刑事诉讼中增强辩护方辩护效果的重要手段。

---

〔1〕 设立由指定律师组成的机构,专门给贫困者提供法律服务。这些律师属于政府职员,领取政府薪资。参见 Robert L. Spangenberg & Marea L. Beeman, Indigent Defense Systems in the United States, 58 Law & Contemp. Probs. 36(1995)。

〔2〕 经验较少的律师或者未受雇的私人律师,以个案为基础为贫困者提供代理服务。参见 *id.* at 32-34。

〔3〕 政府与私人律师、律师事务所签订合同,在需要时为社区贫困者提供法律服务,律师的主业是其私人业务。参见 *id.* at 89。

〔4〕 参见[英]约翰·斯普莱克:《英国刑事诉讼程序》(第9版),徐美君、杨立涛译,中国人民大学出版社2006年版,第45~46页。

〔5〕 参见郑自文:《新西兰法律援助制度及其最新发展》,载《中国司法》2007年第7期。

二、我国法律援助制度的现状及反思

犯罪嫌疑人、被告人在未经审判确定为有罪之前,应当推定为无罪之人。对此,除了不应剥夺其在庭审中的诉讼权利之外,国家也应当确立其获得实现诉讼权利的保障措施。我国司法文明的程度不断提高和深化,在刑事诉讼程序中对犯罪嫌疑人、被告人人权的保障日益充分,《宪法》第33条第3款规定:“国家尊重和保障人权。”2012年修订的《刑事诉讼法》把尊重和保障人权确立为我国刑事诉讼法的任务。在刑事诉讼中,基于控辩双方在程序中实质上的悬殊地位,对人权的尊重和保障主要体现为对犯罪嫌疑人、被告人人权的尊重和保障。从加强犯罪嫌疑人、被告人有效辩护权的落实出发,我国已经建立法律援助制度,但尚需进一步完善。特别是在推进以审判为中心的诉讼制度改革进程中,为了实现刑事司法证明实质化,法律援助所承载的有效辩护之功能应充分实现。

新中国对法律援助的规定最早出现在1954年《人民法院组织法》,其中第7条第2款规定了指定辩护制度,但对指定辩护并未列举明确的情形,而是由法庭根据个案判断必要性,是否指定辩护属于法官自由判断的职权。随后于1979年《刑事诉讼法》第27条规定了公诉人出庭的案件,可以指定辩护律师,而对于被告人属于聋、哑人或是未成年人的,在没有委托辩护人的情形下,指定辩护则是一种强制性的义务。[1] 1996年修订的《刑事诉讼法》对指定辩护的范围进行了扩大,[2]我国刑事法律援助制度虽然萌芽于20世纪50年代中期,但真正建立则是20世纪90年代以后,特别是1996年《刑事诉讼

〔1〕 1979年制定的《刑事诉讼法》第27条规定:“公诉人出庭公诉的案件,被告人没有委托辩护人的,人民法院可以为他指定辩护人。被告人是聋、哑或者未成年人而没有委托辩护人的,人民法院应当为他指定辩护人。”

〔2〕 1996年修订的《刑事诉讼法》第34条规定:“公诉人出庭公诉的案件,被告人因经济困难或者其他原因没有委托辩护人的,人民法院可以指定承担法律援助义务的律师为其提供辩护。被告人是盲、聋、哑或者未成年人而没有委托辩护人的,人民法院应当指定承担法律援助义务的律师为其提供辩护。被告人可能被判处死刑而没有委托辩护人的,人民法院应当指定承担法律援助义务的律师为其提供辩护。”

法》修改后。[1] 2003 年由国务院发布的《法律援助条例》是专门针对法律援助的规定。2012 年修订的《刑事诉讼法》进一步扩大了指定辩护适用的范围,“尚未完全丧失辨认或者控制自己行为能力的精神病人”和“可能被判处无期徒刑”[2]的案件等也属于法律援助的范围。此外,提供法律援助的诉讼阶段也由审判阶段提前到了侦查和审查起诉阶段。最高人民法院《关于适用〈中华人民共和国刑事诉讼法〉的解释》第 42 条、第 43 条更加细化了适用指定辩护的情形,其中第 42 条规定:“对下列没有委托辩护人的被告人,人民法院应当通知法律援助机构指派律师为其提供辩护:(一)盲、聋、哑人;(二)尚未完全丧失辨认或者控制自己行为能力的精神病人;(三)可能被判处无期徒刑、死刑的人。高级人民法院复核死刑案件,被告人没有委托辩护人的,应当通知法律援助机构指派律师为其提供辩护”;第 43 条规定:“具有下列情形之一,被告人没有委托辩护人的,人民法院可以通知法律援助机构指派律师为其提供辩护:(一)共同犯罪案件中,其他被告人已经委托辩护人;(二)有重大社会影响的案件;(三)人民检察院抗诉的案件;(四)被告人的行为可能不构成犯罪;(五)有必要指派律师提供辩护的其他情形。”2015 年 6 月由中共中央办公厅和国务院办公厅印发的《关于完善法律援助制度的意见》中对我国的法律援助问题进行了专门性规定。截至 2015 年年底,全国 28 个省(区、市)制定了地方性法律援助法规或者规章,29 个省(区、市)司法厅(局)建立了法律援助管理机构,法律援助工作的管理体制总体上已经建立。2017 年 10 月,最高人民法院和司法部联合发布了《关于开展刑事案件律师辩护全覆盖试点工作的办法》,其中第 2 条规定法律援助覆盖普通程序审理的一审案件、二审案件和按照审判监督程序审理的案件以及适用简易程序、

---

〔1〕 顾永忠:《以审判为中心背景下的刑事辩护突出问题研究》,载《中国法学》2016 年第 2 期。

〔2〕 现行《刑事诉讼法》第 34 条规定:“犯罪嫌疑人、被告人因经济困难或者其他原因没有委托辩护人的,本人及其近亲属可以向法律援助机构提出申请。对符合法律援助条件的,法律援助机构应当指派律师为其提供辩护。犯罪嫌疑人、被告人是盲、聋、哑人,或者是尚未完全丧失辨认或者控制自己行为能力的精神病人,没有委托辩护人的,人民法院、人民检察院和公安机关应当通知法律援助机构指派律师为其提供辩护。犯罪嫌疑人、被告人可能被判处无期徒刑、死刑,没有委托辩护人的,人民法院、人民检察院和公安机关应当通知法律援助机构指派律师为其提供辩护。”

速裁程序审理的案件。可见,我国在规范的出台上越来越重视被告人法律援助的制度安排,实务中适用法律援助的案件数量增加。[1] 然而,从促进质证实质化的角度而言,我国法律援助制度尚有完善的空间。

首先,法律援助适用范围依然比较窄。主要包括立法规定的法律援助范围过窄以及刑事法律援助案件的数量与自行委托辩护案件的数量比例过低。[2]《刑事诉讼法》第34条规定的适用法律援助的情形,大部分属于特殊的案件类型,在实践中数量较少,而经济困难或者其他原因等酌定情形,在实践中又较难认定,特别是经济困难这项指标,经济困难标准线过低,能满足该条件的犯罪嫌疑人、被告人不多。有关司法解释之规定虽然对法律援助的适用范围有所扩大,但司法解释效力层次较低。此外,虽然我国法律援助的案件数量不断上升,但法律援助案件数量和自行委托辩护案件相比所占比重不大,在2003~2014年,刑事法律援助案件数平均仅占全国法院一审审结刑事案件数的15.9%。[3]

其次,辩护律师权利受限。无论是当事人委托的辩护律师,还是法律援助律师,在司法实践中,律师阅卷权和会见权依然会受到限制。关于辩护律师权利的立法在实践运作中的实效性大打折扣。同时,辩护律师调查取证权无保障。现行《刑事诉讼法》第41条对辩护律师的调查取证权之规定沿袭了修改前的条文,并未作出修改。而我国《刑法》第306条之规定则是悬在律师头顶的"达摩克利斯之剑",限制了律师的权利。律师调查取证权是辩护律师进行法庭辩护,维护当事人权益的基础。有效辩护应包括形式意义和实质效果,立法除了对律师辩护权利从程序上进行保障之外,还需要切实从提高律师辩护的实质能力和实际效果方面完善。

---

〔1〕 根据司法部数据,2013年全国共组织办理法律援助案件115万余件,比2012年增长13%,其中,刑事法律援助案件大幅增长,共22万余件,比2012年增长66%。参见《2013年法律援助成效明显,组织办理案件115万余件》,载 http://www.gov.cn/gzdt/2014-02/18/content_2611663.htm,最后访问日期:2017年12月18日。

〔2〕 参见陈永生:《刑事法律援助的中国问题与域外经验》,载《比较法研究》2014年第1期。

〔3〕 参见胡铭、王廷婷:《法律援助的中国模式及其改革》,载《浙江大学学报》(人文社会科学版)2017年第2期。

最后,法律援助律师辩护质量堪忧。我国法律援助体现无偿性特征,法律援助经费支持力度不够,直接影响法律援助律师提供法律服务的积极性,进而导致担任法律援助的律师存在资质不足的情形。[1] 根据在S市的调研,法律援助律师一般不愿花费时间和精力在法律援助类的案件中,部分律师事务所甚至把法律援助的案件交由实习律师办理,出庭时才由符合相应资质的律师履行法律援助义务。基于此,实践中辩护意见的采纳率不高便在所难免。辩护权是当事人在诉讼阶段最重要的诉讼权利,辩护人的素质关涉当事人的程序权利和实体权利的实现与否,而当前我国缺乏对法律援助律师的辩护质量的评估机制,法律援助服务虚置化。[2]

三、我国法律援助制度的完善路径

无论是从犯罪嫌疑人、被告人有效辩护权的实现,还是从更准确高效地查明案件事实的角度出发,法律援助制度都具有不可或缺的地位,意义重大。然而,基于立法设计、司法实践运作环境等因素的影响,我国法律援助制度依然面临一些前述待改进和完善的方面,以下提出具体建议,以期有助于该制度的完善,推进刑事司法证明的实质化。

第一,应当通过立法扩大法律援助的适用范围。虽然目前我国《刑事诉讼法》关于适用法律援助的案件范围和程序阶段均有扩大,但依然难以满足实践需要,[3]应当进一步扩大。对此,可以从案件适用的庭审程序着手,经过案件繁简分流机制筛选之后需要通过普通审理程序审理的案件,应当有辩

---

[1] 较低的案件补贴使有经验和水准的律师不愿承办法律援助案件,使律师对法律援助案件投入精力过少,“偷工减料”并且“理直气壮”。参见左卫民:《中国应当构建什么样的刑事法律援助制度》,载《中国法学》2013年第1期。

[2] 参见李茂华、盖书瑞:《关于法律援助办案质量问题的调研报告——以山东省东营市法律援助工作为视角》,载《中国司法》2017年第6期。

[3] 在司法实践中,已有一些地方为扩大法律援助范围进行了积极的探索,例如浙江省人民法院已将应当为被告人指派法律援助律师的案件范围扩大到“被告人可能被判处三年以上有期徒刑刑罚的”,以及“被告人作无罪辩护的”情形。参见陈光中:《推进以审判为中心的诉讼制度改革的几个问题》,载《人民法院报》2015年1月21日,第5版。

护律师进行辩护。进入普通审理程序的案件,往往是被告人不认罪,且争议较大的案件,为了防止冤假错案的发生,在被告人未委托律师辩护的情形下,应当为其指定律师辩护。而适用其他诉讼程序的案件,若符合特定的条件,也应当有律师提供援助。比如认罪认罚制度中,应当充分发挥值班律师的法律协助功能,保障被告人在认罪认罚程序中的合法权益不被侵犯。在非普通审理程序中,由于事实和法律问题均不是主要争议焦点,律师的主要作用在于协助当事人知晓相关程序运作的法律后果,保障被告人在非普通审理程序中的合法权益。〔1〕当然,符合法律援助特定情形的,被告人一般不得拒绝律师进行辩护,否则法庭应当指定律师强制辩护。

第二,完善值班律师制度。案件繁简分流机制的完善是我国诉讼制度发展的趋势,可以有效解决司法成本过高、诉讼效率低下和案多人少的困境。而在适用速裁程序以及认罪认罚从宽程序中,如何保障当事人的合法权益,确保当事人程序选择权以及认罪认罚的自愿性,律师的角色必不可少。因此,我国在两种程序的试点过程中均建立并加强了值班律师制度,但值班律师制度依然存在一些待解决的问题:其一,合理设定值班律师介入具体案件的时间,〔2〕以及在不同程序中的具体职能;其二,应当注意值班律师与辩护律师的衔接问题;其三,充分利用现代科技,弥补律师资源有限的情形,建立线上线下律师值班相结合的机制,比如"建立值班律师在线服务平台,确保在线律师达到一定规模,当犯罪嫌疑人、被告人有法律需求时,相关办案机关登录平台提出申请,经法律援助中心在线指派后,接受指派的律师立即视频连线远程提供法律服务,就能随时随地满足犯罪嫌疑人、被告人获得法律帮助

〔1〕 2015年6月29日中共中央办公厅、国务院办公厅印发了《关于完善法律援助制度的意见》,其中从四个方面扩大刑事法律援助范围:"(1)开展试点,逐步开展为不服司法机关生效刑事裁判、决定的经济困难申诉人提供法律援助的工作;(2)建立法律援助值班律师制度,法律援助机构在法院、看守所派驻法律援助值班律师;(3)健全法律援助参与刑事速裁程序试点工作机制;(4)建立法律援助参与刑事和解、死刑复核案件办理工作机制。"

〔2〕 参见吴小军:《我国值班律师制度的功能及其展开——以认罪认罚从宽制度为视角》,载《法律适用》2017年第11期。

需要。”〔1〕

第三,提供法律援助的律师应当具备特定的资质。刑事辩护具有专业性,庭审辩护决定被告人的合法权益能否得到维护和实现,法律援助是国家帮助被告人获得公正审判权的重要措施,应当指定专业人员提供辩护,方可实现辩护的效果。其一,在刑事案件中,被告人受到羁押的风险极高,且被告人不具有专业辩护素养,很难准备自行辩护的材料,被告人的辩护权依赖于律师行使;其二,法律规则日趋完备,辩护成为具有专业性的活动,虽然被告人是案件事实的亲历者,在案件事实陈述层面具有更大的发言权,被告人的自由陈述似乎具有更加接近真相的可能。但国家公权力机关对犯罪侦查的介入,导致被告人陈述的自由可能受到不当干扰,因此,为了确保庭审中被告人获得公正的审判,专业辩护律师应当协助被告人进行辩护。若指派资历尚浅的律师助理进行援助,并不利于有效辩护的进行,法律援助乃至辩护制度的功能都将受限。特别是对庭审质证而言,辩护律师的水平和责任心决定着庭审质证中能否发现控方证据的漏洞,实现有效质证,发挥辩护律师维护被告人合法权益的功能。据此,立法应当明确提供法律援助的律师所具备的资质,并确保相关规定的实施,以增强法律援助的效果。

第四,国家应当给予经费保障,设置专项资金保障法律援助有效运行。法律援助人应当从政府获取相应的酬劳,符合法律服务的逐利性,建议设立公设辩护人制度,以此提高律师提供法律援助的积极性,避免律师在庭审中消极应付。公设辩护人制度不仅可以有效保障当事人行使辩护权,而且也体现了国家承担刑事法律援助的义务。〔2〕针对实践中已经设立的援助律师值班制度,应当进一步完善细节,特别是专项经费支持方面,使法律援助成为一种常态化制度,切实通过法律援助制度实现保障被告人人权的功能。

---

〔1〕 李立家:《我国法律援助值班律师制度的设想与实践——以从刑事案件速裁程序到认罪认罚从宽制度的变化为视角》,载《中国司法》2017 年第 6 期。

〔2〕 参见谢佑平、吴羽:《刑事法律援助与公设辩护人制度的建构——以新〈刑事诉讼法〉第 34 条、第 267 条为中心》,载《清华法学》2012 年第 3 期。

此外,法律援助制度的完善不仅是其制度本身的改进,还应完善配套制度。应当保障律师的会见权和阅卷权,无论是委托辩护还是指定辩护,都是落实有效辩护的重要保障。同时,加强对律师的权益保障。除了伪证罪之外,我国《刑法修正案(九)》新增“扰乱法庭秩序罪”对律师有效辩护也存在威胁。要让辩护人在庭审中全心全意为被告人争取合法权益,就应当解决辩护人的后顾之忧。特别是对于法律援助的律师而言,一方面仅有微薄酬劳的情形下履行辩护义务,另一方面还要承担刑事辩护的风险,势必会影响其辩护的积极性和效果。此外,适当的法律援助效果评估机制也应当确立。

上海高校涉外卓越法律人才政治认知现状及培养对策探析

王　亮*

党的十九大报告指出,“要坚持全面依法治国。全面依法治国是中国特色社会主义的本质要求和重要保障”。[1] 随着当今中国经济社会的深入发展和对外交往的日益加深,中国已走近世界舞台的中心,在此背景下,加强涉外法律人才队伍建设,培养一批涉外法律人才具有重要意义。2011 年,教育部、中央政法委颁发了《关于实施卓越法律人才教育培养计划的若干意见》,就涉外卓越法律人才培养提出了指导性的实施意见。意见指出,要“把培养涉外法律人才作为培养应用型、复合型法律职业人才的突破口。适应世界多极化、经济全球化深入发展和国家对外开放的需要,培养一批具有国际视野、通晓国际规则,能够参与国际法律事务和维护国家利益的涉外法律人才。”

涉外卓越法律人才特殊的“涉外”属性,使其在处理法律事务时往往代表国家意志、国家形象和国家利益。因而涉外卓越法律人才不仅需要具备过硬的专业素质,更重要的是具有较高的政治素质。政治素质影响着涉外卓越法律人才施展才华、运用知识和发挥个人价值的方向,对涉外卓越法律人才的培养起着根本性和决定性作用。其中,政治认知作为政治素质培养的基础和起点,对涉外卓越法律人才的政治素质培养起着至关重要的作用。

---

* 法学硕士,上海外国语大学法学院辅导员,研究方向为法学、思想政治教育。

〔1〕 习近平:《决胜全面建成小康社会 夺取新时代中国特色社会主义伟大胜利》,载《人民日报》2017 年 10 月 19 日,第 1 版。

一、涉外卓越法律人才政治认知内涵及其重要性

(一)涉外卓越法律人才政治认知内涵

"政治认知是政治主体对于政治生活中各种人物、事件、活动及其规律等方面的认识、判断和评价,即对各种政治现象的认识和理解。"[1]政治认知是政治素质的逻辑起点,只有扎实、正确的政治认知,才能更好地理解世情、国情和社情并指导实践。大学生的政治认知是指大学生对于社会生活中的政治现象的理解、认识和判断。这既是大学生政治素质培养的起始点,是其获取政治取向和参与政治实践的开端,也是大学生政治素质培养的基础,影响大学生的政治情感走向及政治实践开展。就当前高校大学生思想政治素质培养现状而言,大学生的政治认知内容主要包括:大学生对当下社会主要政治符号的认知、大学生对相关政治理论的认知、大学生对我国政治制度的认知以及大学生对于自己的政治角色的认知等。

(二)涉外卓越法律人才政治认知培养的重要性

涉外卓越法律人才是我国社会主义现代化建设人才队伍的重要组成部分,对于深化改革开放、推进"一带一路"倡议和人类命运共同体建设,促进我国融入国际舞台并发挥积极作用具有重要作用。而涉外卓越法律人才要有较高的政治素质、正确的政治认知,才能发挥其应有的社会价值。当前,进一步加强涉外卓越法律人才政治认知的培养,具有现实紧迫性和必要性。

首先,有利于涉外卓越法律人才把握正确的政治方向。加强高校涉外卓越法律人才的政治认知培养,进一步提升他们对马克思主义、对中国特色社会主义道路、对社会主义核心价值观、对中国共产党的领导以及一个中国原则的政治认知水平,有利于确保涉外卓越法律人才把握正确的政治方向。

其次,有利于涉外卓越法律人才激发强大的精神动力。精神动力是指人的意识、认知、价值理念、信仰等对人的实践产生能动作用并推动实践活动发

[1] 王浦劬等:《政治学基础》,北京大学出版社2006年版,第253页。

展的一种能量。在涉外卓越法律人才的成长成才过程中,精神动力是引导前进、激发潜力、支撑他们不断全面发展的强大力量。因而在高校涉外卓越法律人才的培养过程中,要不断培养和提升他们的政治素质,进一步增强他们对中国特色社会主义的政治认知水平,为他们提供积极向上且强有力的精神动力支持。

最后,有利于涉外卓越法律人才养成强烈的服务意识。涉外卓越法律人才只有具备强烈的社会服务意识,才能使他们最大限度地发挥其社会价值,推动社会发展。人才在服务意识的驱使下,才会摆正自我的实践态度、增强自我的事业心与责任感,并自觉将敬业爱岗的积极态度与自身的智力文化水平相结合,为社会主义现代化建设添砖加瓦。强化涉外卓越法律人才的社会服务意识,需要高校加强涉外卓越法律人才的政治认知培养,引导他们在学习和实践中进一步提升服务意识。

二、上海高校涉外卓越法律人才政治认知现状调查与分析

为更好地了解和分析上海高校涉外卓越法律人才的政治认知现状,本研究通过问卷调查的形式对入选“涉外卓越法律人才教育培养基地”的 7 所上海高校的学生进行抽样调查。7 所高校为复旦大学、华东师范大学、上海财经大学、上海外国语大学、华东政法大学、上海对外经贸大学和上海政法学院。

为保证所选样本具有普遍性和代表性,本研究在选取样本时充分考虑学生的年级和政治面貌等情况,样本涵盖了大一至大四各个年级的法学专业的学生,既有党员,也有团员和群众。本次研究共发放调查问卷 280 份,其中有效问卷 264 份,问卷回收有效率为 94.29%。样本中女生占比较高,达到 65.53%,男生占比为 34.47%。样本中汉族学生比例为 87.88%,少数民族学生比例为 12.12%;曾担任过学生干部的学生占比 51.52%;政治面貌为中共党员的学生占比 30.3%,共青团员占比 63.64%,群众占比 6.06%。另外,在选取样本时,考虑到大一年级对涉外卓越法律人才项目的了解程度会相对较低,因而大一学生样本选取的比例较低,占比 15.15%,大二占比 28.41%、

大三占比28.03%、大四占比28.41%。(见表1)

表1 调研样本情况

情况类别	具体选项	样本数量(份)	所占比例(%)
性别	女	173	65.53
	男	91	34.47
民族	汉族	232	87.88
	少数民族	32	12.12
是否担任过学生干部	曾担任过学生干部	136	51.52
	未曾担任过学生干部	128	48.48
政治面貌	共产党员	80	30.3
	共青团员	168	63.64
	群众	16	6.06
年级	大一	40	15.15
	大二	75	28.41
	大三	74	28.03
	大四	75	28.41

在对本次调查结果进行数据统计与定量分析后发现,参与调查学生的思想政治认知整体处于中等偏高水平。其中,学生对当下社会的一些主要政治符号的认知程度较高,对政治理论和政治制度的把握处于中上水平,但是对自己政治角色的认知还有待加强。具体如下。

(一)对政治符号的认知

人类世界是一个符号化的世界,符号化是人类社会的重要特征。人们通过符号媒介进行思维,人与人之间通过符号媒介来交流各自的想法观念,表达自身的意愿和内心诉求,国家则通过符号媒介来表达、展现和传播自身国家的文化、理念、身份、形象以及利益诉求等。[1]“符号是社会控制的一种方

〔1〕 参见蒙象飞:《中国国家形象话语体系建构中的符号媒介考量》,载《云南社会科学》2017年第5期。

式：政治的界定从语言开始。"[1] 当今世界，政治符号化趋势越发明显。所谓政治符号，是指凝结了政治信息、用于代表政治含义和沟通政治生活的符号。政治符号的内容非常丰富，国歌、国旗、国徽、标语口号、纪念节日、红色歌曲、革命服装等都属于政治符号的范畴。政治符号作为政治文化的载体之一，是政治社会化过程中的重要元素。高校涉外卓越法律人才对政治符号的认知程度一定限度地反映着他们的政治认知情况。

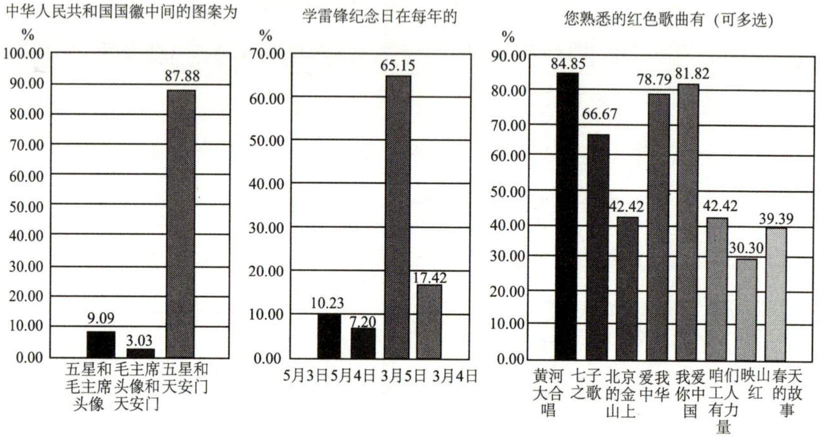

图 1　对政治符号的认知情况

根据调查结果（见图 1）可以发现，87.88% 的被调查者对我国国徽的图案内容有正确的认知，认知程度较高，但仍然有部分学生需要加强认知；对于学习雷锋纪念日的了解，则仅有 65.15% 的同学可以准确地选出该纪念日的具体日期，对该类政治符号的认知有待提升；在问卷中列出的八首具有代表性的红色歌曲中，有 4 首歌曲被超过 60% 的同学所熟知，其余 4 首歌曲的熟知度也都超过了 30%，可见，学生对于红色歌曲的认知水平较高。综合来看，虽然涉外卓越法律人才培养下的大学生对于政治符号的认知程度较高，但仍有部分同学对一些基本的政治符号熟悉度还不够，其中一个重要原因可

[1] 朱振明：《数字时代的国家形象传播》，载丁俊杰、苏志武、苏志武主编：《亚洲传媒研究》，中国传媒大学出版社 2009 年版，第 118 页。

能是传播的方式方法有待改进，需要通过当代大学生喜闻乐见的途径去传播政治符号。

(二)对政治理论的认知

政治理论是大学生政治认知的关键组成部分，政治理论的水平决定着大学生政治素养的高低。加强政治理论学习是高校学生思想政治素质培养过程中的重要环节。当前，我国大学生政治理论学习的内容主要包括马克思主义基本原理、毛泽东思想、中国特色社会主义理论、党史党纲、中国共产党历届领导人关于国家和党的建设方面的理论阐述等。针对以上理论学习的主要内容，本研究设计了相关调查问题。

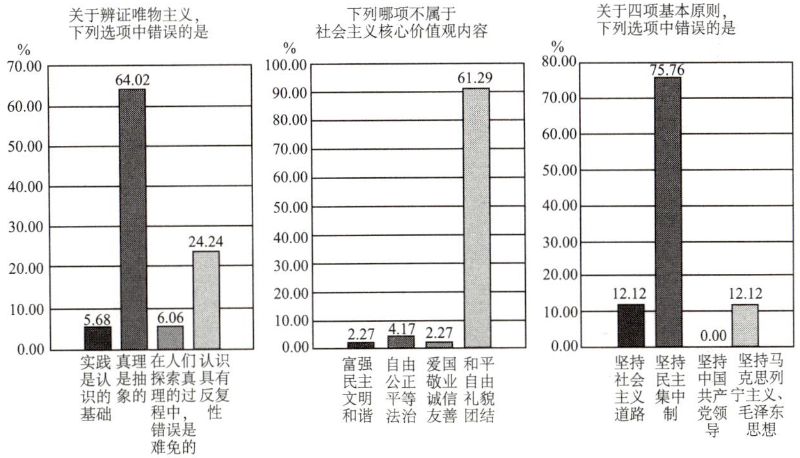

图2　对政治理论的认知情况

调查显示(见图2)，关于辩证唯物主义的理论知识，64.02%的被调查者能够准确判断出“真理是抽象的”这一选项是错误的，24.24%的同学认为“认识具有反复性”这一选项有误而错选，这在一定程度上表明，大学生对于辩证唯物主义的相关知识水平还需加强；关于社会主义核心价值观的内容，学生比较熟悉，91.29%的学生能够将错误内容选出；关于四项基本原则，75.76%的被调查者可将错误选项选出。同时在访谈中了解到，学生对于政治理论的认知大部分来自高校思想政治理论课，而在思政课堂之外只有少部分学生会主动去学习理论知识。由此看出,高校涉外卓越法律类专业的学生对政治理论掌握得比较好,对于社会主义核心价值体系相关的理论熟悉度较高,但与此同时,大学生对辩证唯物主义认识还存在一定的偏颇,对马克思主义基本原理知识的掌握还有所欠缺,理论学习的积极性、主动性还需加强。

(三)对政治制度的认知

政治制度即在特定的政治社会范围内,用来规范国家政权、政党制度、分配方式以及处理社会关系等问题的相关规定的总和。我国的根本政治制度是人民代表大会制度,基本政治制度是中国共产党领导的多党合作和政治协商制度、民族区域自治制度以及基层群众自治制度。对我国政治制度的了解与把握是涉外卓越法律人才开展政治实践的前提。

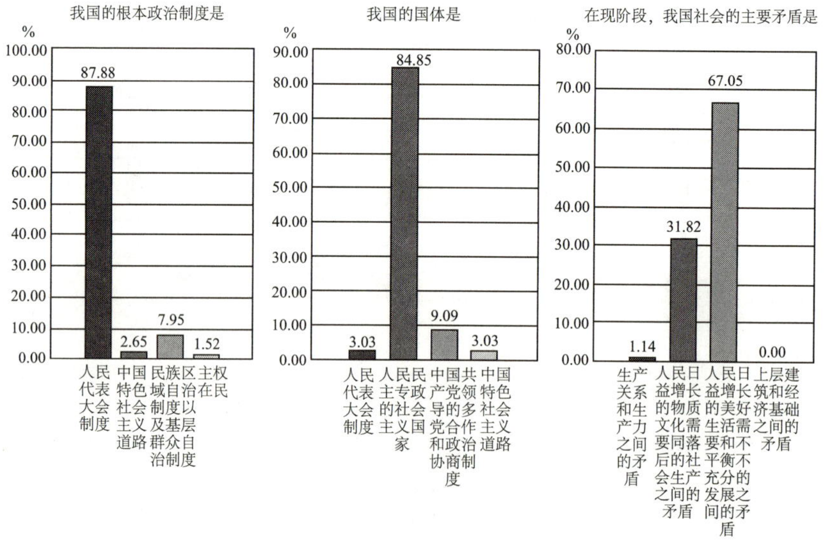

图3 对政治制度的认知情况

本研究调查结果显示(见图3),关于我国的根本政治制度,87.88%的学生可以将“人民代表大会制度”正确选出,在选错答案的学生中,7.95%的学生错选了我国的基本政治制度“民族区域自治制度以及基层群众自治制度”选项;关于我国的国体,84.85%的被调查者选择了正确选项“人民民主专政的社会主义国家”;关于现阶段我国社会的主要矛盾,67.05%的学生能够将当下的矛盾

"人民日益增长的美好生活需要和不平衡不充分的发展之间的矛盾"选出，而仍然有31.82%的学生选择了"人民日益增长的物质文化需要同落后的社会生产之间的矛盾"；同时，经过交叉对比发现，党员学生对政治制度的认知程度明显要高于非党员学生。这在一定程度上反映出，涉外卓越法律人才培养下的绝大部分学生对我国的政治制度有正确和清晰的认知，但在认知过程中，部分学生尤其是非党员学生对党的工作报告、政府工作报告等文献的关注度还不够，对党的路线、方针和政策以及时政知识的把握和了解还需要进一步提升。

（四）对自身政治角色的认知

社会个体都处在特定的政治环境中，并扮演着一定的政治角色，而该政治角色则决定了社会个体的政治行为模式。[1] 相应地，涉外卓越法律人才对自身政治角色的认知将会影响他们对政治生活和政治现象的认识与判断，并影响其政治实践。参与调查的80名党员学生中，所有党员学生无一例外地表示自己"时刻牢记自己的党员身份并起到了带头作用"；70%的党员学生对推优入党程序非常了解，30%的党员学生对推优入党程序了解程度一般；所有党员学生都表示自己"是政治社会成员，应参与政治实践"。参与调查的168名团员学生中，44.05%的学生表示"以党员的标准要求自己，有入党的愿望"，22.02%的学生表示"很想入党，但觉得自己各方面表现还未达到要求"，21.43%的学生"觉得入不入党无所谓"，12.5%的学生表示"不想入党"；团员学生中，仅有23.81%的学生对学校的推优入党程序有一般程度的了解，47.62%的学生表示对入党程序不太了解，甚至28.57%的学生表示对入党程序并不关心；对于在社会中的角色，80.95%的团员学生认为自己"是政治社会成员，应参与政治实践"，16.67%的学生认为自己"是政治社会成员，但是应该等毕业后再参与政治实践"，2.38%的学生认为自己"还不是政治社会成员，只是学生，政治事务与自己无关"。参与调查的16名群众身份的学生中，12.5%的学生"很羡慕能够入党的同学"，50%的学生"觉得入不

---

〔1〕 参见赵丽丽：《当代个体政治角色认同探究》，河北师范大学2012年硕士学位论文，第10页。

入党无所谓”,37.5%的学生表示“不想入党”;对于推优入党的程序,50%的学生表示不太了解,剩下50%的学生则表示不关心;同时在这些学生中,68.75%的人认为自己“是政治社会成员,应参与政治实践”,25%的学生认为自己“是政治社会成员,但是应该等毕业后再参与政治实践”,6.25%的学生认为自己“还不是政治社会成员,只是学生,政治事务与自己无关”。(见图4)可见,党员学生对自己政治角色的认知非常清晰且有明确的政治方向,可以起到模范作用;大部分团员学生积极向党组织靠拢并对自己的政治角色有较清晰地认知;相较来看,政治面貌为群众的部分学生则存在政治归属感较低的问题。综合来看,学生对自己的政治身份和政治角色有较为明晰的认识,绝大多数学生认为自己是政治社会成员并应积极参与政治实践,但也有不少学生出现认知误区,存在政治身份感缺失的问题。

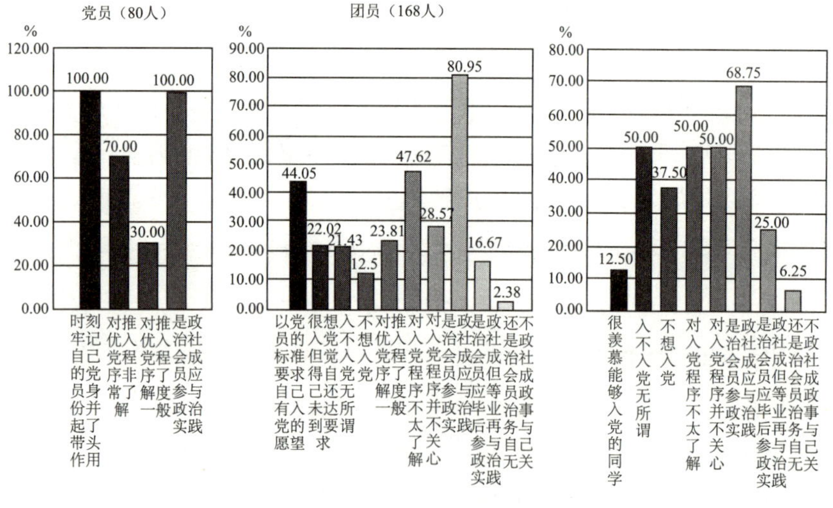

图4　对自身政治角色的认知情况

三、上海高校涉外卓越法律人才政治认知培养路径的优化

提升高校涉外卓越法律人才的政治认知,关键在于加强和改进大学生思想政治教育,发挥思想政治理论课第一课堂主渠道和校园文化活动第二课堂

主阵地作用。目前,具有涉外卓越法律人才培养基地的上海高校普遍重视涉外卓越法律人才的思想政治教育,但在思想政治教育的内容上相对比较单一,重理论知识的灌输而轻价值信仰的引导,导致学生在政治认知上产生诸多问题,进而影响其形成正确稳定的政治情感。由于涉外卓越法律人才具备的“法律”属性和“涉外”属性,提升其思想政治素质除了一般意义上的思想政治教育内容之外,还应从以下3个方面加强。

（一）注重理想信念教育,筑牢政治认知之魂

所谓“理想”,是指人们在实践中形成的对未来社会和自身发展的向往与追求,是世界观、人生观和价值观在奋斗目标上的集中体现。所谓“信念”,是指人们在一定的认识基础上确立的对某种思想或事物坚定不移并身体力行的精神状态。理想信念作为人的精神生活的核心内容,一方面能使人的精神生活的各个方面统一起来,使人的内心世界成为一个健康有序的系统;另一方面又引导着人们不断地追求更高的人生目标,提升精神境界,塑造高尚人格。一个人的理想信念越崇高、越坚定,精神境界和人格就会越高尚。对于理想信念的重要性,习近平总书记有一个形象的说法:理想信念是共产党人精神上的“钙”,理想信念坚定,骨头就硬;没有理想信念,或理想信念不坚定,精神上就会“缺钙”,就会得“软骨病”。理想信念教育是大学生思想政治教育的核心内容,事关大学生健康成长和全面发展。当前,加强大学生理想信念教育,就是要引导大学生确立马克思主义的科学信仰,牢固树立中国特色社会主义共同理想、坚定共产主义远大理想。

涉外卓越法律人才肩负着建设中国特色社会主义、建设法治中国、维护国家主权与利益的光荣使命,更需要注重理想信念教育。诚然,理想信念教育不是简单的说教,要让思想理论教育富有感染力和吸引力,真正做到入脑、入心、入行动,就必须改进思想理论教育的理念和方式方法。就高校涉外法律人才理想信念教育的路径而言,首先要创新教育理念,进行“错位”教育,分层次地开展理想信念教育活动。由于涉外卓越法律人才是法学专业学生中的佼佼者,其领悟和思考能力相比较其他法学专业学生更有优势,所以应

因材施教,将他们与其他学生进行区别教育。如制定内容更加丰富和更有深度的教学计划、布置更有难度的课堂任务、根据学生学习情况适当加快进度等。还应根据他们的心理特点和政治认知状况,围绕政治符号、政治理论、政治制度和自身的政治权利义务等开展专题化的认知教育,深层次地解答他们的思想政治理论困惑。其次,创新理想信念教育的方式方法。比如,大学生处在科学技术高速发展的时代,学习生活方式与思维模式与科技的发展息息相关,进行理想信念教育时,要开拓新的方式方法,以大学生喜闻乐见的形式来开展教育活动。如今网络信息传播的便捷性和高速性使得其深刻地影响着政治生活、经济生活和社会生活的方方面面,网络已成为大学生重要的一个学习和生活场阈。为使理想信念教育在大学生群体中真正达到教育效果,高校则需要紧跟时代步伐,利用好网络平台,以培养志存高远的新时代法治人才。

(二)强化宪法知识教育,夯实政治认知之基

宪法是一个国家的根本大法,具有确立和巩固国家政治制度、规范国家政权组织形式、保障公民权利的作用。第十二届全国人民代表大会常务委员会第十一次会议决定“将12月4日设立为国家宪法日。国家通过多种形式开展宪法宣传教育活动。”习近平总书记在党的十九大报告中指出,要“加大全民普法力度,建设社会主义法治文化,树立宪法法律至上、法律面前人人平等的法治理念”。[1] 大学生作为中国特色社会主义事业的建设者和接班人,应当在思想上认同社会主义法治理念,在行动上践行社会主义法治理念,在社会上弘扬社会主义法治理念。因此,高校开展大学生思想政治教育,要注重提升大学生对中国特色社会主义法治国家、法治政府、法治社会的认知,尤其是要注重培养大学生的宪法意识,弘扬宪法精神,加强大学生宪法知识教育,加强大学生对政治制度和政治理论的认知,引导他们树立正确的政治观、培养法治思维。作为法学专业的学生,涉外卓越法律人才肩负着推进依法治

〔1〕 习近平:《决胜全面建成小康社会 夺取新时代中国特色社会主义伟大胜利》,载《人民日报》2017年10月19日,第1版。

国、建设法治中国的使命担当,更应该强化宪法知识教育,夯实政治认知。

目前各大高校的法学培养方案中,宪法课程的学分相对较少,在专业课教学中所占课时十分有限。同时,根据本研究访谈得知,宪法课程教学主要以灌输方式为主,且师资水平参差不齐。这些现状不符合宪法治国安邦总纲领的地位,高校还需要进一步加强宪法专业课程教育,甚至将宪法作为法学专业课的核心课程对待。首先,应该进一步提高宪法教育在专业课教学中的地位。例如,考虑增加宪法课程的学分与课时,提高宪法课程在专业课程中所占的比重,从而促使学生认识到宪法的重要性并对宪法学习更加重视,从而投入更多的时间和精力在宪法学习上。其次,要加强教师队伍建设。一方面要优化教师队伍结构,按需引进不同年龄、学历、实践经历的教师,增加高学历教师的比例,并通过新老教师结对的方式,促进教师间的交流和优势互补;另一方面要深化教师队伍管理,将评讲评课作为绩效考核的重要指标,促使教师不断改进教学方式,同时制订好教师培训交流、科研与实践方面的计划,不断提升教师队伍的整体水平。再次,要丰富宪法教学内容。[1] 比如在进行宪法教学时,不能仅按宪法法条或是宪法教科书照本宣科,而应该将宪法与时政热点相结合,加深学生对宪法和对当下政治生活的理解,同时也要与学生日常生活相结合,使宪法内容在“平易近人”的过程中渗入人心。最后,要拓宽宪法教育途径。要充分发挥第二课堂的功能与作用,例如围绕宪法日开展系列主题活动来普及宪法知识、利用新媒体扩大宪法知识的宣传力度、开展趣味比赛如宪法案例分析竞赛等,通过学生活动将宪法意识根植于学生脑中。

(三)加强公民人格教育,坚固政治认知之本

早在古希腊时期,就出现了“公民”这一概念,于是对公民美德的描述也随之出现。柏拉图曾用四个关键词来形容公民美德,即“节制”“智慧”“勇

---

〔1〕 参见祁赛喃:《当代大学生宪法教育研究》,沈阳航空航天大学2016年硕士学位论文,第24页。

敢”“正义”。所谓“节制”,就是指“一种好秩序或对某些快乐与欲望的控制”。[1]柏拉图认为公民拥有了节制的美德时大家就会自发自觉地团结一致,城邦也会因此而更加和谐安定。所谓“智慧”,主要是适用于统治者,既包括爱国主义情怀,还需要有治理国家的知识和维护国家权益的能力。所谓“勇敢”,是指敢于保护城邦、敢于为国家而作战的气魄和胆识。“正义”是前面三种美德的基础和总和,是公民各司其职、各尽其分的内在需要。亚里士多德认为“每一个隔离的个人都不足以自给其生活,必须共同集合于城邦这个整体才能让大家满足其需要”。[2] 公民基于自己身份恪尽职守,使自己融入国家发展之中,即为公民的本质。

公民意识、公民道德、公民人格等概念是经过了历史的发展和实践而最终形成的。在经历了文艺复兴、启蒙运动等一系列社会变革之后,“主权在民”的思想逐渐在西方国家落地生根,各个国家先后通过法律形式确立公民身份,并开始重视培育公民人格。我国现代公民人格的内涵与西方国家有一定的相似性,都强调参与政治生活,但我国现代公民人格的本质与西方国家有根本性的区别,我国的公民人格是指具有我国公民身份的社会个体为实现自身与社会主义社会的共同价值而应具备的精神意识。[3] 这些人格意识主要包括公民的主体意识、公民的权责意识和民主参与意识。公民人格教育与社会发展息息相关,党的十九大报告中鲜明地提出了要“深入实施公民道德建设工程,推进社会公德、职业道德、家庭美德、个人品德建设,激励人们向上向善、孝老爱亲,忠于祖国、忠于人民”。[4] 作为中国特色社会主义事业的建设者,高校涉外卓越法律人才首先要扮演好中国公民的角色,公民人格也是他们必须具备的重要品质。本研究调查显示,还有少部分涉外卓越法律人才

---

〔1〕 [古希腊]柏拉图:《理想国》,郭斌和、张竹明译,商务印书馆1986年版,第136页。

〔2〕 [古希腊]亚里士多德:《政治学》,吴寿彭译,商务印书馆1965年版,第9页。

〔3〕 参见颜水发、徐文福:《自媒体时代大学生公民精神养成机制研究》,载《教育评论》2015年第12期。

〔4〕 习近平:《决胜全面建成小康社会 夺取新时代中国特色社会主义伟大胜利》,载《人民日报》2017年10月19日,第1版。

培养基地的学生对自己的政治角色认知不够清晰，甚至有个别学生出现了身份感缺失的问题。因此，应该将公民人格教育引入进涉外卓越法律人才的思想政治教育内容中来，并应从增强他们的政治主体意识入手，帮助他们提升对自己政治身份的正确认知，培养他们的社会责任意识和历史使命感，引导他们做不盲目、有理性的公民，用自己所学知识服务于国家、服务于社会、服务于人民。

在经济全球化和世界多极化发展的今天，我国需要培养一批具有国际视野、通晓国际规则，能够参与国际法律事务和维护国家利益的涉外法律人才，为我国对外开放与国际交流保驾护航。涉外卓越法律人才由于特殊的“涉外”属性，使得其在处理法律事务时往往会代表国家意志、国家形象和国家利益，因而，涉外卓越法律人才政治认知的培养格外重要。只有提升涉外卓越法律人才的政治认知水平，坚定他们的政治立场，才能“聚天下英才而用之”，为建设社会主义法治国家、实现中华民族伟大复兴的中国梦贡献力量。

叙事与审判

谢晓河*

引 文

自20世纪六七十年代叙事学转向以来,叙事学研究开始侵入法学领域。其中最吸引叙事学注意力的是案件的法庭审判(court trial)。这是因为案件当事人与律师交流;证人与法庭交流;律师与对方律师、法官以及陪审团交流;法官与律师以及诉讼当事人交流。这些交流行为大部分均采用我们通常所认为的故事叙述(storytelling)方式。比如,律师的当事人对其所遇到的法律问题的陈述,或者证人的证词,都符合我们常识中故事(story)的概念。可以这么说,每一个法律案件均始于故事,即当事人所叙述的故事,终于法庭或陪审团所作出的司法判决(legal decision)。庭审中的开庭陈述、最后陈述、交叉诘问等均包含故事和叙事因素。庭审过程中,原被告双方以法律所允许的叙事和修辞形式讲述其"真实"的故事,双方的故事或叙事往往处于对抗性或竞争性状态,其目的在于说服陪审团并获得其认可。

尽管法学理论界对叙事对庭审过程的影响关注较少,但许多社会科学方面的学者却以陪审团为研究切口做了大量的研究。1981年,两位非法学的社会科学研究人员——本涅特和费尔德曼,在关于美国文化中的司法公正与

* 文学博士,上海外国语大学法学院副教授,研究方向为叙事学与法律语言学。

司法判决的研究中认为："刑事审判是围绕故事叙事而进行的"。[1] 十年后，科罗拉多大学心理学家彭宁顿和哈斯迪通过对司法裁决形成（legal decision - making）过程的研究，尤其是对陪审团判决的研究，形成了同样的结论："故事建构是陪审团作出司法判决的核心认知过程"。[2] 类似的研究主要从心理学角度描写陪审员的庭审决策过程，其主要结论认为，陪审员通常不会在庭审过程中思考和衡量庭审中提交的每一件相关的证据，并以此来作为裁定的信息基础，而是在很大程度上无意识地依赖叙事来达成裁定：他们首先建构竞争性的叙事故事，再判断其中哪个故事版本更具有说服力以作为最终裁定的依据。这就是所谓的法庭审判的故事模式。

叙事理论认为，故事的两个叙事特征对于理解庭审中意义的生成至关重要。其一，故事的各个部分交织成为一个整体结构，而这个整体结构反过来又改变各个部分。按照 Jerome Bruner 的说法，叙事的主要特征在于其内在的序列性，故事的组成部分本身没有意义，其意义来源于"各组成部分在故事的整体序列结构（或曰情节）中的相对位置。[3] 在叙事学中，所谓的故事（story），是指对按时间序列展开的事件或事件集合的真实或虚构叙述；按照亚里士多德的说法，故事必须具有开头、主体（中间）以及结尾。叙述学家 Brooks 在谈到这点时说，故事的建构必须能在读者或听者的脑海中建立其故事的开头、中间和结尾之间的关系：故事开头必然引向故事的结尾；故事的结尾必然是故事叙述过程的逻辑后果，同时故事结尾又反过来让读者或听者更好地理解故事的中间部分。[4] 另外，大多数研究者在分析故事的说服力或可信度时，均着眼于故事的连贯性（coherence），而故事的连贯性即指故事的

---

〔1〕 W. Lance Bennett & Martha S. Feldman, *Reconstructing Reality in the Courtroom: Justice and Judgment in American Culture*, Rutgers U. Press, 1981, p. 3.

〔2〕 Nancy Pennington & Reid Hastie, "A Cognitive Theory of Juror Decision Making: The Story Model", *Cardozo Law Review* 13, 1991, pp. 519 – 520.

〔3〕 Jerome Bruner, *Acts of Meaning: Four Lectures on Mind and Culture*, Harvard University Press, 1990, p. 43.

〔4〕 Peter Brooks, "The Law as Narrative and Rhetoric", in Peter Brooks and Paul Gewirtz eds. *Law's Stories: Narrative and rhetoric in the Law*, Yale University Press, p. 17.

各个部分如何更好地组合为整体。[1] 因此,叙事理论强调故事的整体结构,部分的意义取决于整体的内在结构关系。我们可以说,这是典型的结构主义观点。如果我们将此观点应用到庭审故事分析,则其结论必然是:在庭审中,我们不能孤立地评估任何一项证据,而任何新证据必然会改变陪审员之前获得的信息以及之后的证词。

其二,叙事理论在谈及故事的基本结构与特征时均会指出,故事的建构和理解往往依赖故事外现存的涉及人类行为的各种模式。这些模式是人们关于现实世界中可能会发生的事件或通常会发生的事件的背景知识。在叙事学中,这些背景知识也可以称为"范本故事"(stock story)或者"叙事脚本"(narrative script)。一旦某一特定现象的主要特征让人联想起某一个特定的范本结构,则此结构会塑造和约束我们的预期与反应。[2] 当遇到叙事中的模糊之处或空白点(ambiguities and gaps)时,人们通常会使用相应的范本故事或叙事脚本中预含的事实和结构来予以处理。

一、法庭审判的终极目标

叙事学理论一般认为,叙事不仅是人类描写其自身经验(experience)的工具,同时还参与构成人类经验本身。也就是说,叙事不仅是形式(form),也是实质(substance)。许多文学理论家、历史学家以及哲学家均认为,叙事形式构成人类行为的深层结构。比如,哲学家大卫·卡尔宣称,"没有任何成分是未经故事化或叙事化而进入我们的经验的"。[3] 从这个角度看,叙事这种人类最基本的交际方式在反映事实真相的同时也存在扭曲事实真相的可能。也就是说,事实真相并非像一块石头那样存在于客观世界,我们只要看一眼就能确认,而是经过人的认知叙事化过程的产物。在法学研究领域中,一些

---

〔1〕 W. Lance Bennett & Martha S. Feldman, *Reconstructing Reality in the Courtroom: Justice and Judgment in American Culture*, Rutgers U. Press, 1981, p. 89.

〔2〕 Gerald P. Lopez. *Lay Lawyering*. 32 UCLA L. Rev. 1, p. 6

〔3〕 David Carr. *Time, Narrative, and History*. Indiana University Press, 1986, p. 68.

学者同样认为叙事不仅对人们如何理解事实产生影响，而且也对事实本身的构成产生影响，而所谓的法律真相（legal truth）也是叙事化的结果，尤其是在刑事司法体系中。法律事实（legal facts）是不是我们可以用手拎进法庭展示给法官和陪审员看的东西，而是经过匹配程序精心裁剪的现实图谱。〔1〕彭斯甚至认为，法庭审理的案件中的事件实际上在进入庭审程序之前就已经叙事化，“提起诉讼无非就是 hold an immediate past in memory，设立目标预期，并组织实现该目标的手段”，而上述各点则恰好对应于故事的开头、主体（中间）以及结尾。〔2〕

传统的法学观点认为，整个法律制度的运行基础是假定事实或真相是可验证的客观存在，而审判（adjudication）的核心功能即为认定并标识这些客观事实。但对于审判理论来说，这种观点显然也存在一定问题。即使我们不质疑事实真相是否能够脱离叙事而存在，审判理论讨论的是“法律真相”（legal truth），这是一个与我们通常所说的事实真相（facts or truth）非常不同的概念。审判的目标显然比查找事实或发现“真相”更为复杂。审判关注的目标还包括程序公正、公民隐私的宪法保护、公民与国家之间的权力失衡等非工具性价值观。很多我们熟悉的法律原则（legal doctrine），比如“允许被告在法庭上保持沉默”，似乎就偏离了理性工具论立场，以支持刑事审判程序中多元化价值观；〔3〕某些证据规则背后的理论依据则是一些非工具性的价值观和原则，包括自由、自主以及隐私等；〔4〕而陪审团的更大作用是稳固民主原则。〔5〕这些因素可能会导致某些与案件事实性真相（factual truth）存在明显关联的证据不能被采纳。例如，根据证据排除规则（exclusionary rules），即使

〔1〕 Clifford Geertz, *Local Knowledge: Further Essays in Interpretive Anthropology*, Basic Books. 1983, p. 173.

〔2〕 Robert Burns, *A Theory of Trial*, Princeton University Press, 1999, p. 222.

〔3〕 Donald A. Dripps, *The Substance – Procedure Relationship in Criminal Law*, in R. A. Duff & Stuart P. Green eds., Philosophical Foundations of Criminal Law, Oxford University Press, 2011, p. 415.

〔4〕 Eleanor Swift, *Rival Claims to "Truth"*, 49 Hastings L. J. 1998, p. 613.

〔5〕 Jeffrey Abramson. *We, The Jury: The Jury System and the Ideal of Democracy*, Harvard University Press, 1994, p. 99.

是最有证明力的物证,如果是通过违宪方式取得的,也会被禁止采纳。正是由于审判的这些宽泛目标,导致在一些案件中,即使被告事实上实施过其被指控的犯罪行为,但如果检方未能履行其举证责任,则正确的判决或者说“法律真相”,只能是宣判被告无罪。

当然,这并不是说事实性真相不重要。相反,美国最高法院就经常强调在刑事审判中获知事实真相的重要性。在其1966年的一份法律意见书中,就写道:“审判的基本目的就是确定真相”。[1] 但在审判中,法律真相是建立在证据的基础上的,“通过在证据的基础上确定所指控的事实的真相来实施实体法是依法达到正义的必要条件”。[2] 因此,不同于所谓的客观事实真相,证据所产生的意义是受制度约束的。审判在避免把“事实搞错”的同时,还必须注意不能通过法律禁止的或违反程序的途径或方式来弄清楚事实。正如罗尔斯所言,法治要求的是“一个经过合理设计的,以与司法体系其他目标相一致的方式,来确定某一违反法律行为是否发生过以及在何种情况下发生的事实真相的过程”。[3]

二、故事模式对传统审判理论的挑战

更为复杂的问题是,陪审员在经过这样一个叙事化的审判过程之后是如何达成其裁定(verdict)的。关于陪审员作为事实调查人(fact finder)如何确定“事实真相”,传统的观点依然是受理性主义主导的。边沁很早就宣称,陪审团的最主要任务就是判断证据的较大可能性。[4] 当代大部分证据学学者也是理性主义的信仰者,认为证据法的首要功能是最大化事实调查人精准确定客观历史真相的概率。[5] 按照理性主义的证据理论传统,运用证据来证

---

〔1〕 Tehan v. United States, 382 U. S. 406, 416 (1966).

〔2〕 William Twining, *Theories of Evidence: Bentham and Wigmore*, Stanford University Press, 1985, p. 14.

〔3〕 John Rawls, *A Theory of Justice*, Harvard University Press, 1971, p. 239.

〔4〕 Jeremy Bentham, *Rationale of Judicial Evidence*, Fred B. Rothman & Co. 1995 (1827), p. 5.

〔5〕 Michael L. Seigel, *A Pragmatic Critique of Modern Evidence Scholarship*, 88 Nw. U. L. Rev. 1994, p. 996.

明某一事实是否成立是一个演绎过程,通过逻辑关联性将审判中提交的证据与要证明的事实连接起来。

根据理性主义传统,解决这个问题有两个途径:一是对案件的全部证据进行整体处理以确定案件双方哪一方的证据更有分量,判断案件事实发生的概率;二是运用贝叶斯模型或法则来逐一判断证据的盖然性。所谓的贝叶斯模型,实际上是量化不确定性并根据已有证据修正不确定性度量的框架或方法。[1] 首先,陪审员对初始证据的盖然性进行评估,对案件事实发生的概率产生一个初步的判断;其次,再根据新获得的证据对之前的判断进行更新修正,从而以叠加方式对案件发生概率进行最后判断。贝叶斯模型具有浓厚的理性色彩:证据提交顺序不构成影响;陪审员的情感因素往往会导致错误;陪审员应通过评估证据的客观真相做出结论。[2] 从叙事理论的角度看,这些特征都是非常非叙事化的。

由此可见,证据法主要依赖各种知识理论来呈现事实的准确真相,但由于认知局限,事实调查人所认定的案件事实只能是一种盖然性的事实,而非完全客观的事实。正因如此,我们可以看到证据规则本身充斥着各种各样的概率分析。比如,美国联邦证据规则就规定,若一项证据具有使一事实相较于该证据不存在的情况下或多或少更有可能性的倾向,则该证据具有关联性。[3] 另外,在司法意见书中,我们也可以看到法官在作裁决时也经常强调理性和客观性。波斯纳就曾注意到,法律意见书通常是把法律推理描述为逻辑演绎过程。[4]

然而,这种传统的理性主义审判理论受到叙事学和认知心理学的挑战。一些学者通过实验性研究得出这样的结论:陪审员基本上不是通过估算庭审

---

〔1〕 Stephen E. Feinberg & Mark J. Schervish, The Relevance of Bayesian Inference for the Presentation of Statistical Evidence and for Legal Decisionmaking, 66 B. U. L. Rev. 1986, p. 773.

〔2〕 Kenworthey Bilz, *We Don't Want To Hear It: Psychology, Literature and the Narrative Model of Judging*, U. ILL. L. Rev. 2010, p. 435.

〔3〕 Federal Rules of Evidence, 401.

〔4〕 Richard A. Posner, *The Jurisprudence of Skepticism*, 86 Mich. L. Rev. 1998, p. 865.

过程中提交的证据的概率来裁定案件的,而是根据各方的证据是否能够组合成为连贯可信的叙事或故事这点来达成其裁定的。早在 1989 年,格罗斯就看到,“目前,最成功的法庭辩护均为基于故事叙述而非逻辑证明而组织的,这已成为普遍现象”。[1] 从形式上看,法庭审判过程,从法官或律师对陪审员的预先审查(voit dire),开庭陈述中的故事叙述,直接询问阶段(direct examination)更为规范化的证人询问,直至更具“逻辑性”或辩论性的交叉质问和结案陈词,均呈现叙事特征。由于庭审过程中证据信息是通过“冲突的证词”“无序的时间片段”“多重的视角”以及“令人困惑的次级情节排列”[2] 等方式提交于法庭之上的,叙事为陪审团或法官等事实审理者提供了组织事件的深层结构,使其能够对不断变化中的大量信息进行组织和重组,并进而确定其意义。

为达成裁决,陪审员会依据覆盖面(coverage)和连贯性(coherence)等叙事形式特征从这些信息中构建一个具有说服力的故事。所谓的覆盖面,是指庭审故事在多大程度能够融合庭审过程中提交的证据。故事对证据的覆盖面越大,则故事的说服力越高;反之,如果庭审故事无法融合很多证据,则其可接受程度较低。[3] 对于庭审故事来说,对证据的最大解释力是制度性的要求。连贯性则是评价庭审故事是否合理可信的主要叙事特征,其功能均在于让其受众感到叙事所呈现的故事无论是其各个组成部分还是整体在意义上都是完整的。

三、“中立的仲裁者”与积极的叙事构建者

在传统的法庭审判贝叶斯模型中,陪审员对初始证据进行评估,判断其

---

〔1〕 Samuel R. Gross, *Make – Believe: The Rules Excluding Evidence of Character and Liability Insurance*, 49 Hastings L. J. 1989, p. 852.

〔2〕 W. Lance Bennett & Martha S. Feldman, *Reconstructing Reality in the Courtroom: Justice and Judgment in American Culture*, Rutgers U. Press, 1981, pp. 8 – 10.

〔3〕 Nancy Pennington & Reid Hastie, “A Cognitive Theory of Juror Decision Making: The Story Model”, *Cardozo Law Review* 13, 1991, pp. 527 – 528.

是与案件涉及的特定事件是否具有逻辑关联,并进而判断证据所涉及的事件发生的概率,然后再根据新的证据进行修正,最后根据累积的概率得出结论。相对于贝叶斯模型的这种原子论观点(atomistic view of trial),审判的故事模式采用的是整体论观点(holistic view of trial),陪审员比较案件各方在法庭上所做的叙述的可信度,从整体上对庭审证据进行解读和权衡,最后选定说服力最强的故事版本。我们上面也谈到过,按照叙事理论,所谓的说服力强,是指内部连贯性强(或者说内部一致性,是指故事各部分之间没有自相矛盾之处)、覆盖面广(能够最大限度地覆盖证据)、外部连贯性强(能更好地匹配陪审员的背景知识或者说叙事脚本)。

外部连贯性也是传统审判理论与审判故事模型的一个重大区别。故事模型认为,在庭审过程中,陪审员会依赖自身的背景知识来对评估庭审证据以及当事各方的解释。[1] 在法学研究中,有时会用"常识正义"(commonsense justice)来描述这种现象:陪审员作为普通公民,其对何为公平公正的理解可能是异于法律条文或法律专业人士的。比如,证据法条文关注的是证据可采性(admissibility)、相关性(relevance)、说服性(weight)等技术性概念,但按照故事模型,在当事双方的故事发生冲突,陪审员必须进行抉择以达成裁决时,他们通常并不仅依赖案件审理过程中的证据信息,还依赖其自身的经验、价值观以及对于故事完整性的预期。[2] 因此,陪审员所欲寻求的故事必须是各组成部分完整的,符合其关于现实世界中典型性事件的认知的。

但在典型的审判理论中,尽管法庭也经常要求陪审员用其生活中的常识来权衡证据,并根据自身在生活中的经验和观察来判断证据,[3] 而且陪审员

---

〔1〕 Norman J. Finkel, *Commonsense Justice: Jurors' Notions of the Law*, Harvard University Press, 1998.

〔2〕 Nancy Pennington & Reid Hastie, "A Cognitive Theory of Juror Decision Making: The Story Model", *Cardozo Law Review* 13, 1991, p. 522.

〔3〕 Pattern Criminal Federal Jury Instructions for the Seventh Circuit 1. 04 (1998), available at http://www. ca7. uscourts. gov/pjury. pdf.

也常因其将不同的视野而受到称赞,但从形式上说,现行的陪审团概念依然是认为陪审员不应将法庭之外的知识或影响引入于对法庭中提交的证据的解读。“我们的体系的理论基础是:案件审理中应达成的结论只能通过开放的法庭中的证据和辩论归纳得出,而不能受任何外部影响,无论是私人谈话还是公开印刷品。”〔1〕现代的美国陪审团是由“中立的仲裁者”(neutral arbiters)构成的,其正式的角色是充当“法庭诉讼程序的观察者”(an observer of the proceedings)。〔2〕因此,典型的审判理论是将陪审员认定为被动的信息接收者,最理想的陪审员应该是一块只有律师可以在其上书写的白板。

叙事理论认为故事的建构和理解往往依赖故事外现存的涉及人类行为的各种模式。我们在面对一个故事(或对事件的叙述)时,我们通常会借助脚本化的叙事框架来建立故事中事件之间的特定关系。当我们在叙述一个故事时,我们其实是在要求受众将一系列的事件视为特定的叙事框架或情节制约之下相互关联的事件,〔3〕而受众会根据故事的脉络自然而然地预期其后特定人物和情节的发展;如果在传统和文化之中存在故事的原型,则受众会自然而然地补充细节。这种自动补充细节的行为在叙事学中称为填充现象(filling in),是叙事脚本的一个重要阐释功能,是构建叙事意义的重要步骤。〔4〕一旦某个故事所涉及的事件与特定叙事脚本中的核心动作行为相吻合,则该叙事脚本能够为受众推断围绕故事核心事件的其他从属因素之间的关系提供帮助。〔5〕总体来说,外部连贯性的主要机制是从叙事上将故事与外部的叙事脚本进行对应,依赖叙事脚本进行一定的推理以填充故事的细节或缺口,并通过叙事脚本的主题性框架赋予故事以意义。在这样的叙事学理

〔1〕 Patterson v. Colorado, 205 U. S. 454, 462(1907).

〔2〕 Neil Vidmar & Valerie Hans, *American Juries: the Verdict*, Prometheus Books, 2007, p. 129.

〔3〕 Linda L. Berger, *The Lady or the Tiger? A Field Guide to Metaphor and Narrative*, Washburn Law Journal, Vol. 50(2011), p. 278.

〔4〕 Richard K. Sherwin, *The Narrative Construction of Legal Reality*, Journal of the Association of Legal Writing Directors, Vol. 6, 88, p. 106.

〔5〕 Bennett & Feldman, *Reconstructing Reality in the Courtroom: Justice and Judgment in American Culture*, p. 41.

论框架下,读者根据叙事的整体框架自行重构事件,[1]自然而然地成为故事世界的共同作者和参与者。在文学理论中,巴特甚至宣布“作者已死”,[2]作者的意图自然就无关紧要了,故事脱离作者具有自主生命力,同样的故事对于不同的读者则呈现出不同的意义。

作为叙事理论的衍生,庭审的故事模式同样假定陪审员会应用自身外在于审判的背景知识来构建整个庭审故事。对庭审故事的分析中,叙事学者认为故事外部的范本故事或叙事脚本同样会对陪审员理解庭审证据产生影响。比如,莱德奥将庭审故事与故事外因素之间的关系称为“叙事对应性”(narrative correspondence),意指故事与陪审团记忆中关于现实世界中事情通常如何发生的知识之间的对应关系;[3]彭斯则将其称为“外部事实性可能性”(external factual plausibility),认为庭审故事应该能够给予陪审员一种“事情这样发生是可能的”的感觉;[4]彭宁顿和哈斯迪并详细解释了陪审团在故事建构过程中如何通过事件推理以及添加逻辑关系来填补故事中的空白点。[5] 所以,在审判的故事模式中,陪审员是一个积极能动的故事建构者,而这与典型的审判理论中陪审员作为理论上不受外界影响的被动信息接收者、法庭诉讼程序观察者以及中立仲裁者的角色是相互冲突的。

四、形式还是内容?

一般来说,叙事理论关注的是叙事的形式而非其内容,强调的是“句子的序列,而非这些句子中任何一个的真与假”。[6] 在某种程度上,叙事理论是

---

〔1〕 Jerome Bruner, "The Narrative Construction of Reality", *Critical Inquiry*, Autumn 1991, p. 8.

〔2〕 Roland Barthes, "The Death of the Author", in *Image - Music - Text*, Stephen Heath trans. Fontana Press. 1977, p. 142.

〔3〕 J. Christopher Rideout, "Storytelling, Narrative Rationality, and Legal Persuasion", *The Journal of the Legal Writing Institute*, Vol. 14, 2008, p. 66.

〔4〕 Robert Burns, *A Theory of Trial*, Princeton University Press, 1999, p. 168.

〔5〕 Nancy Pennington & Reid Hastie, "A Cognitive Theory of Juror Decision Making: The Story Model", *Cardozo Law Review* 13, 1991, p. 527.

〔6〕 Jerome Bruner, *Acts of Meaning: Four Lectures on Mind and Culture*. Harvard University Press, 1990, p. 44.

不关心叙事的真与假的。叙事可以是虚构的,也可以是对事件的真实描述,而叙事效果并不取决于叙事内容的真假或者实质准确性。按照叙事学理论,叙事效果并不依赖于其与现实世界中的事实的吻合程度。叙事的“真值”取决于“相似度”(verisimilitude),取决于相关的规约,而非经验性验证或逻辑必然性。〔1〕 早在亚里士多德的戏剧模仿论(the mimetic theory)中,就认为故事并非是现实的复制,而只是对现实的一个模仿。例如,在文学中,现实主义作为一种文学规约,并非是对真实世界的指称,其关注的并非是现实主义描写是否为真,而是这些描写在现实世界中或某一可能世界中是否是可能的。

叙事理论关于叙事真值的观点同样反映在审判的故事模型中。故事模型认为,陪审员对庭审故事在形式上的要求更甚于对内容真值的要求;也就是说,陪审员在权衡叙事形式(连贯性)与庭审证据质量时,往往会倾向于前者。这意味着,如果一个故事证据充分,但结构组织不好,也很有可能会被陪审员拒绝接受,而一个结构符合叙事框架要求的故事,即使证据不是很充足,也有可能会改变裁决。〔2〕 波斯纳曾说过,“故事不必是真实的,但必须是连贯的,可理解的,且有意义的”。〔3〕 本涅特和费尔德曼也认为,“无论一个故事的事实真值状态如何,故事的叙事方式对于受众看待故事的可信度具有很大影响。这意味着,所选择的符号,已明确和未明确的结构性因素(场景,行为,主体,目的等),以及用于帮助连接故事符号的细节数量,都会对受众基于故事的整体完整性、一致性,以及故事连接适当性(换言之,含糊的程度)对故事进行判断产生很大影响”。〔4〕 按照这一理论,当庭审双方对于案件事实或证据的解读处于针锋相对的状况下时,决定陪审团的最终判断可能不是证

---

〔1〕 Jerome Bruner, “The Narrative Construction of Reality”, *Critical Inquiry*, Autumn 1991, pp. 4 – 5.

〔2〕 W. Lance Bennett & Martha S. Feldman, *Reconstructing Reality in the Courtroom: Justice and Judgment in American Culture*, Rutgers U. Press, 1981, pp. 67 – 68.

〔3〕 Richard Posner, “Legal Narratology”, *The University of Chicago Law Review* 64, 1997, p. 738.

〔4〕 Bennett & Feldman, *Reconstructing Reality in the Courtroom: Justice and Judgment in American Culture*, Rutgers U. Press, 1981, p. 10.

据本身,而是能够最好地统合证据的叙事阐释结构。法律叙事研究权威杰克逊表达同样的观点:法庭上用以说服法官或陪审团的证据的可信度和合理性,与其说取决于各离散事件的贝叶斯概率,还不如说更多地取决于庭审故事的修辞与语言特性,尤其是叙事连贯性。[1]

总体来说,审判的故事模型认为,对于陪审员选择其最后裁决,故事形式的影响更甚于故事内容。从本质上看,法庭审判过程中的叙事故事,与其说是反映事实,还不如说是建构事实。基于故事建构而形成的判决,在很多重要方面,均是无法用该故事所叙述的事件现实来验证的。[2] 所以,如果证人或被告人不懂得在叙事框架内操控言语符号,则即使其所述为真,也有可能在审判中处于不利境地,[3]而为取信于陪审员,律师通常也不会止于直截了当地陈述证据,而会使用诸如戏剧、隐喻、神话等富于表现力的修辞手段来增加其叙事的权威性,试图制造真相的假象。[4]

叙事对形式而非内容的强调可能与审判的终极目标是相互矛盾的。审判归根结底还是关于发掘事实真相的。鲍威尔法官在布林顿诉密苏里州一案法律意见书中写道:"从被告首次被怀疑有罪直至有罪或无罪裁决作出之时,我们的刑事司法系统目的旨在能让事实审理者依据法律发现真相。"[5] 从现实的角度看,我们也没有比法庭审判程序更好的方法来发现案件背后的事实真相。

当然,正如我们上面提到的,导致诉讼的事件的实际真相与法庭裁决中的法律真相(legal truth)是存在差异的。二者的衡量基准是不同的:前者涉及的是"真/假"(true/false),这种二元对立的解决方法是将其与事实进行比对,而后者涉及的是"有效/无效"或"成立/不成立"(valid/invalid),其解决

---

〔1〕 Bernard Jackson, *Law, Fact and Narrative Coherence*, Deborah Charles, 1988.

〔2〕 W. Lance Bennett & Martha S. Feldman, *Reconstructing Reality in the Courtroom: Justice and Judgment in American Culture*, Rutgers U. Press, 1981, p. 33.

〔3〕 W. Lance Bennett & Martha S. Feldman, *Reconstructing Reality in the Courtroom: Justice and Judgment in American Culture*, Rutgers U. Press, 1981, p. 6.

〔4〕 Sam Schrager, *The Trial Lawyer's Art*. Temple University Press, 1999, p. 210.

〔5〕 Bullington v. Missouri, 451 U. S. 430(1981).

方法是与审判中提交的证据进行比对,并核实证据是否符合可适用的证明标准(standard of proof)。[1] 比如,在刑事案件中,如控方对被告人有罪的证明须达到"排除合理怀疑"(beyond the reasonable doubt),而在大多数民事案件中,证明要求达到"相当的证据优势"(fair preponderance of the evidence)。我们可以看到,"有效/无效"(valid/invalid)区别与"真/假"(true/false)二元对立并不一一对应。由于陪审员的裁决是受庭审证据影响的,而证据并不对罪行的真与假进行界定,审判的结果与案件的真实事实显然是存在区别的。司法程序系统是容忍这种差异的。法庭承认,审判只能在相对有效的诉讼系统的限制下对狭义的事实与法律事项进行决定,并不能完全还原事件的真相。[2] 因此,"被判有罪"(being found guilty)与"有罪"(being guilty)并不是同一回事:前者是从法律意义上的定罪(probatory guilt),而后者则是从实质上实施所指控的罪行(material guilt)。但无论是在向公众介绍案情还是在正式的判决书或法律意见书中,司法系统依然是宣称其追求将二者尽可能地匹配起来,而故事模式则无此目标。

五、叙事预期与证据处理

具体而言,在利用法庭外部的各种叙事模型建构庭审故事时,陪审员主要遵循叙事形式所制造的各种预期来参与建构证据意义。在著名的"Old Chief 案"的法律意见书中,苏特法官(Justice Souter)也提到丰富多彩、描写细致的故事"满足了陪审员对于适当的证据应该是什么样的预期"。[3] 这一表述同样渗透着叙事理论思想,即陪审员对于如何处理证据是存在预期的,而这些预期是受故事模型影响的。从叙事学的角度看,这些预期主要包括细节的意义显性(故事的任何细节均具有意义)、事件的序列性(事件按照

---

〔1〕 Larry Laudan, *Truth, Error and Criminal Law: An Essay in Legal Epistemology*, Cambridge University Press, 2006, p. 13.

〔2〕 United States v. Jackson, 405 F. Supp. 938, 946(E. D. N. Y. 1975).

〔3〕 Old Chief v. United States, 519 U. S. 172, 188(1997).

一定的序列发生)、故事的完整性(故事应该包括事件的前因后果等因素)以及故事结局(故事必须有一个封闭性的结尾)。但从法律(尤其是证据规则)的角度看,陪审员应用这些叙事预期对证据进行解读可能会出现错误。

首先,陪审员会依据故事中的叙事预期赋予庭审证据以意义,但并非是任何证据均具有意义。在故事中,任何提到过的细节均具有意义显性(salience)。俄国著名作家契科夫曾说过,"如果在第一章中提到过墙上挂着一把枪,那么在第二或第三章中必须有人用这把枪来开火"。[1] 即使是故事中的微观环境描写,也可能与人物心理相联系:比如,阴雨连绵的天气可能会暗示人物的忧郁心理,狂风暴雨之下的荒原则可能影射人物不测之命运。这种文学意义上的意义联想属于转喻或隐喻性质,并非基于逻辑。在现实生活中,"事件经常是毫无意义的,前后两件事有时是毫不相干的;事件可以是无序的,随机的,完全任意的,没有目的的"。[2] 著名的法律叙事学家 Brooks 也承认现实生活极少遵循叙事逻辑。[3] 我们生活中所发生的事件经常是杂乱无章,缺乏连贯性,有时无聊乏味,有时荒诞不经,很多时候是漫无目的,并不像故事那样有开头、中间情节、结尾,还有一条情节主线,也不是任何细节都存在意义。如果我请你坐下,你也不见得马上就有一个坐下的动作;在叙事学中,从模仿的角度来看,"邀请人坐下"和"被人邀请坐下"这两个事件构成连续性序列,而在现实生活中,二者之间可能夹杂着很多其他的动作。

法律案件同样涉及现实生活中的事实,同样包含很多乏味无趣的细节,也并不是所有的细节都有法律意义;很多时候,案件当事人甚至无法描述其行为的理由,也说不清其所做的选择的依据。如果事实调查人依据叙事预期认为审判过程中所涉及的所有行为均有其意义,并试图将所有的证据拼凑到描绘

---

〔1〕 Anton Chekhov, *Literary and Theatrical Reminiscences*. S. S. Koteliansky ed. & trans., Ayer Co Pub, 1965, p. 23.

〔2〕 Alan M. Dershowitz, "Life Is Not a Dramatic Narrative", in Peter Brooks and Paul Gewirtz eds. *Law's Stories: Narrative and rhetoric in the Law*, Yale University Press, pp. 99 - 100.

〔3〕 Peter Brooks, *Narrative Transactions - Does the Law Need a Narratology*? 18 Yale Journal of Law & the Humanities, 2006, pp. 25 - 26.

被告人行为的图画中,则有可能导致检方对可能是清白的当事人产生偏见,形成负面印象,并导致陪审员做出错误的定罪。比如,假设某人给其妻子购买了较大金额的人寿保险,随后其妻被谋杀,那么此人购买人寿保险之行为可能被陪审员认定为该人有罪的强有力间接证据(circumstantial evidence)。在法律惊秫小说或电影中,购买巨额人寿保单往往意味着随后的谋杀行为,但在现实生活中,人们为家庭成员购买保险并无任何不良企图,购买保险与被保人被谋杀往往只是巧合。另外,由于《犯罪现场调查》(CSI)之类犯罪调查电视剧的流行,"CSI 效应"[1]也会使得陪审员认为,随着科学和信息技术的快速发展,检方提供的任何证据均为有意义的科学证据(scientific evidence),从而予以采信,但执法机构在此方面的实际能力却并没有电视剧中刑事鉴识科学家那么神奇。这也是一个因故事而产生的叙事预期的典型例子。

其次,陪审员会依照叙事规约对法庭审判中的事件的序列性产生预期。但是审判本身是非线性的。首先,律师会以有利于己方的顺序提交各种证据或案件事实,意味着证人出庭的顺序是律师根据己方的策略考虑而决定,并不必然遵循事件本身的自然展开顺序。这就是所谓的证人顺序和故事顺序的差异。再者,刑事诉讼程序规则也会进一步打散故事的自然时间顺序。现代法庭中的审判通常始于开庭陈述(opening statements),也是故事叙述的开始,但到了询问证人阶段,整个庭审程序变得零散化,而且还不是被交叉询问和异议打断。如果审判涉及多个被告,则庭审叙事会变得更为支离破碎。面对这种对案件事实至少表面上无序的叙述,法庭事实调查人则会使用外部叙事脚本中熟悉的故事情节或主题框架给庭审信息施加秩序,使其成为连贯的故事。

再次,叙事模式产生的第三个预期是对故事完整性的预期。在虚构故事中,作者可以根据需要自由决定故事的起点和结束,故事空间可以自由切换,故事篇幅也可以扩展或压缩以达到完全传递意象和思想的目的。然而在法

---

〔1〕 Donald E. Shelton et al., *A Study of Juror Expectations and Demands Concerning Scientific Evidence: Does the "CSI Effect" Exist?*, 9 Vand, J. Ent. & TECH. L. 2006.

庭审判中,至少庭审故事的起点并不能像一般故事那样可以自由选择。一般而言,在法律实践中,我们通常将所谓的“麻烦”(the trouble)开始之时作为故事的开始,然后沿着具有法律关联的事实展开,而所谓的“麻烦”即为导致诉讼的事件。也就是说,审判并不总是始于故事的“开头”,而是聚焦于导致诉讼的事件发生之时这一特定时刻,往往会忽略事件发生的背景框架或前因后果。而对事件进行不同的切割,设定不同的起点和结尾,会导致不同的叙事。按照施佩乐的说法,“……在法律故事中,‘从哪里开始’具有实质性效果,因其影响故事如何朝着某一法律后果的方向演进。”[1]

我们可以以著名的马里兰州诉拉斯克案(State v. Rusk)[2]为例。在这起发生于1977年的强奸攻击案中,一名女性佩特(Pat)让一名她在单身酒吧刚刚碰到的男性拉斯克(Eddie Rusk)搭车回家,并在后者的公寓中双方(自愿或非自愿)发生了性关系。在此案中,故事的开头将会被设定为佩特与拉斯克首次相遇之时间与地点,而故事的结束则为当夜两人分开之时。介于中间的各种事件则构成此法律叙事的边界。这是标准的法律事实陈述模式。中级上诉法庭以佩特在事发当时没有挣扎反抗这一细节推翻拉斯克有罪判决,但投票维持初审有罪原判的威尔纳法官在少数法律意见书中则将这起强奸案件置入更为宽大的背景语境中来考察。威尔纳法官注意到,当时强奸攻击案件呈上升趋势,且受害者面对强奸威胁时大多数采用言语抗拒,而非物理性抗拒,而全国的执法机构也警告女性在遭遇强奸攻击时不要回击攻击者。在这种背景中,佩特在事发当时没有挣扎反抗这个细节就会显得更为合理,而在传统标准的法庭叙事中,这个细节更有可能造成“双方同意的性行为”的印象。

但从证据法的角度来看,如果法庭采纳威尔纳法官的这种观点,着力描绘完整的叙事图景,则意味着需要完整的信息流,在证据可采性上采用类似

---

〔1〕 Kim Lane Scheppele, “Foreword: Telling Stories”, *Michigan Law Review*, Vol. 87, August 1989, p. 2094.

〔2〕 289 Md. 230, 424 A. 2d 720(1981).

于边沁所言的“自由证明”(free proof)标准。边沁的“自然体系”(natural system)裁判体系最大的特征便是让裁判者接触尽可能多的证据,其司法证据原理最为基础的原则便是不排除原则(non-exclusion principle),而现代证据法最重要的证据规则之一便是证据排除规则(the exclusionary rule)。“审判是通过排除某些真相来寻求真相的”(Trials search for truth by excluding certain truths)。[1] 证据法中的很多规则的功能就是排除相关证据。在美国联邦证据规则中,此类证据规则大约有70条(包括很多分条目),而其中的许多规则均反映出对陪审员的怀疑态度,或者担心完整丰富的叙事可能会附带形成道德判断。从这里我们也可以看出,证据规则崇尚的是“少即为多”(less is more),是做减法的。这一点也体现在目击证人作证方式上,目击证人作证时只能使用“感知语言”(language of perception),[2]不能夹杂自己的主观性解读和评价,只允许报告其第一手观察到的事物或事件,且只能以到场叙述的方式进行。即使证人具有所罗门般智慧,法官也只会告诉他,“你只要告诉我们你所看到的”,而不会问,“你的意见是什么”。

当然,对于事实审理者而言,任何排除具有关联性的证据的做法均意味着部分信息的缺失,从客观上也意味着对现实的某种程度的扭曲。但法学理论认为,这种扭曲并不必然就是坏事。例如,边沁从其功利主义原则出发,认为程序法的直接目标在于裁判的公正性,即将有效的法律正确地适用真实的事实之上,而其间接目标则在于讼累,费用与耗时最小化。证据排除性规则显然与此间接目标有关。从某种程度上说,证据排除性规则能够提高审判效率,从而实现法庭审判中降低讼累、费用以及耗时的总体社会目标。[3]

证据排除性规则希望通过关注关联性事项以及具有证明力的证据,以确保陪审员在查明事实的过程中更具鉴别力。证据法希望构建的是一个真实

---

〔1〕 Andrew J. Wistrich et al., *Can Judges Ignore Inadmissible Information? The Difficulty of Deliberately Disregarding*, 153 U. Pa. L. Rev, 2005, p. 1251.

〔2〕 Robert Burns, *A Theory of Trial*, Princeton University Press, 1999, p. 20.

〔3〕 Samuel R. Gross, *Make – believe: The Rules Excluding Evidence of Character and Liability Insurance*, 49 Hastings L. J. 1998, p. 843.

但不一定完整的事件画面，而陪审员则通常会预期庭审叙事提供关于事件的完整画面。这种叙事预期会促使陪审员对证据方面的限制性规则产生抵触心理，并进而根据一般性的叙事规则或其个人生活经历通过想象将其认为缺少的故事细节补充进现有的证据信息中，而这些增补的细节信息会在很大程度上改变庭审中所叙述故事的含义，并诱导陪审员得出错误的结论。这种选择性的审判叙事看似完整，但事实上已具有欺骗性，因而成为所谓的"坏的叙事"。[1]

最后，按亚里士多德的说法，故事必须是有结尾的，因此，故事叙事模式通常产生对故事封闭性结尾的预期。基于此叙事预期，陪审员可能会在证据效力不足以支持裁决的情况下作出决定。按照叙事理论，故事来自传统的文化模式，是关于"现实世界中典型性事件的知识"。叙事的故事模型认为这些人们熟悉的故事是陪审员决策机制的核心部分。但刑事案件往往是由非正常事件或状况导致的，那么，陪审员使用人们熟悉的故事模版是否能够有效地理解导致犯罪的极端行为呢？

布鲁纳曾观察到，当一个事件的发展偏离传统模式，而人们需要用常识信念来理解事件偏离的原因时，我们就需要用故事来讲述了。[2] 当我们需要理解从传统模式的角度衡量属于非常规的或难以理解的行为事件时，我们的叙事冲动是最强烈的。在此状况下，故事的功能在于尽量将偏离的事件转化为普遍接受的文化模式，从而达成某种封闭性的解决状态（resolution），形成一种可理解的幻象。法庭审判涉及的事件往往存在时序安排以及逻辑关系的错位。审判的叙事理论认为，在庭审过程中，陪审员在遇到偏离性事件时会转向故事以寻求对事件的理解，并通过审判程序试图恢复某种符合人们预期的秩序。但对叙事结局的预期会诱使事实审理人高估那些容易转换成现成的故事情节的证据，并将其作为具有效力的证据使用，从而危及法庭事

---

〔1〕 Robert Weisberg, *Proclaiming Trials as Narratives: Premises and Pretenses*, in Peter Brooks and Paul Gewirtz eds. *Law's Stories: Narrative and rhetoric in the Law*, Yale University Press, p. 67.

〔2〕 Robert Burns, *A Theory of Trial*, Princeton University Press, 1999, p. 32.

实审理的准确性。因此,从逻辑上说,陪审员在面对导致刑事案件的非正常事件或状况时使用熟悉的常规故事模型并不能提高其了解事件真相的准确性。

结 语

作为对法庭审判过程的一种描述性研究,法庭审判的故事模型在叙事学界和法律语言学界已经引起了一定的关注,但法学理论界对此却几乎是漠不关心。从微观层面看,典型的传统审判理论与叙事学的故事模型之间是存在很多差异的。但从宏观的角度看,将法庭审判视为叙事建构过程是一个可以接受的理论观点。在现实的庭审实践中,叙事建构是客观的存在。故事模型的问题可能在于忽略叙事建构与证据规则相互影响的过程,这也是我们今后相关研究中应该着力之处。

莎士比亚的法律意识及其剧作中的法律文化

——《莎士比亚与法——学科与职业的对话》读后感*

高莲芳**

莎士比亚作为文艺复兴时期的代表作家,他的人文情怀感染了一代又一代的文人墨客。他的作品充满了正义和良善:邪恶得到惩罚、正义得以伸张,读来脍炙人口、大快人心。这其中不容忽视的一个重要因素就是莎士比亚的法律意识与其戏剧作中的法律文化。在莎士比亚的理想国中,国家与法律的代言人以公爵、法官和牧师等身份出现,主持审判、揭露邪恶、惩恶扬善,充分体现莎士比亚对法律的尊重和对以法律治国的有序和平国家的向往之心。

2015 年由黑龙江教育出版社出版、王光林等教授翻译的《莎士比亚与法——学科与职业的对话》是 2009 年在芝加哥大学召开的“莎士比亚与法律”研讨会的论文集。3 位编者布莱迪·科马克(Bradin Cormack)、玛莎·C. 努斯鲍姆(Martha C. Nussbaum)和理查德·斯特瑞尔(Richard Strier)系芝加哥大学的英语、法学和哲学、英语系教授,他们共同的兴趣在于文学与法律的交融并蓄。该书不仅揭示了莎士比亚的生活和戏剧作品都与法律有密切关联,同时聚集了法律与文学两届的学者通过对话研讨展示莎士比亚对于法律概念与法律实践的思考。《莎士比亚与法——学科与职业的对话》一书不仅适合法律专业的读者也适合文学专业的读者,乃至可以推荐给所有人文学

---

* 本文为校级规划项目“《圣经》与莎士比亚戏剧的叙事学研究”的阶段性成果之一。

** 文学博士,上海外国语大学法学院讲师,研究方向为英美文学,主要是莎士比亚戏剧与《圣经》的研究。

科的爱好者,因为它在这个数字化时代所呈现给人类一个极大的挑战,对于人类及人类社会的思考与探索,人文学科不是单纯地给我们一成不变的真理,而是让我们不断感到愉悦的各种有价值的思想,以及这些思想的碰撞所激发出的火花,是心灵的一种启迪、一种新的体验、一种感觉或者一种新的理解。

这是一群优秀专家之间的对话,"以法律和文学为基准,探索文学文本、法理难题、语言哲学问题、道德的迫切需要、历史的深远、经世致用的危险的十字路口、合法性的权威、种族和性别的深水区"。[1]

这本著作中的各篇论文都是对莎士比亚研究领域的直接贡献,同时也是对法律学术的分支"法律与文学"运动的贡献。20 世纪 70 年代,美国芝加哥大学法学院教授怀特的一本题为《法律的想象》的教科书兴起了一场名为"法律与文学"的运动,将法律的理性思辨与文学的感性魅力碰撞摩擦出绚丽的火花。80 年代美国法学家理查德·A. 波斯纳(Richard Allen Posner)将法律与文学的研究推向了高峰,凭借着他的文学造诣和法学知识,波斯纳在其著作《法律与文学》中(Law and Literature)中全面地讨论了西方文学作品中的法律问题和法律中的文学作品。也许,迄今为止,文学与法律至多只是一个研究的"场域",并未正式成为一个学术范式或理论系统,但是法律与文学相结合的视角已经成为国内诸多顶级学者关注的主题。如苏力教授以中国的传统戏剧为素材,分析了其中的法律或与法律相关的理论问题,著有同名的《法律与文学》一书,在书中希冀了探讨创造中国法律与文学作为法学理论研究的一个分支的可能。

参与法律与文学讨论的学者大体可以分为 4 组:第一组是精通法律的文学爱好者和学者;第二组学者注意到经济方法在法律分析中的主导作用,他们认为这种分析中缺乏的重要元素通过对文学作品的关注可以加以弥补;第三组是在文学领域工作的学者,他们注意到了文学创作和法律文化与教育之

〔1〕[美]布莱迪·科马克、玛莎·C.努斯鲍姆、理查德·斯特瑞尔编著:《莎士比亚与法——学科与职业的对话》,王光林等译,黑龙江教育出版社 2015 年版,第 2 页。

间的历史渊源；第四组学者兼修法律与文学，他们希望关注文学文本，尤其通过后现代阐释这面镜子，帮助法律学者和专业人员构筑一套更加激进的分析方法。

《莎士比亚与法——学科与职业的对话》全书由序言和5个部分组成。序言“莎士比亚与法律”统领全书，开门见山地指出：“纵观莎士比亚的作品，莎士比亚在每一个语域——无论是作为实践，还是作为一堆规则，一个思想，一种职业和一门学科——中都对法律做了回应。”〔1〕其余5个部分环环相扣，围绕莎士比亚的法律回应：第一部分是如何看待莎士比亚作品中的“法律与文学”；第二部分呈现莎士比亚的法律知识：成文法和判例法；第三部分是莎士比亚的法律观：正义观；第四部分为莎士比亚作品中的法律、政治和社群；第五部分圆桌会议讨论莎士比亚的法律，一名大法官，一名法官，一名哲学家。

第一部分最精彩的论述者是布莱迪·科马克，他研究了莎士比亚对时间的分析如何形成了一种形式上的机制，通过跟类似法律管理财产的能力相似的机制，一首抒情诗歌可以征服时间达到永恒的境界。读了科马克鞭辟入里地分析著名的十四行诗第十八首和第十三首，我们看到了莎士比亚的法律意识和他的法律思维，充分揭示了莎士比亚的睿智、法律文化和法律意识。“我能否把你比作夏日的一天……夏天的租期又未免太短。”〔2〕科马克用他丰富的法律知识给我们分析了英国普通法中的土地拥有原则，第一原则占有土地意味着从另外一人手上拥有，一旦没有人继承，又回到授予者手中。在法律语境中，人们的身体好比土地，没有拥有权，只是租赁使用，租期已满就回归。科马克认为 ow'st 这个双关词轻易地让诗歌逻辑服务于一个虚荣主题即所有的占有都有租期。莎士比亚附加了另一个条件让这种结构上的不可能变

〔1〕［美］布莱迪·科马克、玛莎·C. 努斯鲍姆、理查德·斯特瑞尔编著：《莎士比亚与法——学科与职业的对话》，王光林等译，黑龙江教育出版社2015年版，第4页。

〔2〕［英］威廉·莎士比亚：《莎士比亚十四行诗》，屠岸译，外语教学与研究出版社2013年版，第37页。

成可能,让他的朋友永久地拥有他的美貌,“死神难炫耀你在他影子里踯躅,你将在不朽的诗中与时间同在”。莎士比亚通过有效运用将“占有美貌”比作占有土地这个隐喻,变成了一种无形形式,相反时间倒是被物质化、可操纵了。通过把美貌延续,时间也可以延续。把“俊秀肖像”交给“别人”,时间的鸿沟就可以跨越。

这样,你所租赁的朱艳就永远
不会有满期;于是你又将变成
你自己,当你已经离开了人间,
既然你俊秀的儿子保留着你俊秀的形象。[1]

通过儿女保留父母的形象,重复创造了自我延续和自我占有的可能性,从而完成了普通法中你永远是你自己的继承人这个命题的实践,这样的解读实在是精彩。

第二部分着重介绍了莎士比亚的法律知识,尤其是有关成文法和判例法方面的知识。其中理查德·麦克亚当斯对《奥赛罗》作了精彩的法律元素分析,使人耳目一新:围绕《奥赛罗》的法律框架、法律程序、法律术语和其中具体的法律问题展开讨论,运用法律来理解伊阿古的阴谋诡计,我们可以看出伊阿古是如何对奥赛罗“下毒”的,是一种叫作妒忌的慢性毒药慢慢把主人公毒死的,这样的悲剧更加令人悲怆。“《奥赛罗》对法律有重要意义,因为它清楚地展示出了同谋罪法律教义中一直存在的令人烦恼的问题。在一些典型案件中,要想判定帮凶的罪行非常困难,从犯所负的道德责任也要比实施犯罪行为的主犯少。然而,通过伊阿古,这出戏剧生动地展示出了怂恿犯罪者比罪犯负有更大的责任——他更加令人憎恶。”[2]运用法律知识来分析

---

[1] [美]布莱迪·科马克、玛莎·C.努斯鲍姆、理查德·斯特瑞尔编著:《莎士比亚与法——学科与职业的对话》,王光林等译,黑龙江教育出版社2015年版,第71页。

[2] 同上书,第164页。

《奥赛罗》达到了使人意想不到的剖析层面，就是更好地理解莎士比亚匠心独到地让人们看到社会制度及法律的缺陷可以导致恶人操纵法律却还凌驾于法律之上甚至运用阴险巧妙的手段成为操纵法律的人。伊阿古这样的阴险小人是何等的令人憎恶，莎士比亚再一次在他的戏剧舞台上呈现美丑善恶，以悲剧的悲怆唤醒人们心中的正义和愤怒。

第三部分主要阐述莎士比亚的法律观：正义观。理查德·波斯纳讨论了《威尼斯商人》中的法律与商业。他把自己假想成为受理夏洛克上诉法庭的法官，对16世纪的英格兰社会的“公正”一词做了鞭辟入里的剖析，对鲍西亚和夏洛克这两个戏剧主要人物也进行了重新的审视和分析。“公正”首先呼吁的是法的精神，法的精神不是责罚和定罪，而是正义，正义就是根据良知来应用法律，也是亚里士多德意义上的用宽松阐释来对待法律条款的原则。夏洛克和鲍西亚分别想通过利用法律达到报仇和挫败对手的目的。夏洛克用价值的主观性回答了他偏好一磅肉的偿付意愿，他又用了协议自由精神和法律规则来为自己辩护他要求那一磅肉是当时社会所合理合法的行为。“我向他要求的这一磅肉，是我出了很大的代价买来的；它是属于我的，我一定要把它拿到手。您要是拒绝了我，那么你们的法律去见鬼吧！威尼斯的法令等于一纸空文。”论文明确指明了新生资本主义价值观向封建理查德·斯特瑞尔在《莎士比亚与法制：越好越糟糕（而不是越糟糕越好）》一文中精辟地指出“在任何实例中，莎士比亚似乎都在思考法律制度，并赋予它可辨识的特征，但他也提出了一些问题，搅乱、破坏甚至质疑这种法律制度的可能性，甚至愿望”。理查德推崇并十分认同《亨利四世》这部戏中所强调的法治核心特征：公正性，对权威提出挑战和质疑，对公共和抽象价值施加压力，希望把我们带入一个没有法律约束的世界，没有死刑；他也讨论了《量罪记》中的惩罚问题，理查德犀利地指出莎士比亚借着该剧使我们陷入审判的困惑中，违法就该判罚吗？真正好的法律体系应该是怎样的呢？“正义与邪恶——哪个更聪明？”莎士比亚希望这能成为一个真正值得思考和回答的问题。如果“合法性”的定义是有任意性的，那么合法的刽子手是否有了存在的理由？“审判盗贼的人自己是不是盗贼",法律是否应该过问?法律所追究的公开的事实如何保证法律系统的正常运转呢?在运用法律视角考量剧本的过程中,理查德提出了许多发人深省的问题。

第四部分是关于莎士比亚作品中的法律、政治和社群。其中斯坦利·卡维尔从话语权的角度再一次剖析了《威尼斯商人》,他提出夏洛克在庭审中突然丧失了他的抗议和争辩,极度快捷的还原、默许、毁灭和离开表现了一种致命的权利失落感,也就是法律过程这个大环境里所应有的话语权。下面是斯坦利对于话语权哲学性理解的最精彩的部分:

> 除了讲和说,一个不算特别严格的搜索还产生了谈、吩咐、呼喊、发声、预言、祈祷、告诉、发誓、承诺、喊叫、私语、引用、表扬、质疑、回答、询问、敦促、闲聊、报告、声音、发音、口才。我不会拿这组人类可能的发音跟他们在莎士比亚语料库中的其他标记做比较。我很想立刻表达出我的吃惊的感觉,这出戏非常准确地呈现了人类的命运和他们的话语能力,需要不断提醒注意,得到彼此的相关回应。仿佛我们就是彼此的法律。[1]

斯坦利指出夏洛克的话语权和生存权的缺失的不断渐进是鲍西亚开始阐释或支配威尼斯法律之后,最终得出种族歧视和种族自我挣扎辐射的结论,斯坦利赞扬莎士比亚赋予我们洞察事物的能力,使我们同情那位空虚、几乎窒息、丧失话语权的可怜的犹太人。其他的几篇例如卡西·伊登的"《李尔王》中的流音强化与法律"和玛丽·特蕾莎·奥康纳的"大不列颠民族:《辛柏林》及英格兰—苏格兰联合问题"也同样非常精彩地反映出莎士比亚作品中的法律意识、政治和社群问题探索。

《莎士比亚与法——学科与职业的对话》记录的是一次小型的研讨会,它活生生地反映并记录了一群包含大法官、法官、哲学家、英语教授的审美和

---

〔1〕[美]布莱迪·科马克、玛莎·C.努斯鲍姆、理查德·斯特瑞尔编著:《莎士比亚与法——学科与职业的对话》,王光林等译,黑龙江教育出版社2015年版,第274页。

研究关注的热点。他们风趣而幽默、开诚布公地交流了选择这些剧本的缘由，出于喜欢、源于生活，他们热爱他们研究的法律或文学专业，“朝思暮想”的去解决法律的一个个难题，例如《量罪记》中量所代表的平衡、从《哈姆雷特》引发的如何从复仇到建立正式的司法体系，甚至还有对电影《恋爱中的莎士比亚》《奥赛罗》《李尔王》等的名剧的讨论，使我们发现经典的文学作品为深入理解法理学提供了新的途径。与法律实际不同的是，他们可以讨论永久性的问题，而不是一个简单的案例，他们在讨论规则、标准和平衡的问题，法律体系和司法体系的构建问题和法律形式主义。相辅相成的是文学的研究结合法律的视角和理论，可以使我们更加深入地理解文学作品的现实意义和更深刻的人文关怀。所以，法律和文学的运动在这样的一个研讨会上得到更好地推动和延伸，这个会议的司法主题在文学作品中成为一个常态，无论是在古代还是在当今社会，这都是一个充满戏剧性又具有表现力的优秀主题。

主客关系，欺骗计谋和生死徘徊

——史诗巨作中作为旅行者的奥德修斯

张守进*

一、旅途中的主客关系

在西方文学中，“odyssey”一词，根据麦瑞安—韦伯斯特字典[1]的解释，意为“一系列充满了历险的旅程，旅程的显著特征就是境遇方面有很多变化”。而这一词语源于希腊语 odusseia，意为“奥德修斯的故事”，讲述的是一个特洛伊战争中的希腊英雄花了 10 年时间从特洛伊回到希腊本土西海岸伊萨卡岛的故事。古代作家荷马确实给我们呈现了“充满历险”的旅程，但是这是一个英雄归来的史诗故事，主人公归来发现家里的情形比他在特洛伊平原上或在没有人航行过的海域里所遭遇的情形更加危险。

对这个旅程的描述，没有人比古希腊哲学家亚里士多德讲得更清楚了。在《诗学》中，[2]他非常简明扼要地概括了《奥德赛》这一巨著的主要情节：“有一个人在外多年，有一位神老盯着他，只剩下他一个人了；他家里情形里落到了这个地步：一些求婚者耗费他的家财，并且谋害他的儿子；他遭遇风暴，脱险还乡，认出了一些人，亲自进攻，他的性命保全了，他的仇人尽死在他手中”。奥德修斯的旅程开始于海上，战争结束，他与战友们一起朝着回家的

---

* 上海外国语大学法学院讲师，研究方向为翻译理论与实践研究，文学批评以及教学法。

〔1〕 The American Heritage Dictionary Roget's Thesaurus, Houghton Mifflin Harcourt, p. 550.

〔2〕 参见[古希腊]亚里士多德：《诗学》，罗念生译，人民文学出版社 1962 年版，第 73 页。

方向行进，船上装满了攻陷特洛伊城获得的战利品。似乎这些战利品还不足以让他荣耀还乡，他带领自己的同伴们袭击了他们旅途中见到的第一个居住地(《奥德赛》第九卷)。这个城镇是特洛伊对面海岸的伊斯马罗斯：

"离开伊利昂，风把我送到基科涅斯人的伊斯马罗斯，
我攻破城市，屠杀居民。我们掳获了居民们的许多妻子和财物，
把他们分配，每个人不缺相等的一部分。"[1]

这是名副其实的海盗行为——伊斯马罗斯不是特洛伊的盟友，但是显然奥德修斯的行为在彼时彼地并非不寻常的事情；而且奥德修斯本人被称为ptoliporthos，也就是"攻城掠地之人"。在第三卷中，[2]涅斯托尔斯这样询问前来打探奥德修斯消息的特勒马科斯：

"现在正是向客人了解询问的好时机，
他们是什么人，既然他们已经用完餐。
客人们，你们是什么人？从何处航行而来？
你们是有事在身，还是随意来这里？
就像海盗们在海上四处漫游飘荡，
拿自己的生命冒险，给他人带去灾难。"

而在第九卷里(第160页)波吕斐摩斯也问了奥德修斯同样的问题。公元前5世纪的历史学家修昔底德在《伯罗奔尼撒战争史》[3]中提及米诺斯国王为了镇压爱琴海区域对海盗行为而采取的措施。也就是说，在古时候海盗

---

[1] [古希腊]荷马：《奥德赛》，王焕生译，人民文学出版社2003年版，第153页。

[2] 同上书，第37页。

[3] 参见[古希腊]修昔底德：《伯罗奔尼撒战争史》(上册)，谢德风译，商务印书馆2016年版，第213页。

行为被认为是体面而非羞耻的事情。这些体现在包括荷马在内的古代诗人的诗歌里,经常新来的客人会被主人问及他们是否是海盗,这个问题本身无论对提问者还是回答问题的人来说都不是在刻意对海盗行为表示出任何不赞成的看法。根据修昔底德的记录,这个地区有大大小小的岛屿,曲曲折折的海岸线上有很多隐蔽的港口,因而在没有强大集权海上力量对海盗行为进行镇压的时候,爱琴海的海盗行为是非常猖獗的。因此,奥德修斯的这种行为无论在荷马还是故事中接待特勒马科斯的涅斯托尔来说都不是什么不光彩的事情。

奥德修斯为了转向北部朝着家乡伊萨卡航行而来到了塞西拉,而由于风的原因被吹向西部航行了 9 天,而旅行的这段期间奥德修斯和战友们进入了一个充满奇幻和恐惧的世界,他们遇到巨人和女巫、女神和食人部落,也遭遇了危险和诱惑。经过一段时间的航行然后着陆的这些故事以及他们到达之处受到的欢迎从内容和形式上各不相同,但是都有一个共同的主题,这个主题对于《奥德赛》史诗来说是非常重要的,不仅弥漫于英雄人物的海上航行,而且在史诗的开卷部分,也就是特勒马科斯在国内外的那些经历,以及史诗的最后一部分,也就是奥德修斯假扮为一个衣衫褴褛的乞讨者,最终到达了自己故土家园的这个部分也贯穿了这一主题。简单来说,这个主题就是宾主关系,尤其是欢迎并保护陌生人的道德义务,这种道德义务是宙斯强加在人类身上的,宙斯其中的一个称号就是 xeinios,[1] 意为“陌生人的庇护者”;在第九卷中,[2] 奥德修斯对岩洞里的独眼巨人这样说道:

“巨人啊,你也应该敬畏神明,我们请求你,
宙斯是所有求援者和外乡旅客的保护神,
他保护所有应受人们怜悯的求助人。”

〔1〕 Michael Patterson, *Oxford Guide to Plays*, Oxford University Press, 2007, p. 507

〔2〕 参见[古希腊]荷马:《奥德赛》,王焕生译,人民文学出版社 2003 年版,第 161 页。

在古时候的海上航行中,海盗行为,再加上牲畜掠夺、陆地上的战争以及敌对家族之间的无政府主义式的竞争混战,让旅途变得凶险无比。由于缺乏集权权威来维持治安,在这样的世界里,离家出行的人就要依赖陌生人的善意。如果缺乏一个普遍性的热情待客之道,那么就没有人敢外出。因此,这种对待陌生人的好客之道就符合人们的个人利益。这其中有一个仪式性的部分就是临别之时主人提供的礼物。在第一卷[1]中,特勒马科斯是这样回答要离开他家的女神雅典娜的:

"你现在虽赶路心切,但还请稍做延留,
不妨沐浴一番,宽舒亲爱的身心,
然后满心欢悦地带上一些礼物上船,
亲朋挚友之间常这样互相拜访赠礼品。"

而雅典娜则不想现在就接受礼物,她让特勒马科斯先暂时保留礼物,等她返回的路上再馈赠给她。而且雅典娜还告诉他因为这个礼物他也会受到回赠。回赠并非是金银财物,而是礼尚往来的好客。所以,在史诗的24卷最后一部分我们看到,在奥德修斯告诉拉埃尔特斯假话隐藏自己身份的时候,他说自己曾经在旅行中款待过奥德修斯,而且赠送给对方大量礼物;而他的父亲拉埃尔特斯说奥德修斯从来就没回来过,而且肯定已经过世。他是这么回答的:

"……你若能看见他仍然生活在伊萨卡,
他定会也送你许多礼物,招待周全,
送你回故乡,因为这样回敬理当然。"[2]

---

〔1〕 参见[古希腊]荷马:《奥德赛》,王焕生译,人民文学出版社2003年版,第12页。
〔2〕 同上书,第447页。

在旅途中,主客之间关系的重要部分就是主人赠送的礼物,甚至客人如果礼物不合适还可以要其他东西。所以,当墨涅拉奥斯赠送给特勒马科斯文一架制作精细的马车和马匹的时候,[1]他婉拒了这些礼物,原因是他所生活的伊萨卡不适合养马而适合牧羊。墨涅拉奥斯丝毫不生气,反而觉得他"出自好门庭",因为要送他一件最精美、最珍贵的东西做礼物。

在其整个回家的旅途中,奥德修斯都要依赖于陌生人的友善以及他们作为主人的慷慨好客。像第十卷中奥德修斯遇到的风王艾奥洛斯是绝佳的主人,慷慨款待他而且临别上路时有厚赠。他也遇到过野蛮人,威胁杀死他和他的同伴们。还有纠缠不休强要留客的主人,耽搁他的行程——这种行为就违反了上面提到的普遍性待客之道。正如墨涅拉奥斯所说的,"……客在勤招待,客去诚挚送客行"。[2] 这可以被认为是绝佳的待客之道。然而奥德修斯所遇到的一些主人似乎只听到了这句话的前半部分。例如,基尔刻神女是非常有魅力的女主人,但是她却将她的客人们变成猪群,试图永久性地留住他们。卡吕普索也想永久留住奥德修斯,但是会让他永葆青春。塞壬女妖们也想这么做,只是想让他死去。但是,但基尔克和卡吕普索在奥德修斯要离开的时候提供了必要的礼物。卡吕普索提供给奥德修斯一路顺风使他的筏子海上航行,而基尔克则给他提供了宝贵的指示——如何同塞壬女妖们打交道,并警告他们不要杀死日神的牛群。特勒马科斯也不得不跟一些强留的主人打交道。在他从斯巴达回到皮洛斯的路上,他设法避免去涅斯托尔的王宫,因为他担心可能行程会大为耽搁。这也是因为他知道涅斯托尔深谙好客之道,必会挽留。而当特勒马科斯归家之后,那些佩涅洛佩当求婚者们则违反了待客之道:他们不请自来,滥用并消耗着极不情愿的主人财物。他们对宙斯对那些赶路人、乞讨者和恳求者们给予的特别保护不屑一顾,他们对假扮成乞丐归家的奥德修斯羞辱交加,他们很快就会发现他们将要面临极不情愿的主人要做出的惩戒。

---

〔1〕 参见[古希腊]荷马:《奥德赛》,王焕生译,人民文学出版社2003年版,第75~76页。
〔2〕 同上书,第275页。

奥德修斯航行绕过马勒亚后经过的第一个地方是以花为食的国土，他们给同伴们提供了食物，这些食物可能会将他们留住。在第九卷中[1]这样描述道：

"当他们一吃了这种甜美的洛托斯花，
就不想回来报告消息，也不想归返，
完全忘记回归家乡。"

如果不是奥德修斯哭着拖着他们回到船上，这些同伴可能会永久地留在那里。奥德修斯知道这些食花者并没有杀死这些同伴的意图。但是他遇到的下一个主人，库克洛普斯不仅杀人而且还吃掉了他的6个船员。但奥德修斯提出宙斯是所有求援者和外乡旅客的保护神的时候，巨人嘲讽道，[2]"须知库克洛普斯们从不怕宙斯，也不怕那些常乐的神明们"。当然，当奥德修斯请求巨人按照待客之道给予其礼物的时候也只不过是得到巨人许诺最后一个才吃掉他的许诺而已。而奥德修斯最终得以逃脱也仅是由于他颇为出名的计谋而已。但是为了欺骗库克洛普斯巨人，他不得不隐藏自己的真实身份，告诉库克洛普斯自己的名字是"无人"（英文译文为 nobody）。

二、旅途中的欺骗计谋与生死考验

如果奥德修斯和同伴们想要逃跑，欺骗就是必不可缺的手段。虽然在《奥德赛》中的奥德修斯是欺骗计谋大师，这种隐瞒身份的做法是他本身也并不热衷的，在史诗中奥德修斯总是自报家门，而且他和同伴们之所以要继续活下去，回到他们名声和荣誉被珍重的故乡的一个原因就是因为他对自己的名誉非常在意。后来在阿尔基诺奥斯的宫殿里，他摆明了自己的身份，他在宴会上不仅说出了自己的名字，而且说出了自己的名字所代表的事迹。

〔1〕 参见［古希腊］荷马：《奥德赛》，王焕生译，人民文学出版社2003年版，第155页。
〔2〕 同上书，第161页。

"我就是那个拉埃尔特斯之子奥德修斯,
平生多智谋为世人称道,声名达天宇。"〔1〕

他谈及自己的声名的时候完全是一副客观口吻,似乎这与他本人毫不相干;他的话不是吹牛而是对名声、素质和成就的一种表述,而且这种表述肯定是正确的。一旦逃离了独眼巨人的洞穴,他冒着自己生命以及船只安全的风险告诉库克洛普斯是谁弄瞎了他的眼睛。"库克洛普斯,要是有哪个世人询问,你的眼睛怎么被人不光彩地刺瞎,你就说是那个攻掠城市的奥德修斯,拉埃尔特斯的儿子,他的家在伊塔卡。"〔2〕而这种想扬名立万的做法恰恰让波吕斐摩斯能够向自己的父亲海神波塞冬祈求:

"黑发的绕地之神波塞冬,倾听我祈祷,
要是我真是你的儿子,你是我父亲,
就请你不要让攻掠城市的奥德修斯返家园,
就是那位拉埃尔特斯之子,家住伊塔卡。
即使命运注定他能够见到亲人,回到建造精美的豪宅和故乡土地,
也要让他遭灾殃,失去所有的伴侣,
乘着他人的船只,到家后还要遭遇不幸。"〔3〕

这一祈求为奥德修斯后面的旅途定下了基调。然而,奥德修斯旅途的下一站似乎预示着波吕斐摩斯的祈求不会应验。风王艾奥洛斯是一个慷慨的主人,将自己的客人送上顺利的旅程——西风慢慢将奥德修斯的船只吹响伊塔卡的方向,而其他的风都被禁闭在船上的一个袋子里。他们已经看到了故

〔1〕 参见[古希腊]荷马:《奥德赛》,王焕生译,人民文学出版社2003年版,第152页。
〔2〕 同上书,第169页。
〔3〕 同上书,第170页。

土迹象，而在整个旅程中一直掌舵的奥德修斯终于放松了警惕。在他陷入沉睡之时，他的船员们怀疑装风的袋子里有财宝，他们打开风袋，让风窜了出来。而奥德修斯的船只被吹地不知所向，奥德修斯要面对他的第一个诱惑，“我立即惊醒，勇敢的心灵反复思索，是终身离开船只，跃进海里淹死，还是默默忍耐下去，掩面躺在船里。”[1]尽管风又将他吹回艾奥洛斯的海岛，他还是决定要活下去，再次向艾奥洛斯请求帮助，而这次风王认为奥德修斯的归来意味着神明憎恶他，拒绝帮助他。接着他们遭遇了身型巨大的食人族，也就是莱斯特律格涅斯人，他们艰苦地逃出来，但是却失去了其他的所有船只和船员。女神基尔克又让他们陷入另一个危险境地，将奥德修斯的同伴都变成了猪。在赫耳墨斯的帮助下，奥德修斯避免了这一命运，但是基尔克设置了诱惑骗局。在决定不再将奥德修斯和船员们变成猪后，她变成了一个完美的女主人，在床第之上迎合奥德修斯，并以盛宴来款待他的船员。如果说奥德修斯没有受到妖魅诱惑，他当然是特别喜欢这种安排，因为直到这种生活持续了一整年后，他的船员们提醒他这种生活是疯狂的，而且是时候想起自己故土了他才梦醒。而基尔克与卡吕普索不同，她愿意释放奥德修斯，但是告诉他必须首先去地狱拜见盲人预言者特瑞希阿斯的魂灵。

荷马史诗里对地狱的描绘当然是西方后来所有文学作品中对地狱描述的典范，从诗人维吉尔的《埃涅伊德》到揭示人生所有愿景的最伟大作品，也就是但丁的《神曲》都秉承这种传统。除了拜访特瑞希阿斯的魂灵之外，这次地狱之旅对于奥德修斯来说有着特殊的含义。在他回家旅途中的所有困境中，在死亡中寻找释放的诱惑一直伴随着他。在伊塔卡之外的绝望时刻，或压力来袭的生活，只需要通过在不断警醒的情况下稍微暂时放松，从看似取之不尽用之不竭的毅力和意志当中解脱出来，自杀就可以解决问题。对于奥德修斯来说，疲倦、永无休止的困境和警觉有时候似乎不如死亡更舒适。但是一旦到了地狱看到死亡意味着什么，奥德修斯就放弃了死亡比无休止的

[1] 参见[古希腊]荷马：《奥德赛》，王焕生译，人民文学出版社 2003 年版，第 173～174 页。

疲倦和经济更舒适这种幻觉。荷马史诗中描绘的死者所处的世界是黑暗而毫无舒适的;根本就不是能够得到休憩和遗忘的地方。那些围绕在祭祀动物周围的死魂灵,希望获取一滴鲜血来暂时复生,恢复往生的记忆以及说话的能力。当奥德修斯祝贺阿基琉斯在地狱威武地统治众亡灵的时候,阿基琉斯〔1〕是这样回答的:

“光辉的奥德修斯,请不要安慰我亡故,
我宁愿为他人耕种田地,被雇受役使,
纵然他无祖传地产,家财微博度日难。
也不想统治即使所有故去者的亡灵。”

亡灵之地对于奥德修斯来说一直是客气有加的,但是也许奥德修斯待的时间过长了,因为他想等待着见到更多著名英雄的亡灵,然而,他看到的无非是更多的死魂灵朝着他袭涌而来,喊声凄厉,所以他回到了船上,来到了基尔克的身边,后者继续为他们找了一条回到故土的海上路线。

接下来他们要对付塞壬女妖,在六头妖怪和卡律布迪斯两个邪恶之间做出选择,而且没有按照基尔克女神的建议,即使奥德修斯反对,他的船员同伴们还是杀死了日神的牛群,因此他们的命运也就因此而注定了。对于奥德修斯来说,塞壬女妖又是另一个要面对的诱惑,这是他的旅途中碰到的最大的诱惑,因为要不是被绑在船桅杆上的话,他可能也会成为塞壬女妖周围尸体堆里的其中一个。塞壬女妖们唱道:〔2〕

“光辉的奥德修斯,阿开奥斯人的殊荣,
快过来,把船停住,倾听我们的歌唱。
须知任何人把乌黑的船只从这里驶过,

〔1〕 参见[古希腊]荷马:《奥德赛》,王焕生译,人民文学出版社2003年版,第213页。
〔2〕 同上书,第227~228页。

都要听一听我们唱出的美妙歌声，
欣赏了我们的歌声再离去，见闻更广博。
我们知道再辽阔的特洛亚阿尔戈斯人
和特洛伊人按神明的意愿忍受的种种苦难，
我们知悉丰饶的大地上的一切事端。”

奥德修斯是经历了10年征战的老兵，他所回归的社会是一个新一代人在和平环境下成长起来的社会。如果他跟这些人谈论战争将没有人能理解他——重要的是一旦他回到了故土，被人们认出后，他不能向特勒马科斯和佩涅洛佩提及这些。只要那些跟他一起奋战，有着共同的兴奋和恐惧的战友们才能一起来谈论战争。这就是为什么墨涅拉奥斯说如果奥德修斯回来的话，他会在自己的庄园里给奥德修斯一份产业，以便他们能朝夕相处谈论过去。这就是为什么塞壬们的歌声如此有诱惑力的原因，因为这种在危险境地和困难中建立的战争情谊是非常坚固的。他甚至跟同伴们说解开他，这样他就解脱了。塞壬女妖们的歌声显然是引诱奥德修斯活在过去，而这实际上与死亡无异；塞壬女妖们的岛屿上堆满了诗人的尸体。在死人之地他可以与阿基琉斯和阿伽门农一起重温过去的辉煌。然而这一切都是过去，奥德修斯需要做的不是回顾过去，而是要期待未来。

在与六头妖怪和卡律布迪斯搏斗中他们被女神卡吕普索拯救，“卡吕普索”这个名字本身就来自希腊语，有“隐藏、掩盖”之意。奥德修斯在她的岛屿上无异于一个囚徒。他拒绝了女神想让他长生而且永葆青春、成为其丈夫的条件，赫耳墨斯命令她释放奥德修斯，她便再次提醒奥德修斯这些条件，并且预言了在回家旅途中他还要经历很多艰难困苦，但是奥德修斯拒绝了。

卡吕普索提出的优渥条件和奥德修斯的拒绝在古希腊文学和神话中是非常独特的现象。长生是神的恩赐，而且这种恩赐并非人人都可获得。赫拉克勒斯在壮烈痛苦牺牲后才获得这种地位。在古希腊传说中,[1]当黎明女神为她的凡人爱人取得长生地位后,却忘记了请求神让自己的爱人永葆青春。那么后来她每天早晨沿着自己的路线启程的时候,她亲爱的爱人就不得不躺在床上,因为年老体弱而不能动弹。但是卡吕普索给奥德修斯的条件是能够长生而且永葆青春不老,而且邀请他跟她一起生活在天堂般的环境里,这个地方甚至连宙斯的使者赫耳墨斯"也会惊异不已,顿觉心旷神怡"。[2]奥德修斯拒绝了这一切,虽然他知道自己只能再次用一个临时木筏踏上回家的旅途,而且这次他已经对旅途不再有任何幻觉。然而计谋多端的他让卡吕普索起誓不再给他安排什么不幸的灾难才会离开,"女神啊,如果你不能对我发一个重誓,这不是在给我安排什么不行的灾难",女神回答道,[3]"你真狡猾,不会让自己上当受骗,竟然费尽心机地说出了这样的话语……我现在就以大地,广阔的上苍寰宇和斯提克斯流水起誓……这不是在给你安排什么不幸的灾难。"

心意已决,奥德修斯开始了回家的旅程,在遇上风暴后得到神的眷顾和帮助脱险后,来到费埃克斯人的国土,在这里他受到款待,而且国王甚至希望奥德修斯留下来娶公主为妻,当其女婿。而且救了他、迎他上岛的公主也极力挽留,但是奥德修斯归心似箭,机智地婉拒了公主,说自己会将其当作不死的女神一样来为其祈福。

终于,奥德修斯回到了故土,然而即使回归故国,仍然要施以计谋,因为家里所面临的境况比他在回家旅途中海上和陆地上遇到的那些事情更加凶险。他不仅要赢回家园,还要赢回家庭和他的名誉。然而历经艰险的奥德修斯已经具备了解决这些问题需要的谨慎、计谋和耐心,因此到了他的旅途的终点。

---

〔1〕 参见[德]斯威布:《希腊的神话和传说》(下册),楚图南译,人民文学出版社1959年版,第806页。

〔2〕 [古希腊]荷马:《奥德赛》,王焕生译,人民文学出版社2003年版,第87页。

〔3〕 同上书,第92页。

结　语

《奥德赛》所叙述的回归故土的旅途中，充满了欺骗、计谋、生死诱惑以及旅途中主客之间的交流，既有款待奥德修斯并为其旅途提供物力人力的主人，也有虽热情款待但强要留客的主人；在回到故土又有违背主人意志恶意耗尽主人家财并无赖求婚的客人。奥德修斯在处理主客之间关系的时候展示的机智、计谋和耐心是让这一旅程能最终成功的前提，也是让这一经典文学范本有经久不衰魅力的原因。

这里就是罗陀斯！*

张海斌**

这两天，我一直在琢磨，要不要写一首百行长诗，来作为今天毕业典礼的致辞？我想这肯定会是一个特别有意义的致辞，当时为这个创意感到特别的兴奋。但后来转念一想，所谓诗歌之美，端在于讲究含蓄，而在今天这个祝贺与祝福的时刻，在这个抒情和煽情的时刻，在这个送别和启程的时刻，任何意出象外、言近旨远的含蓄，无疑是多此一举、不合时宜的。这个念头也被掐灭了。其实，这仅是一个托辞，真实的原因，大家都能猜到，就是自己写不出来。

记得《伊索寓言》里有一则名篇，黑格尔和马克思都曾以不同形式引用过，叫《说大话的人》。里面说，有个爱说大话的人，参加跳远比赛，因为缺少勇气，而遭到人们嘲笑和指责，只好到外地去旅行。过了些时日回来，便向人们吹嘘自己如何在各城市竞赛中屡次获胜，特别是在罗陀斯（Rhodes）的地方跳得最远，连奥林匹克选手也比不过他，他还说那里的人可以给他作证。旁边有个吃瓜群众实在看不下去了，对他说道："嘿，哥们儿，假如这是真的，咱也不需要啥见证，你把这儿当作罗陀斯，就在这里跳吧！"

无疑，这个故事讽刺和影射的，是爱说大话的人。但是，它也可以给我们其他的，甚或是旁逸斜出的启示和教益，就是：一个真正优秀的人，是在任何地方，甚至最不完美的地方，都会竭力并能够展现出最完美的自己的。就像

---

* 本文为上海外国语大学法学院2018年毕业典礼致辞。

** 法学博士，上海外国语大学法学院教授，研究方向为宪法学、国际人权法。

一个优秀的运动员，比如博尔特，在任何的条件下，即便穿着不完美的跑鞋，跑在不标准的跑道上，甚至在斜风细雨中跑，都能在既定的条件下，竭力跑出自己最好状态和水平的。对他们来说，这里不是罗陀斯，这里就是罗陀斯！

众所周知，我们每一个人做每一件事，致力于从事的每一项事业，都是在特定的时间、空间和条件下展开的。我们即便不是一个爱“说大话的人”，即便我们真正格高志远、学贯中外，但也总是企望在一个完美的时间和空间，以及在完美的环境里，和一群完美的人合作，并由此展现出最完美的自己。我们渴望着我们的罗陀斯，并坚信在那里会跳到最好。但现实却偶尔甚或经常，是不那么完美的。我们经常遭遇的，是不那么完美的时间，不那么完美的空间，不那么完美的环境——甚至，不那么完美的人。我们经常会遭遇到各种影响和阻碍我们完美发挥的条件和因素，这些都是我们不能改变，或至少近期内难以明显改善的背景，这需要我们在走出校园之后，学会摒弃各种失望、沮丧、抱怨，在短暂的怨天尤人和自怨自艾之后，逐渐学会、习惯于并善于在这些既定的条件和因素下，安之若素并孜孜矻矻地推进我们个体、团体、民族和人类的事业，展现最完美的自己、最精彩的自己。——对我们来说，这里不是罗陀斯，这里就是罗陀斯，就在这里跳吧。

同学们，毕业典礼之后，你们即将离开校园，走向各式各样的工作岗位。在法学作品里，从法律课堂上，我们一次次地见识到了法治理想国的瑰丽图景，并一厢情愿地建构了我们的罗陀斯。我们踌躇满志，意气风发，相信在我们的罗陀斯，一定能跳出最完美的自己。但，这里没有罗陀斯！我们面对的是这块具体的土地，以及这块土地上具体的人民。我们即将努力推进并为之奋斗终身的，是这个具体的国家的具体的法治事业，以及具体的人民的具体的权利事业。我们同时即将面对的，是我们法治道路上一系列具体的问题、具体的困难、具体的制度，以及具体的目标和使命。我们在这里会遭遇到不那么完美但正在竭力追求完美的法律，遭遇到不那么完美但正在竭力追求完美的司法，遭遇到不那么完美但正在竭力追求完美的各式各样法治的软件和硬件。这里不是罗陀斯，这里就是罗陀斯，我们就在这里跳吧，努力跳出自己的精彩。在这或许注定不完美的地方,努力跳出最完美的自己,并最终证成最完美的自己。

接下来,按照毕业致辞的惯例,我想就大家未来的事业和学业提3点希望,并愿意与你们共勉。

首先,要"博"一点。知识要渊博一点,视野宽博一点,兴趣广博一点,心胸浩博一点。众所周知,一个人的生命具有无数的维度,每一个维度都需要我们去发现、去丰富、去滋润,从而建构一个整全、丰满而有张力的人生,并在此基础上展现出每个个体生命的无限可能性。任何单向度的人生是不足以真正和充分展示生命的丰富、厚重和精彩的。梁启超先生在1927年8月29日给其子梁思成的信里说:"我愿意你毕业后一两年,分出点光阴多学点常识,尤其是文学或人文科学中之某部门,稍微多用点工夫,我怕你因所学太专门之故,把生活也弄成近于单调,太单调的生活,容易厌倦,厌倦即为苦恼,乃至堕落的根源。"所以希望大家毕业以后,能继续"博"一点,读书博一点,兴趣博一点,眼界博一点,心胸博一点。

其次,要"傻"一点。鲁迅先生1926年11月27日在厦门集美学校有一个著名的演讲,题目叫《聪明人不能做事,世界是属于傻子的》,里面有段话让我印象深刻,他说:"你们放眼看看,现今世上,聪明人不是很多吗?可是他们不能做事。为什么呢?因为他们想来想去,终于什么也做不成。他们过于思虑个人的利害,过于计较个人的得失。他们想着,想着,有利于自己者才肯做,有利于社会、别人者,即使肯做,也常不彻底,不真诚,不负责,以至于败事而无所成就"。胡适先生也曾经说过类似的话,他说:"这个世界聪明人太多,肯下笨功夫的人太少,所有成功者只是少数"。这里所谓的傻和笨,其实就是拒做精致的利己主义者。永远怀持理想,勇往直前,埋头苦干,拼命硬干,"莫问收获,但问耕耘",不计个人利害得失,功成不必在己,做新时代的"中国脊梁"。

最后,要"迂"一点。迂,在字典里,似乎是贬义词,指的是不知变通,不合时宜。但是在这个世道和人心都在急速变化的时代,"迂"的品质显得越来越珍贵。毕竟，我们这个世界和时代，还有许多美好的品格和美好的事物，需要我们继续迂而不腐地去坚持和捍卫；我们这个世界和时代，还有许多正义的原则和正义的制度，包括法律的信仰和人性的尊严，需要我们继续迂而不腐地去坚持和捍卫。“迂”意味着拒绝苟且，拒绝勾兑，拒绝随波逐流，拒绝无底线的妥协。“迂”的背后，彰显的是一种真诚的信仰和敬畏，是一种顽强的捍卫和坚守。就像以赛亚伯林笔下的刺猬，只知道一件大事，就是捍卫自己最本质、最简单、最直接的原则。英国著名大法官丹宁勋爵曾经说：“实现公正，即使天塌下来！”这句铿锵的话语背后，彰显的也正是这种“迂”的精神。总之，我们必须“迂”一点，在人生的各个维度牢固树立自己的底线意识和红线意识，用“迂”的精神，捍卫我们的初心。

同学们，从今天开始，从这里开始，你们人生新的征程即将开启，新的、更富挑战也注定更加精彩的人生画卷即将展开。这里不是罗陀斯，这里就是罗陀斯，就在这里跳吧。祝你们每个人都能在各自的工作岗位上跳出自己的精彩，跳出最完美的自己。

动起来！〔1〕

每年四教楼前的几株桃树硕果累累之时，法学院也迎来了属于自己的收获季。经过四年的努力，经历了迷茫、坚定、奋斗和收获，你们即将顺利毕业，踏上人生新的征程了。在这里，我代表法学院全体师生对你们表示热烈的祝贺和衷心的祝福！

此时此刻，我的心情是很复杂的。有喜悦，有欣慰，有不舍，也有忐忑。四年前，你们这一群优秀的年轻人，怀持着理想与信任，意气风发地来到上外，来到上外法学院，把人生中最宝贵的四年青春时光镌刻在这里，攻苦食俭，深自砥砺，居敬持志，卓然有成，并且一辈子都注定会以各式各样的意绪来回忆、叙说和纪念这段日子，或者这段“历史”。相较于这种伟大的意义而

〔1〕 本文为上海外国语大学法学院2017年毕业典礼致辞。

言,我们在某些方面甚或在很多方面其实还做得不够,甚至远远不够。换言之,我们其实还可以做得好一些,再好一些,更好一些,乃至做到精彩的极致,才能不辜负或配得上你们与上外、与上外法学院这段相遇的缘分。虽然我们已经尽力,但我们必将继续努力!

按照毕业致辞的惯例,我想和大家交流几点感想。我给它取了一个简单的题目,叫《动起来》,主要想讲三层意思。

第一,"运动"起来!著名教育家朱光潜先生曾经在《谈理想的青年》里,对年轻人提出了很多期望。其中头一项,就是希望理想的青年要有"运动选手的体格"。我觉得这个希望是极为意味深长的。先不消说身体是革命的本钱,也不消说生命在于运动,而是说,我们的人生要维持一种生动而积极的姿态,就必须通过运动来获致、维持和展现。在我们的成语词典里,器宇轩昂,英姿勃发,甚至精神矍铄等词汇,也往往是跟健康乃至健壮的身体联系在一起,进而和运动联系在一起的。《吕氏春秋》有云:"流水不腐,户枢不蠹,动也。"

"动起来",可以塑造一种健全人生所必需的精气神和意志力,热爱生活的人一定热爱运动,并且在各式各样的运动中塑造自己的体格、人格和品格,进而塑造自己积极的人生姿态。洛克说:"健全的精神寓于健全的身体。"卢梭说:"身体虚弱,它将永远不能培养有活力的灵魂和智慧。"雨果说:"运动是身体的锻炼,德行的培养。"蔡元培先生曾指出:"非困苦其身体,则精神不能自由。然所谓困苦者,乃锻炼之谓。"所以,我们必须"动起来",做一个热爱运动、进而热爱生活的人,在工作学习之余,管理好自己的身体,磨砺好自己的精神,在毕生的运动中展现出生命的无限精彩。

第二,"劳动"起来!在我人生中,有两个人、两句话让我印象至深,至今难忘。一位是我村子里的一位老人,他是我们村里最为勤劳的人,几乎从未见他在家里闲坐过,或在田里,或在地里,即使下雨落雪,也要在屋里编一根草绳。他总是精神抖擞,笑眯眯的,有点儿伏尔泰说的"劳动是快活的根源"的意思。村里人偶尔劝他:你这么劳,这辈子白活了。他答曰:"总不能闲着吧？”在他眼里，闲着是一种不证自明的罪愆和道德问题，让人闻之凛然自警。我的一位师长，治学特别勤奋，著作等身，他生活中偶尔也会遇到烦心事儿的干扰，但他总能保持定力，不为所扰。他经常说的一句话就是“我总要做事情吧”。即便现在已经60多岁了，依旧笔耕不辍，他把“做事情”当作一件不证自明的天职和使命，这种精神也让我特别感动，可谓虽不能至，心向往之。

康德曾经说“我们越是忙，越能强烈地感到我们是活着，越能意识到我们生命的存在”，从哲学的高度阐释了勤与忙的本体论意义，让人感佩不已。记得《晋书·陶侃传》里面讲了一个故事：“侃在州无事，辄朝运百甓于斋外，暮运于斋内。人问其故，答曰：‘吾方致力中原，过尔优逸，恐不堪事’。”里面传递的，也是关于“动”的故事。这里的动，其实就是一种为了理想积极进取、朝乾夕惕，永不停歇甚至永不消停的精神。

虽然我们今天可以从无数的角度来强调“世界那么大，我想去看看”，或者渴望“面朝大海，春暖花开”，甚至可以从古希腊古罗马的生活世界出发，来论证闲暇之于政治经济文化的巨大意义，这些都是极为正确和准确、必需和必要的。但不可否认的是，当我们在开启或参与一项伟大的事业之时，我们需要这种“总不能闲着”和“总要做事情”的精神，需要这种一以贯之的强大的人格定力、意志力和执行力，从而避免各种迷茫、迟疑、懒散、拖延、胆怯、犹豫、怨尤等妨碍我们的前进。总之，我们必须“动起来”。

第三，“行动”起来！行动即实践，行动即介入，行动即改变。关于我们究竟要过一种沉思的生活，还是过一种行动的生活，在西方思想史上一直有着各种争议。自柏拉图以来，哲学家们普遍认为“沉思生活”高于“行动生活”。认为前者是自足的、以自身为目的的活动，是一种更高贵的存在方式；后者只是达到某种目的的手段，没有内在的价值——这些道理见仁见智，留待学界继续去争鸣吧。但是，撇开关于沉思和行动更为精确的哲学界定，我们偶尔会想，一个哲人数十年如一日的书斋沉思生活固然让人肃然起敬的。倘若他偶尔能够走出书斋，在把他家楼底下一辆被风刮倒的单车扶起来，我想对于这个世界来说,他存在的意义维度或许会更丰富、更饱满一些。因为他“介入”了这个世界,并由此改变了这个世界,就像阿伦特所言,他“行动”了。这种“行动”和“介入”超越了维持生命或服务于谋生之目的,对于“为权利而斗争”的法律人来说,尤为重要,弥足珍贵。

近年来,我看到身边有很多法律人,包括我们很多优秀的校友,他们超越了功利与得失,超越了精致的利己主义,活跃在各式各样的法律援助和公益诉讼中,活跃在各式各样的法治论证会和研讨会上,用文字,用声音,用气力,用心血,以弗弗西斯式的努力,积铢累寸地推进着个案正义与社会正义的实现,推进着中国法治事业的进步。他们用“行动”追求和推进着更美好的生活、更美好的秩序和更美好的世界,其人生姿态,何其壮哉!蒙田曾经说:“要有所行动,然后认识你自己。”所以,我们必须“动起来”,通过“行动”来建构和拓展人生的意义,并实现自我证成。

学习是我们毕生的修行〔1〕

经过四个年头的春夏秋冬,经历了学习中的各种酸甜苦辣,现在终于到了见证收获的时刻。在大家即将离开校园踏上人生新的阶段之际,我想和大家谈几点想法和希望。

1. 希望同学们继续保持学习的习惯和态度。大学仅是学习的一个阶段,而真正的大学是社会。今天的社会变迁和知识更新日新月异,我们大学里学到的很多知识,包括制度性知识和实践性知识都在与时俱进,在不断更新和创新,我们要保持优秀的职业素养、职业能力和竞争力,就必须不断学习。《大学》有云:“苟日新,日日新,又日新。”就个体而言,这需要通过学习来实现;更为重要的是,我们的心灵和精神也需要通过不断地学习来拓展、丰富和升华,包括阅读、思考、写作、交流等;我们不仅要学习专业和职业领域的知识,包括专业领域的动态前沿和热点;也要涉猎历史哲学文学经济甚至宗教

〔1〕 本文为上海外国语大学法学院2016年毕业典礼致辞。

等领域的思想。学习让我们的思想一直保持一种新鲜的活力和敏锐度，还有某种程度的反思力和批判力。古人云："三日不读，则面目可憎。"我想，3个月不学习，人就会变得浅薄和粗陋。所以，学习是我们毕生的修行。

2. 希望同学们做一个有情趣的人。生活中不仅有法律，还有诗和远方。走出了校园，走出了"象牙塔"，我们就不再是学生，我们从此要主动或被动地介入到（或者如海德格尔所言）被"抛入"到与大学校园不一样的"生活世界"。这导致我们的生活不能或不应该仅有法条，有案子，有当事人和诉讼文书，我们还需要善于利用闲暇并调动兴趣，去发现和丰富生活世界的各个维度，"可以调素琴，阅金经"，可以玩雕刻玩音乐，可以攀岩旅游摄影，可以玩石头、玩字画等，甚至"世界那么大，我想去看看"。培养自己生活中的爱好与情趣，绝不是明朝的张岱所言"人无嗜好，不可深交"那般功利，也不是"不做无聊之事，何以遣有生之涯"那般超越，而是丰富我们自身生活世界和内心世界的一种路径。蒙田说"我们最豪迈最光荣的事业乃是生活得写意"，所以我们要做一个有情趣的人，做一个生活得写意的人。

3. 希望同学们学会与人相处之道。人是社会关系的总和，我们总是生活在各式各样的社会关系里。象牙塔里的生活是一种单向度的生活，关系比较简单：大略是师生关系、同学关系等；对于合作的需求，对于为人处世的艺术要求也不高，处理得不那么理想，也不一定有后果，或者后果不那么严重，甚至我们经常可以通过考试成绩"一白遮百丑"。但我们走出了校园，就要进入形形色色的社会关系或者"朋友圈"里，既要讲主体性，也要讲主体间性（intersubjectivity），我们会遭遇不同的社会关系：夫妻关系、同事关系、客户关系、朋友关系甚至驴友关系，以及与当事人的关系等，都需要我们展现自己的智商和情商、魅力和能力，去处理好，为自己创造健康、和谐的人生环境。我们需要与人合作并合作愉快，并在这种愉快的氛围中推进自己的理想和事业。学会为人处世之道，不是去无原则的妥协、世故、圆滑甚至苟且，而是让我们掌握一种"生活的艺术"。

4. 最后希望同学们做一个有爱的人。爱的层次、内容和形式很多：爱这个世界,爱这个国家和民族,爱自然或者祖国山水,爱家人和朋友,爱母校和同学,还有对公平和正义的热爱,等等。英国诗人雪莱在《论爱》中说:"爱的需求和力量一旦死去,人就成为一个活着的墓穴,苟延残喘的只是一副躯壳";但丁说"爱是美德的种子";泰戈尔说"爱是理解的别名"。我们要一直保持着一种爱的热情和爱的能力,做一个有爱的人。爱让我们体认到自己的存在以及存在的意义;爱让我们不断向上追求并赋予我们追求的动力;爱让我们学会宽容并由此变得胸襟宽广;爱让我们彼此牵挂并不断学会感恩;爱让时间停止并让我们永远在一起!

美国律政剧的四大原则*

王伟臣**

在今天的美国，一部优秀的律政剧需要遵循哪些基本原则？最近由哥伦比亚广播公司制作、播出的《傲骨之战》(The Good Fight)[1]似乎树立了一个新的标杆。

这部几乎由《傲骨贤妻》原班人马(除了没有原来的女主角)制作的衍生剧，刚一推出便收获了如潮的好评，第一季豆瓣评分为9.4分，比同时期热播的口碑炸裂的《我们这一天》(This is us)仅低了0.1分。国外方面，IMDB的评分为8.5分，一向以挑剔著称的烂番茄新鲜度达到了100%。就笔者本人的观赏体验而言，如果说第一季第一集因为剧情铺陈的需要而有些拘谨，那么第二集简直妙到毫巅，基本达到了母剧《傲骨贤妻》的最佳水准。不过和《傲骨贤妻》不同的地方在于，这是哥伦比亚广播公司为其网上频道"All Access"独家制作的"网剧"。既然是网剧，在分级审查上就宽松了许多，比如在目前播出的两季中，多次出现了粗口，而这在《傲骨贤妻》中是不可想象的。据主创表示，此剧在案例选择上会更加的劲爆，直面美国的司法现实。所以，海报背景前出现了两个单词："get nasty"(变得肮脏)。但在笔者看来，这些粗口只是噱头，这部新剧一点都不肮脏，它是一部恪守美国"政治正确"

---

* 本文为上海外国语大学校级青年项目"英美律政影视在法律教学中的运用"的阶段性成果。

** 法学博士，上海外国语大学法学院副教授，研究方向为比较法律文化、法律人类学。

[1] The Good Fight, https://www.cbs.com/shows/the-good-fight/，最后访问日期：2018年5月1日。

的律政剧。

所谓美国“政治正确”,即“Political Correctness/Politically Correct”(缩写PC),是美国社会中以尊重女性、少数族裔、同性恋相关群体、持不同信仰者为主要体现的一种文化现象。它发端于20世纪60年代,经过半个多世纪的发展演变,已经渗透到社会生活的方方面面。[1] 有趣的是,“不能冒犯女性、不能冒犯少数族裔、不能冒犯同性恋、不能冒犯不同的信仰或政见持有者”,每一项在《傲骨之战》中都有典型的体现。

第一项原则,不能冒犯女性。作为《傲骨之战》的母剧,《傲骨贤妻》本身就是一部以女性律师为主角的律政剧。不过它并非这种模式的开创者。第一部造成轰动的以女律师为主角的律政剧应该是1997年的《甜心俏佳人》(Ally McBeal)中文译名“甜心俏佳人”显然是受到了4年之后的电影《律政俏佳人》(Legally Blonde)的启发,对于中国观众而言,首先接触的是2001年的电影。不过在《傲骨贤妻》的后期特别是第七季,有一个重要的叙事线索就是女合伙人试图将律所改为“纯女性合伙人律所”(All - female firm)。尽管《傲骨之战》并没有实现这一夙愿,但是仅从海报上来看,这应该是第一部男性完全作为配角的律政剧。此外,《傲骨之战》中的女律师们似乎已经不需要来自男性的爱情了。在第一集中,戴安向丈夫提出离婚,玛雅有同性伴侣,而卢卡则拒绝了作为参议院的男友的求婚,打算独自养育即将出生的孩子。联想到2007年迪士尼的《海洋奇缘》无爱情的设定,[2] 难道好莱坞对于女权主义的终极理解就是不需要男女之间的爱情吗?除了高举女权主义的大旗之外,卢卡(约30多岁)、玛雅(约20多岁)、戴安(约50多岁)3位女主角每人都另外树起了一面彰显“政治正确”的大旗。

第二项原则,不能冒犯少数族裔。《傲骨贤妻》曾多次受到黑人民权组织的抗议,被认为剧中的黑人女性检察官好像被故意刻画成令人讨厌的角

---

〔1〕 参见张琦:《美国社会中“政治正确”现象的发展及其最新演变》,载《国际论坛》2018年第3期。

〔2〕 参见常海鸽:《〈海洋奇缘〉:迪士尼公主电影的新变》,载《电影文学》2008年第3期。

色,而且常规角色中唯一的有色人种——调查员凯琳达(印度裔)也非常神秘,有着不稳定剧情的发展元素。《傲骨之战》显然接受了这些批评,为了增加黑人律师的戏份儿,第一集就另起炉灶,让白人女律师戴安和玛雅从以白人律师为主的律所加盟了以黑人律师为主的律所——雷迪克和博斯曼(Reddick & Boseman)。这同样是芝加哥的一家顶级律所。在硬件方面,它使用可以节约空间的公用办公桌系统,在软件方面,它采纳根据大数据模型判断是否值得承揽案件的"Litigation Financier"(暂译为"诉讼投资人"),所以它比《傲骨贤妻》的白人律所更有活力,也更加时髦。不过《傲骨之战》对于黑人律师的赞颂并不满足于此。剧中,白人女律师戴安宣布退休之后遭遇庞氏骗局,被逼无奈只能返回职场。但是包括原律所在内的所有白人律所都以她没有能力争取客户为由表示了拒绝,其中不乏戴安多年的挚友。只有雷迪克和博斯曼向她伸出了"橄榄枝"。作为主角之一的黑人女律师卢卡解释了为什么要接纳戴安这位几近退休的白人女律师:"She's a good lawyer"。换言之,白人律所看到的都是金钱利益,只有这家黑人律所看到了律师本人的能力。

不仅如此,几位黑人合伙人也并不担心,戴安的到来会改变律所业已形成的主要由黑人组成的律所文化。就此,雷迪克和博斯曼在种族结构开放性上也超越了其他白人律所。卢卡除了引荐戴安之外,还成为玛雅这位年轻的白人女律师业务和精神上的双重导师。她帮助玛雅厘清案情,鼓励玛雅完成了职业生涯的第一次盘问。当玛雅躲在洗手间里委屈地流出眼泪的时候,卢卡用"傲骨贤妻"的例子来激励她。所以,作为少数族裔女律师的卢卡是3位女主中承上启下的角色。

第三项原则,不能冒犯同性恋。早在1993年,汤姆·汉克斯就凭借电影《费城故事》中的同性恋男律师的角色获得了奥斯卡最佳男主角奖,但是一直以来律政剧中鲜见同性恋律师的形象。《傲骨之战》实现了突破。作为三大女主之一的玛雅,是一位"出柜"的女律师,其爱人则是一名检察官。两人之间的关系,不仅获得了玛雅父母的认可,而且还遭遇了父母逼婚。玛雅的母亲甚至表示:"为什么不结婚呢?最高法院的借口已经行不通了。"这大概也是律政剧史上第一位出柜的同性恋女律师。笔者在另外的一篇文章《女律师的美剧进化论》中曾认为,《逍遥法外》(How to Get Away with Murder)中作为大学教授的黑人女律师是美国律政剧女权主义的终点。但是现在看来,这个结论还为时过早。

第四项原则,不能冒犯不同的信仰或政见持有者。"律政剧"作为美剧的重要类型之一,对应的是英语"legal drama television",其实这一译法并不准确,因为《甜心俏佳人》《波士顿法律》(*Boston Legal*)等经典律政剧严格意义上讲都是"律师剧"或"法律剧",与政治没有直接的关系。但是《傲骨贤妻》却是一部名副其实的"律政剧",维基百科对它的描述也是"legal and political drama television"。衍生剧《傲骨之战》在创作剧本时,正值希拉里和特朗普总统竞选,作为民主党的戴安本来看好希拉里当选,但是最后的结果却是特朗普竞选成功。编剧只能临时修改剧本,第一集开场就是戴安通过电视吃惊地看着特朗普宣誓的新闻。可是这位新总统还没有宣誓完毕,戴安就失望地关掉了遥控器,不满之情溢于言表。

在《傲骨贤妻》第一季第一集中,戴安指着自己与希拉里的合影,对境遇相似而忐忑不安的女主角艾丽西亚说"她都能挺过来,你也可以的!"一直以来,这张与希拉里的合影都是戴安办公桌上最重要的摆设。它代表了戴安的政治理想,以至于有人说,艾丽西亚是年轻的希拉里,而戴安是成熟的希拉里。同样的,《傲骨之战》也没有忘记这张合影。戴安的助理在整理前律所送来的个人物品箱时,专门问了一句:这个还要吗?戴安的回答是:当然要。作为与现实世界同步的律政剧,不知道这个桥段能否安慰到作为《傲骨贤妻》剧迷的希拉里。

通过以上分析,我们可以发现,《傲骨之战》努力拔高了女性、少数族裔、同性恋、持不同政见律师的形象,这是一部史无前例地追求美国式"政治正确"的律政剧。

新海洋法的挑战与未来*

[塞内加尔]塔夫斯尔·马利克·恩迪亚耶** 著 华瑀欣*** 译

一、概论

世界各国参与了史无前例的联合国第三次海洋法会议(以下简称海洋法会议),会议的目的是把各个海洋区域分配给不同类型的国家。[1]《联合国海洋法公约》(La Convention des Nations Unies sur le Droit de la Mer,以下简称《公约》或 CNUDM)于 1982 年 12 月 10 日在牙买加蒙特洛湾开放签署。[2] 海洋法会议还达成了一个最终文件和 4 个决议。最终文件均已由各参与国批准和签署,是 1973 年至 1982 年公约谈判的官方说明,而 4 个决议均已由大会通过。

超过 150 个国家参与了这项历时 14 年的工作,它们代表了世界上所有地区、所有法律与政治制度,包括发达国家、发展中国家、沿岸国、群岛国、岛

---

* 原文为 Tafsir Malick Ndiaye, Défis et Perspectives du Nouveau Droit de la Mer, Revue Droit Maritime Africain, No 01, Avril/Juin 2016, pp. 11 –45。

** 塔夫斯尔·马利克·恩迪亚耶(Tafsir Malick Ndiaye),国际海洋法法庭法官。作者要感谢亲爱的同事兼朋友维森特·马罗塔·兰热尔(Vicente Marotta Rangel),感谢他在许多方面为作者指明了方向。作者特别高兴,向这位在国际海洋法法庭共同度过 20 年的绅士致敬,他是杰出的教授、无与伦比的外交官和周到礼节不知疲倦的践行者。

*** 法学博士,上海外国语大学法学院讲师,研究方向为海洋法与比较法。

[1] Voir, R. J. Dupuy, *L'Océon Partagé*, *Analyse d'une Négociation* (*Troisième Conférence des Nations Unies sur le Droit de la Mer*), Pédone, 1979, p. 1.

[2] Voir, U. N., *Official Text of the UNCLOS with Annexes and Index*, *Final Act of the Third United Nations Conference on the Law of the Sea*, *Introductory Material on the Convention and the Conference*.

屿国、内陆国和海洋空间上地理不利国家。因为这些国家认为,海洋各个区域的问题彼此密切相关,应作整体考量,所以它们团结一致,制定和建立了涵盖海洋法所有方面的完整法律体系。[1] 这一进程始于1967年,这一年联合国大会(以下简称联大)讨论了人类共同遗产的概念,提出了海床和洋底(Les Fonds Marins)的养护与和平利用问题。[2]

勒内·让·迪比[3]认为,由于各国利益冲突,所以达成基本规则殊为不易,而分配人类共同遗产时困难最多,也最为复杂。争论集中于空间而非原则问题,即使涉及原则问题,也只是为了掩盖真实利益,并将侵占合理化。公海自由原则如同受伤的鲸鱼,被迫四处流浪。[4]

《公约》缔约国认为,在1958年以及1960年日内瓦联合国海洋法会议后,出现了新情况,因此亟须新的能被普遍接受的海洋法。[5] 随着许多国家获得独立,或者更精确地说,随着许多国家恢复独立,反抗之风也吹向了海洋。《公约》探讨了海洋法的所有领域,因此被称为"海洋宪法"。[6] 该公约已于22年前生效,[7][8]迄今已有168个成员。即使像美国这样未参加的

---

[1] 参见《公约》序言。

[2] Voir, B. Zuleta, Introduction, in U. N., *Official Text of the UNCLOS with Annexes and Index, Final Act of the Third United Nations Conference on the Law of the Sea, Introductory Material on the Convention and the Conference*, United States, 1983, pp. XX – IV.

[3] 勒内·让·迪比(René Jean Dupuy, 1918 ~ 1997),巴黎法学院法学博士,曾任巴黎第一大学教授、海洋国际法学会秘书长和法国国际法学院主席等,1992年当选法国道德与政治科学院院士,代表作有:*Le Droit International*, 1963; *Traité du Nouveau Droit de la Mer, en Collaboration*, 1985; *Dialectiques du Droit International: Souveraineté des États, Communauté Internationale et Droits de l'Humanité*, 1999, et al。

[4] Voir, R. J. Dupuy, *L'Océan Partagé, Analyse d'une Négociation* (*Troisième Conférence des Nations Unies sur le Droit de la Mer*), Pédone, 1979, p. 1.

[5] 参见《公约》序言。

[6] 1982年12月11日,海洋法会议闭幕会议在牙买加蒙特哥湾举行。大会主席、新加坡大使许通美发言道:"问题在于,我们是否实现了缔结经得起时间考验的综合性海洋宪法的目的?我认为是的。"Voir, T. Koh, A Constitution for the Oceans, in U. N., *Official Text of the UNCLOS with Annexes and Index, Final Act of the Third United Nations Conference on the Law of the Sea, Introductory Material on the Convention and the Conference*, United States, 1983, pp. XXXIII – VII.

[7] 《公约》于1994年11月16日生效。

[8] 原文写于2016年。

国家,也把公约视为适用法律的基石。海洋法会议主席许通美[1]大使认为:

> "我有一个理想,让《公约》成为世界海洋'宪法'。如今这一梦想实现了,因为它将海洋视为整体,并试图管理海洋资源及利用的各个方面。整个公约具备完整性和权威性,包括320个条款和9个附件,并以1994年第48届联大第362号决议《执行第十一部分的协定》[2]与1995年《联合国鱼类种群协定》[3]作为补充。"[4]

实际上,《公约》独具特色,成为管理海洋事务的核心。《公约》具有明显的制度性,国家间合作属于义务,各个机构数量众多且作用鲜明,例如各区域渔业管理组织(Organisations Régionales de Gestion de la Pêche,以下简称渔业组织或ORGP)。此外,《公约》也史无前例地建立了争端解决机制,将海洋法置于国际司法机构管辖之下,涵盖了国家间的海域划界。[5]

毋庸置疑,条约法是划界法的重要法律渊源,它由编纂会议和双边划界协定逐步发展而来。例如,1958年联合国国际法委员会(Commission du Droit International des Nations Unies)在日内瓦制定了关于领海和大陆架划界的规定,而海洋法会议上则诞生了《公约》。

---

〔1〕 许通美(Tommy Koh Thong Bee),哈佛大学法学硕士、剑桥大学犯罪学博士,新加坡外交部全权大使、新加坡政策研究院主席和国家遗产局主席,曾任新加坡常驻联合国大使、新加坡国立大学法学院院长、教授。1981年至1982年曾任海洋法会议主席。

〔2〕 《执行第十一部分的协定》全称为1994年《关于执行1982年12月10日〈联合国海洋法公约〉第十一部分的协定》。第十一部分涉及国家管辖范围以外的海床洋底及其底土。

〔3〕 《联合国鱼类种群协定》全称为1995年《关于执行1982年12月10日〈联合国海洋法公约〉有关专属经济区内外活动的鱼类种群(跨界种群)和高度洄游鱼类种群的养护和管理的规定的协定》。

〔4〕 Voir, T. Koh, UNCLOS at 30: Some Reflections, in L. del Castillo, *Law of the Sea, From the Grotius to the International Tribunal for the Law of the Sea, Liber Amicorum Judge Hugo Caminos*, Brill/Nijhoff, 2015, pp. 105 – 9.

〔5〕 Voir, T. M. Ndiaye, The Judge, Maritime Delimitation and the Gray Areas, *Indian J. of Int'l L.*, 2016, pp. 1 – 41, spec. p. 2.

虽然《公约》包含领海、大陆架和专属经济区划界条款,[1] 但这些条款处理划界争端的效果并不理想,[2] 而且《公约》之前双边划界协定实践较少,不足以构建习惯法,因此联合国国际法院(以下简称国际法院)似乎仍然肩负着解释海洋划界规则和原则的重任。[3]

海洋不仅是人类活动的重要空间,也是生物和非生物资源的宝库,因此虽然个人通常不是国际法的主体,但是《公约》在快速释放程序和国际海底区域活动案件中,适用于个人。[4] 如果《公约》是海洋规范体系的核心,那么也不应忽视海洋法领域其他法律文件的重要性,而这样的文件有数十个。[5]

因此,海洋法的渊源具有多样性。[6] 首先,我们有 1969 年日内瓦诸国

---

[1] Voir, T. M. Ndiaye, The Judge, Maritime Delimitation and the Gray Areas, *Indian J. of Int'l L.*, 2016, pp. 1 – 41, spec. p. 2.

[2] 众所周知,国际法院不承认 1958 年日内瓦《大陆架公约》第 6 条的习惯法地位,进而试图明确两国间大陆架划界应适用的法律原则。Rec. CIJ 1969, p. 3. 国际法院更坚决地指出,"因此,对于大陆架划界……即使适用 1958 年《大陆架公约》第 6 条,大陆架习惯法(Le Droit Coutumier)也已在判例法(La Jurisprudence)上有所发展。"参见 Rec. CIJ 1993, para. 51。这就给世人留下了海洋划界不适用成文法(Le Droit Conventionnel)的印象。

[3] 无论是在国际法院、常设仲裁法院还是《公约》附件七仲裁中,有关划界问题的案件比其他国际法问题的案件都多。

[4] 海洋法法庭已经根据《公约》第 292 条受理了 9 起快速释放案件,包括第 2 号"高鼻羚羊号案"(Saiga)、第 5 号"卡穆号案"(Camouco)、第 6 号"孔富尔山号案"(Monte Confurco)、第 8 号"大王子号案"(Grand Prince)、第 11 号"伏尔加河号案"(Volga)、第 13 号"朱诺商人号案"(Juno Trader)、第 14 号"丰进号案"(ほしんまる)、第 15 号"富号案"(とみまる)和第 19 号"弗吉尼亚 G 号案"(Virginia G),详见国际海洋法法庭官网 www. itlos. org。此外,海底争端分庭(La Chambre pour le Reèglement des différends Relatifs aux Fonds Marins)也收到了咨询意见申请,即第 17 号关于"担保个人和企业在国际公共海底区域内活动的国家的责任和义务"案。

[5] A. V. 路易和 S. A. G. 塔尔蒙在《海洋的法律秩序:海洋法基础文件》的编者序言第 13 页写道,"海洋法文献资源数量惊人,颇具特色。海洋法的框架条约是 1982 年《公约》,虽然这部公约作为框架,确实还有许多漏洞,但是它根植于丰富的国家实践和判例法,构建了涵盖国际和地区组织的条约、标准和其他措施的庞大网络。" Voir, A. V. Lowe, S. A. G. Talmon, *Basic Documents on the Law of the Sea*, Hart, 2009, p. XIII.

[6] Voir, L. del Castillo, *Law of the Sea*, *From the Grotius to the International Tribunal for the Law of the Sea*, *Liber Amicorum Judge Hugo Caminos*, Brill/Nijhoff, 2015, pp. 9 – 106. B. Zuleta, Introduction, in U. N., *Official Text of the UNCLOS with Annexes and Index*, *Final Act of the Third United Nations Conference on the Law of the Sea*, *Introductory Material on the Convention and the Conference*, United States, 1983, p. XX. D. R. Rotherwell, T. Stephens, *The International Law of the Sea*, Hart, 2010, pp. 1 – 29. G. Gidel, *Le Droit International Public de la Mer*, Mellottée, 1932, Tome 1.

际条约。自日内瓦四公约通过以来,多边条约成为海洋法的显著特征。最典型的例证是《公约》,它综合了渐进发展和法典化这两个方面。[1] 一系列多边条约有时也在特定领域或区域弥补了《公约》的漏洞。我们只需要读一读标题,就能明确这些文件的目的,如《联合国鱼类种群协定》(以下简称《鱼类协定》)。

《公约》有两个补充协定。一为1994年7月28日通过的《执行第十一部分的协定》,二为1995年8月4日通过的《鱼类协定》。1994年的协定修改了《公约》,是《公约》整体的一部分,它规定:

"在解释和适用本协定与《公约》第十一部分的规定时,两者应视为相同的法律文件。如果两者存在不一致之处,则以本协定的条款为准。"[2]

各国全权代表制定《鱼类协定》的目的是补充《公约》的规定,确保在更好的条件下养护和管理鱼类种群,避免过度捕捞。[3] 但是,鱼类种群在《公约》中只有框架性规定,[4]并不完善,无法实现种群的可持续利用。例如,虽然《公约》明确缔约国负有"为本国国民采取养护公海生物资源的措施的……义务",[5]也负有养护和管理上述资源的合作义务,[6]但是上述义务

---

[1] 在海洋法会议闭幕会议上,大会主席、新加坡大使许通美发言道:"我听说有人抱有第三种观点,他们说《公约》不是法典。有人指出,除了公约第十一部分外,这部公约编纂了习惯法,反映了现有的国际实践。这种认识是完全错误的,也缺乏法律依据。公约中有许多新的概念,如国际海峡的过境通行制度和群岛水道通过制度。公约第76条大陆架的规定中甚至制定了新的规则,使得大陆架的概念涵盖了大陆坡和大陆基……"Voir, T. Koh, UNCLOS at 30: Some Reflections, in L. del Castillo, *Law of the Sea, From the Grotius to the International Tribunal for the Law of the Sea, Liber Amicorum Judge Hugo Caminos*, Brill/Nijhoff, 2015, p. XXXV.《公约》并不是修改日内瓦诸公约的传统海洋法问题汇编法典。实际上,该公约"并没有废除传统习惯法的规定,而是精确地调整了它们的适用,使得它们保持平行。"Voir, L. Savadogo, Les Navires Battant Pavillon d'une Organization Internationale, *Annuaire Français de Droit International*, 2007, p. 646.

[2] 《执行第十一部分的协定》第2条第1款。

[3] 《鱼类协定》第2条。

[4] Voir, Document de DOALOS des Nations - Unies, A. Conf. 164/INF5.

[5] 《公约》第117条。

[6] 《公约》第118条。

缺乏强制性,因此应当明确相应的具体的作为义务(L'Obligation de Comportement)。[1] 所以,在评价公约本文及其对当前海洋法的作用时,必须考虑上述协定和执行《公约》的国家实践。[2]

除了上述文件外,国际海事组织、联合国粮农组织和联合国教科文组织也已制定了涉及海事、渔业和水下资源等各种事项的多部专项多边条约,[3] 其他公约还包括1986年2月7日《船舶注册条件公约》、[4] 1988年3月10日《制止危及海上安全非法行为公约》、1999年2月12日《船舶扣押公约》、1981年3月23日《阿比让环境保护公约》、[5] 1972年2月15日《奥斯陆倾倒公约》和1995年6月10日《巴塞罗那公约》[6] 等。[7]

《公约》的效力不仅源自上述多边条约,也源自大量双边协定,这在海洋划界领域最为明显。世界上有大量海洋边界尚未划定,有大约420条潜在的

---

〔1〕 Voir, R. C. Raigon, L'Application des Dispositions Relatives à la Pêche en Haute Mer de la Conservation des Nations Unies sur le Droit de la Mer, *Espaces et Ressources Maritimes*, 1994, N° 8, p. 214. M. Savini, La Réglementation de la Pêche en Haute Mer par l'Assemblée Générale des Nations – Unies. À Propos de la Résolution 44/225 sur les Grands Filets Maillants Dérivants, *Annuaire Français de Droit International*, 1990, p. 777.

〔2〕 特别是使《公约》生效的国内法与国际、区域组织的立法。

〔3〕 国际海事组织的公约中最重要的是《国际海上人命安全公约》及其修正议定书、1973年和1978年《国际防止船舶污染公约》、1976年《国际海事卫星组织公约》和1979年《国际海上搜救公约》。Voir, G. Librando, The IMO and the Law of the Sea, in D. J. Attard, *The IMLI Manual on International Maritime Law, Vol. I: The Law of the Sea*, Oxford University Press, 2014, pp. 577 – 605. 也有文献讨论2001年联合国教科文组织的《保护水下文化遗产公约》。Voir, T. Scovazzi, Protection of Underwater Cultural Heritage: the UNCLOS and 2001 UNESCO Convention, in D. J. Attard, *The IMLI Manual on International Maritime Law, Vol. I: The Law of the Sea*, Oxford University, 2014, pp. 443 – 61. 关于联合国世界粮农组织的1993年《公海渔船协定》和2009年《港口国措施协定》的文献颇多。Voir, A. V. Lowe, S. A. G. Talmon, *Basic Documents on the Law of the Sea*, Hart, 2009, p. 65.

〔4〕 该公约已经失效。

〔5〕 《阿比让环境保护公约》是旨在通过减少沿岸地区和河流的污染,保护中非和西非海域的区域性多边环境保护公约。该公约于1983年在科特迪瓦的实际行政首都和经济中心阿比让开放签署,并已于1984年生效。——译者注

〔6〕 《巴塞罗那公约》全称《地中海海洋环境与沿岸地区保护公约》,旨在减少地中海沿岸国的陆源、船源和倾废污染,保护地中海环境。该公约于1975年在巴塞罗那开放签署,于1976年生效,并于1995年修正。——译者注

〔7〕 Voir, A. V. Lowe, S. A. G. Talmon, *Basic Documents on the Law of the Sea*, Hart, 2009.

海洋边界[1]和200个生效的划界协定，因此海洋划界法大有可为。[2]

国际习惯法是新时代海洋法的第二个重要法律渊源。《公约》明确，"本公约未规定事项，可适用一般国际法规则和原则"，因此《公约》承认国际习惯法的重要作用。[3] 海洋法起初都是习惯法，出自惯例及其实践，这不仅保障了国际航行，而且催生了当今诸多重要的法律概念，例如内水、领海、公海、海洋自由、船旗国专属管辖权、历史性海湾与海盗普遍管辖权。20世纪中叶海洋法编纂是富有创造性的工作，而国际习惯法不但一直持续到编纂之时，[4]而且仍在"《公约》规定模糊的领域或国家实践超过《公约》规定的领域"发挥着重要作用。[5] 国际法院在一些判决[6]中也指出了这一现象，尤其是在海洋划界案件的判决中。[7]

众多法律文件都已表明，国际习惯法及其与《公约》的关系都很重要。[8] 在快速发展的法律部门中，这两个法律渊源保持协同关系是最为重要的。此外，法理和原则也是重要的海洋法渊源。[9] 埃玛努埃莱·图尔

---

〔1〕 Voir, US Department of State, Bureau of Oceans and International Environment and Scientific Affairs, *Maritime Boundaries of the World*, Limits in the Sea, 1990, p. 2.

〔2〕 Voir, les cinq volumes de J. L. Charney, L. M. Alexander, *International Maritime Boundaries*, The American Society of International Law, Nijhoff, 1993, 1998, 2002, 2007. Les quatre volumes de Division for Ocean Affairs and the Law of the Sea, *Accords de Délimitation Maritime*. G. H. Blake, *Maritime Boundaries: World Boundaries*, Vol. V, Routledge, 2002.

〔3〕 《公约》序言。

〔4〕 Voir, D. R. Rotherwell, T. Stephens, *The International Law of the Sea*, Hart, 2010, p. 22.

〔5〕 *Id.*

〔6〕 Voir, Rec. CIJ 1984, para. 79 – 96. Rec. CIJ 1985, para. 26 – 34.

〔7〕 Voir, T. M. Ndiaye, The Judge, Maritime Delimitation and the Gray Areas, *Indian J. of Int'l L.*, 2016, pp. 1 – 4. Rec. CIJ 1969, p. 3. 参见"孟加拉湾海洋划界案"（孟加拉国与缅甸），国际海洋法法庭第16号裁决，2012年3月14日，第183段。

〔8〕 参见联合国教科文组织2001年《保护水下文化遗产公约》第3条、1993年《促进公海渔船遵守国际养护和管理措施的协定》序言、联合国粮农组织1995年《负责任渔业行为守则》第3条第1款、2001年《防止、制止和消除非法、不报告和不管制捕捞的国际行动计划》第10条，以及2009年《防止、制止和消除非法、不报告和不管制捕捞的港口国措施协定》序言。

〔9〕 Voir, T. M. Ndiaye, The Judge, Maritime Delimitation and the Gray Areas, *Indian J. of Int'l L.*, 2016, p. 2.

姆—茹阿内[1]认为:

"既然国际法院不但承认了海洋习惯法,而且推翻了一些习惯的主要原则,那为什么不强调国际法院的贡献?涉及这一问题的所有判决都作出了完美的回答。"[2]

国际司法机构界定、明确了海洋划界法的规则和原则,并由缔约国践行,因此前者似乎对上述制度的形成起到了更重要的作用。在海洋法领域,学说的作用虽常被讨论,但未曾被否定。

"在所有国际法中,海洋法是受政治家影响最深的部门,格劳秀斯即为明证。"[3]

最后,在当代国际法领域,尤其在海洋法中,有些法律文件虽然不具有约束力,但发挥了极为重要的劝导和建议作用。国际组织全体会议的决议最为重要,因为它们预示着即将产生的法律。[4] 应当指出的是,有些决议是根本性的,例如第15届联大第1514号《民族自决权的决议》和第24届联大第

---

〔1〕 埃玛努埃莱·图尔姆—茹阿内(Emmanuelle Tourme - Jouannet,1962 ~),巴黎第二大学法学教授兼巴黎第四大学哲学教授,主要研究国际法、国际关系、人权法、法律史和法哲学,《欧洲国际法杂志》编委,代表作有:Existe-t-il de Grands Arrêts de la Cour Internationale de Justice ?,in C. Apostolidis, *Les Arrêts de la Cour Internationale de Justice*,Universitaires de Dijon,2005,pp. 169 - 97;What is the Use of International Law ?,*Mich. J. of Int'l L.* ,2008,pp. 815 - 62; *Le Droit International*,Presses Universitaires de France,2016。

〔2〕 Voir,E. Tourme - Jouannet,Droit Non Écrit,in D. Alland,*Droit International Public*,Presses Universitaires de France,2000,pp. 267 - 308.

〔3〕 Voir,D. R. Rotherwell,T. Stephens,*The International Law of the Sea*,Hart,2010,p. 24.

〔4〕 Voir,J. P. Pancracio,*Droit de la Mer*,Précis Dalloz,2010,p. 54. 潘克拉西奥阐述道:"我们注意到,在那些未来法律框架的原则仍未确定、尚不稳定和有待讨论的领域,人们将会选择对其限制最少的程序或制度。因此,在国际社会尚未界定核心概念和基本规则的领域,虽然联大的决议对成员方不构成强制性法律义务,但通常更容易在这些领域发挥作用。"

2574号《和平利用海床洋底和底土的决议》。[1] 第25届联大第2749号《关于各国管辖范围以外海床洋底及其底土的原则宣言》提出了人类共同遗产原则,这一宣言被《公约》第十一部分吸收,[2]也融入了1992年《二十一世纪议程》第十七章有关海洋保护的规定之中。[3]

联合国粮农组织有两份值得关注的无约束力法律文件,即《负责任渔业行为守则》(Le Code de Conduite par une Pêche Responsable,以下简称《守则》)[4]和《防止、制止和消除非法、不报告和不管制捕捞的国际行动计划》(Le Plan d'Action International Visant à Prévenir,Contrecarrer et Éliminer la Pêche Illicite,Non Déclarée et Non Réglementée,以下简称《行动计划》)。[5]此外,联合国国际海事组织通过了《镇压海盗行动守则》(Le Code de Conduite Relatif à la Répression de la Piraterie)。[6]

综上所述,海洋成文法体系内容丰富、灵活多样,足以满足日新月异的情势变化。因此,《公约》面临的多重挑战都源自其自身所采取的固有方法,这一方法用来把海洋分配给世界各国。海洋被划分为不同区域,使得自然和法律产生了分歧,这是这种方法最大的缺陷。例如,在《公约》第3条、第33条、第57条和第76条第1款中,沿岸国的海域管辖权实际上只考虑了距离标准,而忽视了海洋的固有属性以及海洋中的生物与非生物资源。因此,海洋法的首要挑战是如何共享海洋。此外,正如佛教的"诸行无常"(Il n'y a de Constant que le Changement),出现了些新问题,它们在《公约》起草时尚难预料,或不能仅靠《公约》单独解决。这一情况带来了新挑战,开辟了海洋法的未来。

---

[1] Voir,Basic Document No. 16.
[2] Voir,Basic Document No. 17.
[3] Voir,Basic Document No. 48.
[4] Voir,Basic Document No. 58.
[5] Voir,Basic Document No. 67.
[6] Voir,Basic Document No. 90.

二、完善海洋分配

虽然《公约》通过聚集所有国家并将海洋空间分配给各种类型国家的方式实现了海洋共享,但是实践表明这种做法还是具有根深蒂固的缺陷。因此,各国的首要工作是依据《公约》明确的区域划分方法来完成、完善海洋划界,改善海洋治理。所谓的区域划分方法,是指使得一方的主张与他方的利益相协调的方法,它确定了每个区域的空间限制和适用的法律制度,明确了不同类型国家的权利和义务。相关区域包括领海、毗连区、群岛水域、专属经济区、大陆架、公海、国际海底区域、内水、考古区(La Zone Archéologique)〔1〕和历史性海湾。

这一过程会涉及相邻或相向沿岸国家的海域划界,以及200海里外大陆架的外部划界,产生了四种划界方式,即单边划界、条约划界、司法划界,以及200海里外大陆架的外部划界。

(一)单边划界

单边划界(La Délimitation Unilatérale)涉及国家领土与国际空间的分离,适用于沿岸国享有管辖权的区域,即内水、领海、大陆架和专属经济区。虽然这些区域的确定属于沿岸国的专属管辖权,但这依然具有国际性。〔2〕需要说明的是,虽然内水问题没有条约法,但是它的划分标准与单边划界的标准

---

〔1〕《公约》第149条和第303条只规定了缔约国保护水下文物的义务,没有界定考古区,但是《保护水下文化遗产公约》附件第1条鼓励水下文化遗产的就地保护。

〔2〕国际法院认为,"由于沿岸国有权独自划界,所以划界行为确属单边行为,但是划界是否对第三国有效则是国际法问题。"Rec. CIJ 1951, p. 132. 这让人联想起国籍的法律适用。国际法院认为,"国家在本案中能否享有保护权,并不取决于(该国的)法律或判决。"Rec. CIJ 1955, p. 20. 国际法院解释道,"因为国际法允许各国自行决定是否授予国籍。"Rec. CIJ 1955, p. 23. 另外,国籍的内部效力是国籍的外部效力的先决条件。虽然国际法认可由国家全权自行决定国籍,但是国籍在国际社会中的有效性仍受制于国际法,因此国家对国籍的质疑并不使国籍无效,而是使国籍无法执行。伊恩·布朗利爵士认为,"由于国籍法涉及领土主权,所以国籍主要是归属的问题。虽然国内法规定了领土的范围,但是这些规定并不排除国际法以其自身标准和方式来确定所有权。"Voir, I. Brownlie, The Relationships of Nationality in Public International Law, *British Y. B. of Int'l L.*, 1963, pp. 284 – 364.

相同。[1] 在海洋划界中,海岸线、基线、岛屿、低潮高地及其他地理或测量因素都具有重要作用。[2] 实际上,这些不同因素有助于各国确定空间基准,实施海域管辖权。[3] 换言之,"国家领土主权与毗邻海域内的国家权利的法律纽带是海岸。'毗邻'概念所依据的距离是指到海岸线的距离,而不是到大陆的距离。"[4]

在海洋划界中,相关海岸及其轮廓似乎是非常重要的考量因素,包括长度、形状、岛屿、低潮高地及其他地理因素。国家通过划界获得主权权利(Le Titre)。国际法院曾指出,海岸或海岸面的投影产生了陆地统治海岸原则,国家依此可以主张大陆架和专属经济区的主权权利。[5]

国家向海洋扩展管辖权的依据是陆地。[6] 更重要的是,根据该国领土中的海岸部分,来决定其对近岸海底区域的主权权利。[7] 在划定大陆架和专属经济区时,相关海岸具有两种虽不相同但密切联系的法律作用。在每个具体案件中,为了明确海域内的重叠诉求,必须首先确定相关海岸的范围,因为每次划界的目的就是要沿着分界线解决诉求的重叠问题,并划分相关海域。

其次,为了判断分界线两侧任何一国的海岸线长度与其海域的比例是否

---

〔1〕 对于1958年和1982年的海洋法相关公约,田中嘉文认为,"虽然同一海湾存在多个沿岸国时,存在内水划界问题,但是诸公约都没有相应条款。此外,对大陆架与专属经济区、渔区是否适用同一条海洋分界线,也是存在争议的。如果考虑到海床和上覆水域的不同因素,那么大陆架与专属经济区、渔区的分界线也有可能不一致。"Voir, Y. Tanaka, *International Law of the Sea*, Cambridge University Press, 2015, p. 198。

〔2〕 Voir, T. M. Ndiaye, Le Juge et la Délimitation Maritime: Mode d'Emploi, in J. M. Van Dyke et al., *Governing Ocean Resources, New Challenges and Emerging Regimes, a Tribute to Judge Choon-Ho Park*, Martinus Nijhoff, 2013, p. 139 – 61, spec. pp. 145 – 7.

〔3〕 国际法院写道,"本案适用陆地统治海洋原则,因此必须仔细研究国家的海岸地形,以确定其大陆架。"Voir, Rec. CIJ 1969, para. 96。

〔4〕 国际法院写道,"国家对海洋主张的权利与海岸、海岸包围领土的方式有关,而与海岸之后的领土大小无关。领土逼仄的国家可以主张比大国更大的海洋领土,这取决于各国海岸面(La Façade Maritime)及其呈现的方式。"Voir, Rec. CIJ 1985, para. 119。

〔5〕 Voir, Rec. CIJ 2009, para. 77.

〔6〕 Voir, Rec. CIJ 1969, para. 51.

〔7〕 Voir, Rec. CIJ 1982, para. 73.

失调,也有必要确定相关海岸的范围。[1] 比例是判断划界是否公平的标准。在分配给各个国家之前,比例标准要考虑相关海岸的长度或海域的组成要素。[2]《公约》确立了基线制度,并允许各国依其管辖权,以"正常基线法"或"直线基线法"自行确定领海、毗连区、专属经济区和大陆架的宽度。《公约》第5条规定:

"测量领海宽度的正常基线,是指沿岸国在大比例尺海图上正式注明的沿岸低潮线,本公约另有规定的除外。"[3]

直线基线[4]适用于存在深切锯齿形海岸、沿海岸线或近岸处出现岛链的情形。直线不得显著偏离海岸的一般走向,直线内的海域宽度也必须与陆地领土联系紧密,以便受内水制度管理。直线基线不得起讫于低潮高地,除非其上建有灯塔及类似设施,或这条直线基线已经获得国际普遍承认。此外,上述基线不得阻碍他国领海与公海或专属经济区的联系。根据《公约》第14条,沿岸国有权根据具体情况,采用上述条款规定的一种或多种方法来确定基线。还应当指出的是,有必要制定直线基线法及其法律地位和制度的

---

〔1〕 Voir, Rec. CIJ 2009, para. 78. T. M. Ndiaye, Le Juge et la Délimitation Maritime: Mode d'Emploi, in J. M. Van Dyke et al., *Governing Ocean Resources, New Challenges and Emerging Regimes, a Tribute to Judge Choon-Ho Park*, Martinus Nijhoff, 2013, p. 149.

〔2〕 有时国际法院难以确定相关海岸的范围。国际法院写道,"本院认为,本案原则上没有理由排除使用比例测试,这与'突尼斯诉利比亚案'的做法大致相同,包括确定'相关海岸',从而计算海岸长度与分配海域的数字之比,并通过比较比值实现相向或相邻海岸的划界公平。但本案在实际操作中存在难以适用该原则的困难。首先,本案的地理特征非常复杂,相关海岸和相关地区的边缘地带非常广阔,实际上可以采取任何调整方式,这将导致非常不同的结果。其次,本案判决适用范围实际上受制于第三方的主张,所以在此范围内适用比例原则是没有意义的。"Rec. CIJ 1985, para. 74. 但是,根据海岸地形划界又是永恒的原则。"对于必须划定大陆架的沿岸国家,必须仔细研究其地形。"Rec. CIJ 1969, para. 96. "划界采用的方法必须与当事国实际毗邻大陆架的海岸相关。" Voir, RSA 1977, Vol. XVIII, pp. 130, 240. "指定区域内绘制的分界线是海岸轮廓的函数。" Voir, Rec. CIJ 1984, para. 205.

〔3〕《公约》第5条、第7条、第9~11条、第13~14条以及第16条的基线规则不仅适用于测量领海宽度,也适用于沿岸国管辖的其他区域。第5条所指的其他规定是指珊瑚礁、直线基线、河口、海湾、港口和低潮高地。Voir, R. Churchill, Coastal Waters, in D. J. Attard, *The IMLI Manual on International Maritime Law, Vol. I: The Law of the Sea*, Oxford University Press, 2014, pp. 1-25。

〔4〕《公约》第7条。

专门措施。许多国家面临的问题是海平面升高影响了基线。从 2000 年到 2009 年,海平面提升的幅度超过了之前 5000 年的水平。〔1〕

(二)双边划界

邻国海域划界关乎稳定、持久的多边关系,具有重要意义。世界上有大量海洋边界尚未划定,世界上大概有 420 条海洋边界,〔2〕但迄今为止的划界协定只有大约 200 个,且大部分已经生效。〔3〕 由于现有划界协定仅涉及极小的海域,因此这也意味着海洋划界进程远未完成。虽然当前趋势是绘制一条分界线划分国家管辖的所有区域,但是上述协定大部分只涉及大陆架,未确定其他区域,因此这是未来的重大挑战。

条约划界(La Délimitation Coventionnelle)源自《公约》的规定,《公约》要求专属经济区和大陆架的划界必须通过协定才能生效。《公约》第 15 条、第 74 条和第 83 条分别规定了领海、专属经济区和大陆架的划界。《公约》第 15 条规定:

---

〔1〕 Voir,J. Attenhoffer,Baselines and Base Points:How the Case Law withstands Rising Sea Levels and Melting Ice,*Law of the Sea Reports*,2010,Vol. I. D. Freestone,J. Pethick,Sea Level Rise and Maritime Boundaries,in G. H. Blake,*Maritime Boundaries*,Routledge,1994,p. 73. 在“孟加拉湾海洋边界仲裁案”(孟加拉国诉印度)裁决书中,常设仲裁法院写道,“仲裁庭首先解决赖蒙戈尔河和哈里伯阿加河的河口海岸不稳定的问题。需要指出的是,孟加拉国的相关海岸是不稳定的,本庭是在赖蒙戈尔河口一些地层的大小和形状变化的记录的指导下,得出这一结论的。例如,南塔尔帕提岛或新摩尔岛就是这样的例子。但是,本庭认为没有必要详细讨论这个问题,因为对于专属经济区和大陆架划界而言,这种不稳定的情况不足以构成调整临时等距离线的理由。本庭的裁决与国际法院在‘加勒比海陆地与海洋争端案’(尼加拉瓜诉洪都拉斯)的判决不一致。Voir,Rec. CIJ 2007,pp. 659,745,para. 281. 该判决只考虑了海岸的不稳定性是否造成无法确立基点,而正如本庭对领海强调的那样(上文第 214 ~ 219 段,以及第 248 段),只有当前的地球物理条件才具有相关性。气候变化影响了海洋环境的自然演化、不确定性和不可预测性,使得海岸侵蚀和冲积的数量变得不可预测,这在当事国沿海地区尤其明显。在调整临时等距离线时,不能考虑海岸未来的变化,包括气候变化导致的变化。”参见常设仲裁法院 2014 年 7 月 7 日裁决书,第 399 段。

〔2〕 Voir,US Department of State,Bureau of Oceans and International Environment and Scientific Affairs,*Maritime Boundaries of the World*,Limits in the Sea,1990,p. 2.

〔3〕 Voir,les cinq volumes de J. L. Charney,L. M. Alexander,*International Maritime Boundaries*,The American Society of International Law,Nijhoff,1993,1998,2002,2007. Voir aussi les quatre volumes de Division for Ocean Affairs and the Law of the Sea,*Accords de Délimitation Maritime*. G. H. Blake,*Maritime Boundaries*:*World Boundaries*,Vol. V,Routledge,2002. 这些书提供了各洲国家在该领域实践的概况。

“中间线是任何海岸相邻或相向的两国从测量领海宽度的最近点开始等距离确定的线,上述国家的领海不得超过该中间线,但两国另有约定的除外。”

但是,存在当历史性所有权或其他特殊情形时,上述条款并不适用,两国领海划界必须采用其他方法。《公约》第74条和第83条措辞一致,规定如下:

“一、海岸相邻或相向的国家应当通过协定来有效划定(大陆架的)专属经济区的界限,该协定应当符合《国际法院规约》第38条[1]所指的国际法,以确保结果公平。

二、各国若未能在合理时间内达成协定,相关国家有权诉诸第十五部分程序。[2]

三、在第一款所述的协定未能达成之前,相关国家应当互相理解、精诚合作,达成可以实际履行的临时安排,并不得在过渡期内破坏、阻碍达成最终协定。临时安排不得妨害最终协定。

四、关于(大陆架的)专属经济区,如果相关国家之间存在有效协定,应当根据该协定的规定来决定相关划界。”[3]

由于各国专属经济区和大陆架的划界实践各不相同,划界协定也很少反

---

[1] 联合国《国际法院规约》(Statut de la Cour Internationale de Justice)是1945年《宪章》的组成部分,该《规约》第38条规定了国际法的渊源,依次是国际条约、国际习惯、一般法律原则、司法判例、各国最高权威公法学家学说和公允善良原则。——译者注

[2] 《公约》第十五部分题为“争端解决”。——译者注

[3] 关于专属经济区与大陆架划界的对比,参见1982年2月24日“大陆架案”(突尼斯诉利比亚)判决书、1993年6月14日“格陵兰与扬马岛间区域海洋划界案”(丹麦诉挪威)判决书、2001年3月16日“领土划界问题案”(卡塔尔诉巴林)判决书、2002年10月10日“陆地与海洋边界案”(喀麦隆诉尼日利亚)判决书,以及2012年3月14日国际海洋法法庭第16号裁决“孟加拉湾海洋划界案”(孟加拉国与缅甸)。

映各国划界谈判中所采用的原则和方法,[1]所以各国实践并未构成习惯法。实际上,海洋划界争端的案例表明,《公约》规定的内容并没有设想的那么重要。有学者指出:

"在起草上述条款时,在'等距离原则'的支持者和'公平原则'的支持者之间存在分歧。这两种观点的分歧涉及另一个难题,即如何和平解决争端。作为'一揽子'协定的一部分,'等距离原则'的支持者要求建立具有强制性的第三方机制,以解决划界争端;而'公平原则'的支持者通常反对强制性司法程序。"[2]

《公约》第73条和第84条只起到了促进解决的作用,并未提供完整解决方案。它们只要求划界结果必须公平,[3]但未说明划界的方法,而且国际法院的上述解释也含混不清。毫无疑问,划界协定是客观存在的,也就是说,它是普遍存在的。在国家继受的情况下,划界协定在领土转让时对继受国生效。因此,拉丁美洲各国在19世纪宣布独立时就谨慎适用了"保持占有原则"(Le Principe de l'Uti Possidetis Juris),而非洲称为"边界不可侵犯原则"(Le Principe de l'Intangibilité des Frontières)。[4]

---

[1] Voir, V. Leanza, M. C. Caracciolo, The Exclusive Economic Zone, in D. J. Attard, *The IMLI Manual on International Maritime Law, Vol. I: The Law of the Sea*, Oxford University Press, 2014, pp. 177 - 216. "许多国际双边协定只划分了海床洋底、底土和上覆水域,并未针对性地划分这一区域。根据这些协定解决划界问题的方式的不同,可以将它们分为三组。第一组使用中间线或等距离线划界法,这组协定数量最多;第二组只是表示应当根据国际法划界;第三组直接确定了地理坐标,既没有说明划界使用的方法,也没有诉诸中间线或等距离线以外的方法。"

[2] Voir, Y. Tanaka, *International Law of the Sea*, Cambridge University Press, 2015, pp. 200 - 1. S. N. Nandan, S. Rosenne, *United Nations Convention on the Law of the Sea* 1982: *A Commentary, Vol II*, Nijhoff, 1993, pp. 796 - 819. M. D. Evans, Maritime Boundary Delimitation, in D. R. Rothwell, et al., *Oxford Handbook of the Law of the Sea*, Oxford University Press, 2015, pp. 254 - 79.

[3] 按照国际法院的观点,"根据现行有效的国际法要求,划界时应着眼实现公平的结果,但这并不等同于公正地划界。公正地划界并不是划界方法,只是在实施划界时应当在心中牢记的目标。"Voir, Rec. CIJ 2002, para. 294.

[4] Voir, Le Litige Entre des Etats Africains au Sujet des Frontières, Résolution AHG/16 - 1, 21 Juillet 1964. Rec. CIJ 1986, para. 23.

但是,对海洋划界的法律规则和原则起到主要构建作用的似乎是国际法院和常设仲裁法院。由于常设仲裁法院不但适用国际法院确认的规则,而且在与国际法院互动的过程中提炼了新观点,所以国际司法推动了海洋划界法的发展。

(三)司法划界

《公约》规定,各国若未能在合理的时间内达成协定,相关国家有权诉诸第十五部分程序,[1]因此各国海洋划界谈判失败之后常常紧接司法划界(La Délimitation Juridictionelle)。

此外,由于专属经济区的存在和矿物资源勘探、开发技术的发展,海洋划界成了当代难题。择要而言:

> "由于各国普遍需要权威部门解决海洋边界问题,所以越来越多的国家诉请国际法院通过协定、仲裁或判决的形式处理海洋划界,这反过来也提高了开发海床洋底矿物资源的可能性。"[2]

应当指出,即使地理环境上涉及多个国家,当事国也倾向于通过双边途径解决划界问题。即使法官或者仲裁员认为,按照正常程序应当考虑第三方的权利,但是大部分的划界协定依然是双边协定,而且大部分的起诉状也只涉及两方,甚至在"不干涉案件"中也是如此。[3]

由于两国在相关地区享有主权权利是划界的前提,所以法官首先要考察

---

[1] 《公约》第74条第2款与第83条第2款。

[2] Voir, H. Thirlway, Some Observations on Recent Trends in the Work of the International Court of Justice, *Japanese Y. B. of Int'l L.*, 2012, pp. 4 – 30, spec. p. 8.

[3] Voir, H. Thirlway, Some Observations on Recent Trends in the Work of the International Court of Justice, *Japanese Y. B. of Int'l L.*, 2012, p. 9. 我们注意到,在存在干涉的情况下,通常会有一国反对或两国共同反对,因此这种情况也是对两国选择双边方案的肯定。

当事国是否在待划定地区具有竞争性主权权利。[1] 专属经济区的大量争议都是重叠海域的界线争端。此外,200 海里外大陆架引起了各国广泛的兴趣,虽然各国遵从大陆架界限委员会的规定,但是司法实践在几十年中慢慢发生了变化。

海洋划界实际上是案件最多的国际法类别,在国际法院、常设仲裁法院和国际海洋法法庭(以下简称海洋法法庭),以及《公约》附件七"仲裁庭",[2] 都是如此。因此,对海洋划界的法律规则和原则起到主要构建作用的似乎是国际法院和常设仲裁庭,而不是国家间的实践。[3]

在确认相关国家的主权权利后,就海床洋底和底土资源而言,法官必须考查大陆架与专属经济区的联系。虽然大陆架的设立是源自法律制度的固有权利,但是专属经济区的设立必须由国家自行主张。[4] 田中嘉文写道:

"由于海床及其上覆水域的考量因素不同,所以大陆架和专属经济区的划界线也可以不同。因此,海床和上覆水域的不同因素可能会带来风险,导致同一地区存在两条有竞争关系的分界线,使一国的专属经济区与另一国的大陆架存在部分重叠,引发复杂的管辖权问题。"[5]

---

[1] 国际法院写道,"因此,本庭通过确定当事国的相关海岸,开始确定其投影重叠的部分,从而在海域间绘制分割线,以回答诉求重叠的问题。"Voir, Rec. CIJ 2012, para. 141. 国际法院还写道,"这是当事国领土的海岸,而该国决定是否在接壤此海岸的海底延伸上创造主权权利。"参见 Rec. CIJ 1982, para. 73。

[2] 《公约》包含了 3 种不同的仲裁,即第 188 条商业仲裁、附件七强制仲裁和附件八特别仲裁。由于附件七仲裁的提起并不需要争端各方同意,因此属于强制仲裁。——译者注

[3] Voir, T. M. Ndiaye, Le Juge et la Délimitation Maritime: Mode d'Emploi, in J. M. Van Dyke et al., *Governing Ocean Resources, New Challenges and Emerging Regimes, a Tribute to Judge Choon-Ho Park*, Martinus Nijhoff, 2013, p. 140.

[4] Voir, D. J. Attard, *The Exclusive Economic Zone in International Law*, Oxford University Press, 1987. F. Orrego Vincuña, *The Exclusive Economic Zone-Regime and Legal Nature under International Law*, Cambridge University Press, 1989.

[5] Voir, Y. Tanaka, *International Law of the Sea*, Cambridge University Press, 2015, p. 198. 作者写道,"根据专属经济区制度,专属经济区创设之处包含了海床(《公约》第 56 条第 1 款),因此海床不再属于大陆架,而是属于专属经济区。因此从理论上来说,单一的海洋边界变成了单纯的专属经济区边界。严格来说,'大陆架和专属经济区的单一边界'的表述是有问题的。"

此外,大陆架的主权权利也是难题。根据《公约》,大陆架涉及领海以外的海床洋底和底土,大陆架从当事国的领土自然延伸至大陆边。从测量领海宽度的基线算起,如果距大陆边的外缘不足200海里,那么当事国最多可以主张至该距离。换言之,大陆架的所有权权利采用距离和自然延伸两种标准,尤其在《公约》允许沿岸国超过200海里确定大陆架外部界限之后。〔1〕

在考量以上因素后,法官将会确定划界的方法,并确定临时等距离线。海洋划界争端当前使用的主要方法似乎是"三步法"(Le Paradigme des Trois Étapes)。在使用该方法确定是否符合比例之前,法官在必要时会考虑其他相关因素。自"北海大陆架案"以来,国际司法机构已经受理了20多个划界案件,并对大部分案件作出了判决和命令。

大陆架划界起初是依据法理,现在各国则希望由同一条海洋分界线确定全部海域,但是大陆架的分界线是否也应该分割水体(La Colonne d'Eau)确属法律难题。国际法院和常设仲裁法院都面临着这个挑战。在"黑海划界"案中,国际法院指出:

"罗马尼亚提出,根据1949年的法律文件,〔2〕该国已经在I点以外蛇岛(Insula Şerpilor)附近确定了专属经济区和大陆架的分界线。本庭认为,应当依据《公约》第74条第4款和第83条第4款来分析罗马尼亚的观点。……各国的实践表明,如果当事国要选择用一条分界线来替代另一条分界线,那么必须要达成新的协定。如果当事国都同意采用大陆架的分界线来标记各自专属经济区边界,那么通常都是这样做的。"〔3〕

---

〔1〕 《公约》第76条第2~7款。Voir, Rec. CIJ 2012, para. 121.

〔2〕 1949年的法律文件是指罗马尼亚与苏联在边界委员会会议上签署的《绘制国界会议纪要》(Le Procès - verbal de Description de La Frontière d'Etat)。Voir, Rec. CIJ 2009, para. 57。

〔3〕 Voir, Rec. CIJ 2009, para. 69.

需要说明的是,海洋划界诉讼是基于强制管辖,例如《公约》第十五部分的可导致有约束力判决的强制程序。至今为止,根据《公约》附件七已提起了四个仲裁,即巴巴多斯诉特立尼达和多巴哥、法属圭亚那诉苏里南、孟加拉国诉印度以及菲律宾诉中国。

(四)外大陆架划界

200 海里外大陆架外部界限的确定[1]也称为划界(La Délinéation)。[2]根据《公约》,[3]大陆架涉及领海以外的海床洋底和底土,大陆架从沿岸国的领土自然延伸至大陆边。从测量领海宽度的基线算起,如果到大陆边的外缘不足 200 海里,那么当事国最多可以主张至该距离。

上述条款有三个要点,即从测量领海宽度的基线算起 200 海里、沿岸国领土的自然延伸的含义,以及大陆边的外缘。根据《公约》第 76 条第 4 款,如果大陆边的外缘超过 200 海里,那么大陆架的外部界限应由地形学标准确定,该标准以海底地貌的地理数据、形状和轮廓为依据,在逻辑上符合沿岸国领土自然延伸的含义。[4] 爱尔兰提出的修正案采用了地形学的两种方法,沿岸国可采用这些方法确定大陆边的外缘,即"加尔迪内法"(La Formule

[1] Voir, V. M. Rangel, Le Plateau Continental dans la Convention de 1982 sur le Droit de la Mer, in Hague Acad. of Int'l L., *Collected Courses of the Hague Acad. of Int'l L.*, Martinus Nijhoff Pubishers, 1985, Vol. 194, pp. 342 – 64. L. Lucchini, L'article 76 de la Convention des Nations Unies du 10 Déc. 1982 sur le Droit de la Mer, in Institut du Droit Économique de la Mer, *Le Plateau Continental Étendu aux Termes de la Convention des Nations Unies sur le Droit de la Mer du* 10 *Déc.* 1982—*Optimisation de la Demande*, Pédone, 2004, pp. 9 – 29. R. Churchill, V. Lowe, *The Law of the Sea*, 3rd ed. Manchester University Press, 1999. D. R. Rotherwell, T. Stephens, *The International Law of the Sea*, Hart, 2010, pp. 98 – 119.

[2] La Délinéation 是指国家享有主权权利的大陆架和公共海底区域之间的划界活动,而 La Délimination 是指相邻或相向国家的大陆架划界活动。——译者注

[3] 《公约》第 76 条第 1 款。

[4] Voir, V. M. Rangel, Le Plateau Continental dans la Convention de 1982 sur le Droit de la Mer, in Hague Acad. of Int'l L., *Collected Courses of the Hague Acad. of Int'l L.*, Martinus Nijhoff Pubishers, 1985, p. 348. Voir, H. D. Hedberg, Relation of Political Boundaries on the Ocean Floor to the Continental Margin, *Virginia J. of Int'l L.*, 1976, pp. 57 – 75.

Gardiner)[1]和"黑德贝格法"(La Formule Hedberg)。[2]《公约》第76条采纳了这两个方法。

"加尔迪内法"考察沉积岩的厚度。《公约》第76条第4款第1项第1目规定:

"如果从测量领海宽度的基线算起,沿岸国的大陆边的外缘超过200海里,那么该外缘由本条第7款的界线确定,该界线上由最远定点组成,所有这些定点上沉积岩的厚度应当不少于该点到大陆坡脚距离的百分之一。"

"加尔迪内法"与判断是否存在油气资源的方法关系密切。[3]

"黑德贝格法"是指从大陆坡脚开始60海里。《公约》规定:

"如果从测量领海宽度的基线算起,沿岸国的大陆边的外缘超过200海里,那么该外缘由本条第7款的界线确定,该界线上由最远定点组成,所有这些定点到大陆坡脚的距离不得超过60海里。"[4]

若无相反证明,大陆坡脚应当与大陆坡底部最明显的折痕重合。[5]

---

[1] 皮埃尔·R. R. 加尔迪内(Piers. R. R. Gardiner),现为爱尔兰地质学家,代表作有:Reasons and Methods of Fixing the Outer Limit of the Legal Continental Shelf Beyond 200 Nautical Miles, *Geological Survey of Ireland*, 1978, pp. 1 – 24。——译者注

[2] 霍利斯·道·黑德贝格(Hollis Dow Hedberg, 1903 ~ 1988),美国地质学家,斯坦福大学地质学博士,曾在美国标准石油公司和海湾石油公司从事海洋石油勘探工作,曾任普林斯顿大学地质学教授,总结了森诺曼—土伦期的露娜法(La Formule Luna)。他鼓励美国从事深海石油勘探,并在海洋法会议上提出了黑德贝格法,以限制各国的大陆架申请。当其提议被《公约》修改后,他被认为是促使美国总统里根拒绝签署该公约的重要人物,代表作有:Cretaceous Limestone as Petroleum Source Rock in Northwestern Venezuela, *Bull. of Am. Ass'n of Petroleum Geologists*, 1931, pp. 229 – 46; National – International Jurisdiction Boundary on the Ocean Floor, *Ocean Mgmt*, 1973, pp. 83 – 118; Relations of Political Boundaris on the Ocean Floor to the Continental Margin, *Virginia J. of Int'l L.*, 1976, pp. 57 – 75。——译者注

[3] Voir, Y. Tanaka, *International Law of the Sea*, Cambridge University Press, 2015, p. 135.

[4] 《公约》第76条第4款第1项第2目。

[5] 参见《公约》第76条第4款第2目。

此外,沿岸国也可采用连线确定大陆架外部界限,该连线由经纬度确定,且不超过定点 60 海里。[1] 虽然国家可以从这两种方法中选择有利的那种方法,但是,“根据本条第 4 款第 1 项第 1 目和第 2 目的规定,在海床洋底上划定的大陆架的外部界限的各定点,既不得从测量领海宽度的基线算起超过 350 海里,也不得超过由 2500 米深度各点组成的 2500 米等深线 100 海里。”[2]

《公约》第 76 条第 6 款规定,海底洋脊上的大陆架外部界限不得超过从测量领海宽度的基线算起 350 海里,这一条款不适用于大陆边自然组成的海底高地,包括海台、海隆、海峰、暗滩和坡尖。

大陆架界限委员会是根据《公约》第 76 条第 8 款和附件二设立的科学技术机构,[3] 负责对缔约国 200 海里外大陆架的主张提出建议。虽然缔约国有资格单独确定 200 海里外大陆架的外部界限,但是必须在该委员会的建议的基础上才能单独确定。该委员会由 21 名成员组成,他们是由缔约国从国民中选出的地理学、地球物理学和水文地理学专家,[4] 任期 5 年,得连选连任。[5] 专家们不得接受委员会以外的政府或当局的指示,也不得从事有损委员会成员形象的活动。[6]

该委员会有两个基本功能。其一,根据《公约》第 76 条和海洋法会议 1980 年 8 月 29 日的《谅解声明》,缔约国申请 200 海里外大陆架外部界限时,由该委员会审查申请数据及其他信息,并作出建议。其二,当相关沿岸国提

---

〔1〕 参见《公约》第 76 条第 7 款。

〔2〕 参见《公约》第 5 款。

〔3〕 Voir, A. de Marfly - Mantuano, Les Travaux de la Commission des Limites du Plateau Continental, in Hague Acad. of Int'l L., *Collected Courses of the Hague Acad. of Int'l L.*, Martinus Nijhoff Pubishers, 1985, pp. 31 - 44. D. Roughton, C. Trehearne, The Continental Shelf, in D. J. Attard, *The IMLI Manual on International Maritime Law, Vol. I: The Law of the Sea*, Oxford University Press, 2014, pp. 137 - 75, spec. pp. 154 - 74.《公约》第 76 条第 8 款规定:“就有关划定大陆架外部界限的事项,大陆架界限委员可应向沿岸国提出建议,沿岸国在这些建议的基础上划定的界限应具有确定性和约束力。”

〔4〕《公约》附件二第 2 条第 1 款。

〔5〕《公约》附件二第 2 条第 4 款。

〔6〕 Voir, CLCS/40/Rév. 1.

出申请时,该委员会有权对提交的数据是否成立给出科学和技术建议。[1] 该委员会通过小组委员会运作,小组委员会由 7 名成员组成。遴选成员时,需要考虑沿岸国提出的每项诉求的特殊因素,平衡人选。提交申请的缔约国的国民不得作为委员会成员审查该申请。[2] 经小组委员会的出席并投票的 2/3 委员表决通过后,小组委员会的建议将提交给委员会,委员会将把建议提交给申请国和联合国秘书长。[3] 由于大陆边外缘和大陆架界限的技术问题过于复杂,所以大陆架界限委员会于 1999 年 5 月 13 日通过了《科技和技术准则》,作为《公约》第 76 条的授权解释。[4]

截至 2016 年 4 月 26 日,该委员会收到了 77 个申请,并向相关沿岸国作出了 24 份建议。应当指出,在收到申请后,委员会只决定 200 海里外大陆架外部界限是否成立,而考察科技因素,但无权处理未决的海洋划界纠纷。这种场合下,

"除非争议当事国此前另有约定,否则委员会不受理、裁决当事国就此争议提出的诉求。"[5]

因此,问题在于国际司法机构是否有权审理 200 海里外的大陆架划界。

---

〔1〕《公约》附件二第 3 条第 1 款。

〔2〕《公约》附件二第 5 条。如果委员向沿岸国提供相关的科学和技术咨询,协助了沿海国,那么他也必须遵守相同的规定。《公约》附件二第 3 条第 1 款。

〔3〕《公约》附件二第 6 条。

〔4〕 Voir, CLCS/11. 提交申请截至《公约》对相关国家生效后十年,这一截止日期已经由 2001 年 5 月 29 日的《关于联合国海洋公约附件二第四条所定向大陆架界限委员会提交资料的十年期间的起算日期的决定》延长(SPLOS/72),2008 年 6 月 20 日又规定缔约国只需要递交关于 200 海里外大陆架外部界限的初步信息(SPLOS/183)。对于申请审查中解释和适用《公约》的问题,由于没有法学家,所以委员会提出了咨询意见机制的提案,用于解释《公约》第 76 条和附件二以外的规定。但是,委员会撤回了该提案,并决定终止审议此事。参见 2012 年 4 月 30 日《关于发挥委员会作用的主席声明》(CLCS/74)。Voir, A. O. Elferink, The Establishment of Outer Limits of the Continental Shelf beyond 200 Nautical Miles by the Coastal State: The Possibilities of Other States to Have an Impact on the Process, *The Int'l J. of Marine & Coastal L.*, 2009, p. 535。

〔5〕 Voir, CLCS/L/3, Annexe I.

虽然大陆架外部界限划界与海洋划界是两个不同的概念，但是两者联系密切，而且向委员会提出的大部分申请都要求同时解决。[1] 国际法院认为，委员会相关程序的目的是划定大陆架的外部界限，并由此确定海床洋底的延伸部分，而后者属于国内立法事务。确定大陆架的依据是《公约》第 83 条。与此显然不同的是，海床洋底的延伸部分应由相关国家通过有效的协定确定，或诉诸争端解决程序确定。[2] 《公约》明确区分了大陆架划界和 200 海里外大陆架外部界限划界。实际上，即使 200 海里外大陆架外部界限尚未确定，这也不影响国际海洋法法庭确认相关国家在大陆架上的既有主权权利，但该法庭从未作出过此类确认。虽然该法庭在先例中业已确认自身有能力延伸分割线，从而确定 200 海里外国家间的大陆架界限，但这并非大陆架的外部界限。该法庭在"孟加拉湾海洋划界案"（孟加拉国诉缅甸）的裁决书中写道：

"决定海上边界超过 200 海里的限制，沿着第 5 段提到的测地线（La Ligne Géodésique）继续。该方向从第 11 个点沿着方位角 215 度开始，直到可

---

〔1〕 Voir, B. Kwiattkowska – Czechowska, Submission to the UN Commission on the Limits of the Continental Shelf: The Practice of Developing States in Cases of Disputed and Unresolved Maritime Boundary Delimitation or Other Land or Maritime Dispute (Part One), *The Int'l J. of Marine & Coastal L.*, 2013, pp. 219, 230. B. M. Magnússson, Is There a Temporal Relationship Between the Delineation and the Delimitation of the Continental Shelf Beyond 200 Nautical Miles?, *The Int'l J. of Marine & Coastal L.*, 2013, p. 465. B. Куной, The Delimitation of an Indicative Area of Overlapping Entitlement to the Outer Continental Shelf, *British Y. B. of Int'l L.*, 2012, pp. 61 – 81.

〔2〕 有关尼加拉瓜海岸 200 海里外尼加拉瓜与哥伦比亚大陆架的划界问题，Voir，"陆地与海洋纠纷案"（尼加拉瓜诉哥伦比亚）判决书。Voiv, Rec. CIJ 2012, para. 112.

能影响第三国权利的区域为止。”[1]

随着矿产资源的勘探和开采技术的发展,200 海里外大陆架外部界限日益吸引了世人关注。应当指出的是,200 海里外大陆架划界与外部界限的确定存在差异,这一差异可通过创设灰色区域(La Zone Grise)、高海(L'Alta Mer)或外三角(L'Outne Triangle)解决。[2] 在灰色区域内,一国享有大陆架的主权权利,而另一国则享有专属经济区的上覆水域的主权权利,这样两国可以分别从石油和渔业中获利。因此,这一设想要求国家间开展合作,避免各自行使主权权利而产生的冲突。灰色区域[3]是:

---

[1] 参见“孟加拉湾海洋划界案”(孟加拉国与缅甸),国际海洋法法庭第 16 号裁决,第 6 段。Voir, A. O. Elferink, ITLOS's Approach to the Delimitation of the Continental Shelf Beyond 200 Nautical Miles in the Bangladesh/Myanmar Case: Theoritical and Practical Difficulties, in *Contemporary Developments in International Law, Essays in Honour of Budislav Vukas*, Brill/Nijhoff, 2015, pp. 230 – 49. 在第 240 页,作者写道,“海洋法法庭的 200 海里外大陆架的起点乍一看似乎是没有争议的,因为《公约》第 83 条并未对这一距离的内外进行区分。但是,虽然第 83 条对适用的具体规则的内容保持沉默,但是却指出该结果可能在 200 海里内外适用了不同的原则和规则,因此第 83 条本身并未支持在 200 海里内外适用相同的划界方法。”Voir, B. Куной, The Admissibility of a Plea to an International Adjudicative Forum to Delimit the Outer Continental Shelf Prior to the Adoption of Final Recommendations by the Commission on the Limits of the Continental Shelf, *The Int'l J. of Marine & Coastal L.*, 2012, p. 237; R. Churchill, The Bangladesh/Myanmar Case: Continuity and Novelty in the Law of Maritime Boundary Delimitation", *The Cardozo J. of Int'l & Comp. L.*, 2012, p. 137; B. M. Magnússson, Is There a Temporal Relationship Between the Delineation and the Delimitation of the Continental Shelf Beyond 200 Nautical Miles?, *The Int'l J. of Marine & Coastal L.*, 2013, p. 465.

[2] Voir, T. M. Ndiaye, The Judge, Maritime Delimitation and the Gray Areas, *Indian J. of Int'l L.*, 2016, Vol. 56, pp. 1 – 41.

[3] “缅因湾地区海洋划界案”中,科尔森先生(Mr. Colson)解释道,“有关地理特征的最后一个前置性问题是所谓的灰色地区问题。我们现在来讨论它,然后再把它搁置一边。……本案中,本庭不会考虑灰色区域问题,对此我们给出 4 个理由。第一,据我们所知,虽然灰色区域问题已经提出很久了,但是它从来没有阻止过国家为了达到公平的目的而采取等距离法以外的一种或多种方法。第二,联合国海洋法的三次会议都没有注意到灰色区域问题。第三,国家实践没有关注过这个问题。第四,当事国已经提供了处理这一问题的《特别协定》。……本庭展示的第 109 号图包含了两个图,一个是智利与秘鲁的海洋边界图,另一个是秘鲁与厄瓜多尔的海洋边界图。……在智利与秘鲁的边界案中,边界上产生的灰色区域大约是 7800 平方海里。在秘鲁与厄瓜多尔的边界案中,边界上产生的灰色区域大概是 400 平方海里,比较小。……我们还要指出,地球上还存在着各种大小的灰色区域,包括出现在肯尼亚与坦桑尼亚、哥伦比亚与厄瓜多尔、冈比亚与塞内加尔、几内亚比绍与塞内加尔、葡萄牙与西班牙的北部边界,以及巴西与乌拉圭的划界谈判中。因此,在东北海峡中存在优先考虑的美国线或其他线导致的灰色区域,也不是非同寻常的事实。……在本案中,美国线创造的灰色区域大概是 5700 平方海里。”Voir, Rec. CIJ 1985, pp. 217 – 20, 246。

"距离一国海岸200海里以内，但在该国与另一国海洋边界以外的区域。因为该区域在一国海洋边界之外，所以该国不得行使管辖权；因为该区域虽然在另一国海洋边界以内，但在距离该国海岸200海里以外，所以该国不得在200海里外的区域行使管辖权。由于专属经济区的主权权利与专属经济区划界适用的原则之间存在差异，所以这样的事实可能催生灰色区域。虽然该区域的主权权利完全基于到海岸的距离，但是这一原则以外的其他原则的基础，也可能受到各国在该区域划界的影响，最终产生了虽延伸至专属经济区的外部界限，却是从相关国家的海岸非等距离的点开始的线。如果这样的线可以用来同时限制相关国家的海域，那么灰色区域就建成了。"〔1〕

"灰色区域"这一表述揭示了其法律地位的不确定性。灰色区域是指由两个以上沿岸国家提出权利请求（La Prétention）或抗议（La Réclamation）的地理区域，涉及重叠的专属经济区、大陆架或延伸大陆架。因此，灰色区域产生了众多法律问题。第一，200海里内外划界适用的原则。〔2〕第二，专属经济区、大陆架的权利与主权权利的关系所适用的原则。第三，在确定专属经济区或领海界限之初（Ab Initio）是否可以创设这一区域。〔3〕

在确定专属经济区或领海边界时，海域主权权利与划界的关系决定了是

---

〔1〕 Voir, A. O. Elferink, Does Undisputed Title to a Maritime Zone Always Exclude its Delimitation? The Grey Area Issue, *The Int'l J. of Marine & Coastal L.*, 1998, pp. 143 – 92, spec. p. 143.

〔2〕 Voir, S. Lin, C. Schofield, Lessons From the Bay of Bengal ITLOS Case: Stepping Offshore for a "Deeper" Maritime Political Geography, *Gepgraphical J.*, 2014, pp. 260 – 4, spec. p. 260. 作者写道，"在'孟加拉湾海洋划界案'中，国际海洋法法庭虽然划定了孟加拉国与缅甸之间多个海洋管辖区（领海、专属经济区和大陆架）的海洋边界，但是并没有完全解决两国在孟加拉湾面临的海洋治理问题，留下了许多复杂而且可能存在突出问题的争议，包括独创的所谓'灰色区域'。该区域的治理问题有待讨论。"

〔3〕 "缅因湾地区海洋划界案"中，加拿大在答辩状中提出，可以通过将灰色区域归属给对该区域拥有无可争议的主权权利的国家来消除灰色区域。这样做可能有3种结果："第一，等距离线绘制到200海里附近，减少或取消灰色区域；第二，维持单一海洋边界原则，一方享有灰色区域内的大陆架管辖权，另一方享有渔业区或专属经济区的管辖权；第三，如果接受重叠的管辖权，那么一方享有大陆架的管辖权，另一方享有水体的管辖权。"最后一个是"孟加拉湾海洋划界案"中使用的方法。Voir, Rec. CIJ 1985, p. 239。

否创设灰色区域。虽然除了重要的历史性主权权利以外,从海岸线开始测算的距离是确定上述海域主权权利的标准,但是海岸相邻或相对国家的专属经济区和大陆架的划界还适用其他原则和标准。

在"孟加拉湾海洋划界案"中,[1]海洋法法庭适用了"三步法"。[2] 该法庭确定了划界的方法,划定了临时等距离线,但此时并未验证比例。该法庭决定,孟加拉国与缅甸的专属经济区和大陆架的划界案适用"等距离和相关环境法"(La Méthode Équidistance / Circonstances Pertinentes)。[3] 海洋法法庭认为,[4]划界假定存在主权权利重叠区域。主权权利和划界是两个不同但互为补充的概念。当事国也认为主权权利与划界关系紧密。孟加拉国陈述道,"在划界之前,仲裁庭应当回答以下问题:是否有一方当事国享有200海里外大陆架的主权权利?"与此相似,缅甸也指出,"确定两国在200海里外大陆架上的权利及其各自的延伸是划界的前置问题。"

该案中,当事国对200海里外大陆架提出了互相竞争的主张,而印度也主张了部分重叠区域,但当事国均否定了另一方200海里外大陆架的主权权利。缅甸甚至提出,孟加拉国或缅甸的200海里外大陆架的主权权利问题不属于海洋法法庭的管辖范围,因为享有专属管辖权的是大陆架界限委员会,而非海洋法法庭。200海里外大陆架划界最终产生了灰色区域,该区域从孟加拉国海岸算起延伸超过200海里,从缅甸海岸算起不到200海里,在划界线的孟加拉国一侧。当事国均反对灰色区域的地位,也反对灰色区域的处置方式。

在任何案件中,确定200海里外大陆架外部界限是未来数世代的最大挑

---

[1] 参见"孟加拉湾海洋划界案"(孟加拉国与缅甸),国际海洋法法庭第16号裁决,第177~340段。"孟加拉湾海洋边界仲裁案"(孟加拉国诉印度)。"秘鲁诉智利案"。Rec. CIJ 2014. "陆地与海洋纠纷案"(尼加拉瓜诉哥伦比亚)。Rec. CIJ 2012, p. 624.

[2] 参见"孟加拉湾海洋划界案"(孟加拉国与缅甸),国际海洋法法庭第16号裁决,第35~60段。

[3] 参见"孟加拉湾海洋划界案"(孟加拉国与缅甸),国际海洋法法庭第16号裁决,第23段。

[4] 参见"孟加拉湾海洋划界案"(孟加拉国与缅甸),国际海洋法法庭第16号裁决,第397~398段。

战之一。鉴于《公约》确立了共享海洋的目标,上述挑战将阻碍这一目标的最终达成。

三、新挑战

《公约》签署后涌现了许多问题,产生了新挑战和希望。《公约》未能涵盖这些领域,即使其前言指出缔约国:

"出于共同理解和合作的精神,试图解决所有海洋法问题……并意识到各个海域的问题彼此紧密相关,应当一体解决。"

《公约》并未考虑这些问题。为了应对这些挑战,我们需要达成多数国家赞成的解释,这就需要持续的多边合作和相当丰富的想象力。当前海洋法的趋势和议题表明,一切问题的核心是所谓的海洋治理(La Gouvernance des Mers et des Océans)。[1] 不难发现:

> "当前许多大洋受到了威胁,包括过度捕捞、气候变化、其他污染问题和安全问题,例如大规模杀伤性武器和其他违禁品的非法交易。这些威胁对海洋管理提出了巨大挑战,需要根据争议焦点和地区的不同,逐一解决。"[2]

当前的争议点集中于公海活动和良治(La Bonne Gouvernance),由于沿岸国的主权权利是通过激烈斗争,在确立专属经济区概念的过程中才获得的,所以沿岸国似乎本质上拒绝参与可能损害其主权权利的讨论。

必须指出,海洋管理的新挑战超出了专属经济区,是对国际社会整体的挑战。这些挑战包括公海生物资源的管理和养护、气候变化和环境退化的后

[1] Voir, J. M. Van Dyke, D. Zaelke, G. Hewison, *Freedom for the Seas in the 21st Century: Ocean Governance and Environmental Harmony*, Island Press, 1993. M. Haward, J. Vince, *Oceans Governance in the 21st Century: Managing the Blue Planet*, Edward Elgar, 2008.

[2] Voir, D. R. Rotherwell, T. Stephens, *The International Law of the Sea*, Hart, 2010, p. 461. D. R. Rothwell, D. L. V. Zwaag, *Towards Principled Oceans Governance: Australian and Canadian Approaches and Challenges*, Routledge, 2006, p. 3.

果、海床洋底基因资源的开采、增长的海盗活动、《公约》第82条的有关挑战,以及海洋法法庭提供咨询意见的功能等。下文将依次研究这些挑战。

(一)公海生物资源的管理与养护

《公约》接受的专属经济区的概念原本用来终结沿岸国与船旗国的利益冲突,但反而加剧了这一冲突。虽然沿岸国在专属经济区的上覆水域享有主权权利,用以勘探、开采、养护和管理自然、生物和非生物资源,但是公海船队也进入了邻近公海的专属经济区水域,因为这一区域的捕获比例提高了。[1] 这是各国对进入该区域的渔船实行补贴政策的结果,因此世界渔船官方总吨位呈指数增长,威胁到资源的可持续性。

渔船捕鱼能力的显著提高得益于渔业新技术的使用,而这类技术发展迅速。新技术层出不穷,尤其是在鱼群追踪领域,包括在围网和拖网捕鱼中使用飞机和声呐。新的浮动拖网、下网方式、鱼泵、合成纤维设备、鱼类冷冻和处理技术得到应用;套船和工厂船舶出现,工厂船舶伴有一些用于捕捞的小吨位船舶;便利港和天然避难所形成了网络,船舶依靠它们卸货维修和轮换船员。[2]

这些技术引发了滥捕和误捕,同时破坏了海洋栖息地,妨碍了鱼类繁殖,最终导致了鱼类种群的过度开发和过度捕捞。[3] 令人不安的是,出现了最

---

〔1〕 Voir, FAO, *State of the World Fisheries and Aquaculture*, http://www.fao.org/documents/card/en/c/9e1d76c9-718b-426c-b421-7cc2183b6182, 1 Octobre 2004. D. Montaz, L'Accord Relatif à la Conservation et à la Gestion des Stocks de Poissons Chevauchants et de Grands Migrateurs, *Annuaire Français de Droit International*, 1995, Tome 41, pp. 676-99. J. Diouf, *Statement to the Reykjavik Conference on Responsible Fisheries in the Marine Ecosystem*, http://www.fao.org/tempref/FI/DOCUMENT/reykjavik/Y1888E.doc. 他指出,"结果当前有太多的船舶追逐太少的鱼"。

〔2〕 Voir, Collaboration Entre Institution Internationale dans le Domaine des Pêches, COFI/71/g(b), Annexe III, p. 15. T. M. Ndiaye, *La Pêche Illicite, Non Déclarée et Non Réglementée en Afrique de l'Ouest, in Liber Amicorum Raymond Ranjeva*, Pédone, 2013, pp. 233-64, spéc. p. 235. R. Baird, Illegal, Unreported and Unregulated Fishing: An Analysis of the Legal, Economic and Historical Factors Relevant to its Development and Persistence, *Melb. J. of Int'l L.*, 2004, pp. 299-335.

〔3〕 Voir, M. Savini, La Réglementation de la Pêche en Haute Mer par l'Assemblée Générale des Nations-Unies. À Propos de la Résolution 44/225 sur les Grands Filets Maillants Dérivants, *Annuaire Français de Droit International*, 1990, p. 777.

严重的非法、不报告和不管制的捕捞(以下简称INN捕捞),[1] 这对海洋经济和世界生态系统都是破坏性和灾难性的。INN捕捞是高度组织化的,因为缔约国一直无法组建有效的渔业警察,无法一直有效监视管辖的水域,所以海盗船常常能逃脱罪责。雷切尔·贝尔德(Rachel Baird)[2] 认为:

"交换情报、悬挂非区域渔业管理组织成员方国旗、更换船舶名称和无线电代码,以及使用虚假企业网站隐藏所有权等手段,都是INN捕捞包含的新特征。这类捕捞甚至利用了国际海洋法的漏洞,因为在《公约》谈判时,这类现象并不明显。"[3]

沿岸缔约国为了确保毗邻其专属经济区的跨界、高度洄游种群与其他生物资源的可持续性,已经启动外交手段,促成跨界种群和高度洄游鱼类的养护和管理的协定。[4] 这类协定主要处理公海的生物资源的管理养护,确立了鱼类的养护和管理原则,界定了船旗国警察的执行义务和权力。

沿岸国和公海捕鱼国家有义务通过以下方式合作确保种群的可持续性:使用最可靠的科学证据;适用预防原则;最大限度地削减污染、废物、排泄物、

---

[1] Voir, R. Baird, Illegal, Unreported and Unregulated Fishing: An Analysis of the Legal, Economic and Historical Factors Relevant to its Development and Persistence, *Melb. J. of Int'l L.*, 2004, p. 300.

[2] 雷切尔·贝尔德(Rachel Baird),澳大利亚昆士兰大学法学学士、昆士兰技术大学法学硕士、墨尔本大学法学博士,现任澳大利亚维多利亚州迪肯大学法学院讲师,代表作有:*Aspects of Illegal, Unreported and Unregulated Fishing in the Southern Ocean*, Springer, 2006; Coastal State Fisheries Management: A Review of Australian Enforcement Action in the Heard and McDonald Islands Australian Fishing Zone, *Deakin L. Rev.*, 2004, p. 91。——译者注

[3] Voir, R. Baird, Illegal, Unreported and Unregulated Fishing: An Analysis of the Legal, Economic and Historical Factors Relevant to its Development and Persistence, *Melb. J. of Int'l L.*, 2004, p. 300.

[4] 《鱼类协定》(Doc A/conf. 164/33.)于1995年8月4日通过,2001年12月生效。Voir, M. W. Lodge, S. N. Nandan, Some Suggestions Towards Better Implementation of the United Nations Agreement on Straddling Fish Stocks and highly Migratory Fish Stocks of 1995, *The Int'l J. of Marine & Coastal L.*, 2005, pp. 345 – 79. R. Chruchill, Fisheries and their Impact on the Marine Environment: UNCLOS and Beyond, in M. C. Ribeiro, 30 *Years After the Signature of UNCLOS: The Protection of the Environment and the Future of the Law of the Sea*, in Proceedings of the International Conference, Faculty of Law, University of Porto, 15 – 17 Nov. 2012, pp. 23 – 53, spec. pp. 35 – 36.

报废渔具和丢弃渔具,减少鱼类和其他非目标物种的捕获量,降低对相关或依赖物种的影响,特别是对濒危物种的影响;保护海洋环境的生物多样性;防止和消除过度开发和过度捕捞,确保可持续的渔业资源开发;考虑水产养殖和自给性渔业的利益;收集并分享完整数据;鼓励并执行促进鱼类养护和管理的科学研究;通过有效的观测、控制和监控系统实施养护和管理措施。〔1〕

这类协定确立了种群养护的国际合作机制,沿岸国与公海捕鱼国应当直接合作,或参加适当的次区域或区域渔业管理组织或安排,以明确渔业管理和养护措施。只有这些组织的成员方和同意执行养护措施的国家才有权获得这些措施适用的渔业资源。〔2〕

《公约》要求船旗国〔3〕对悬挂其旗帜的船舶在行政、技术和社会方面行使有效的管辖和控制。《鱼类协定》通过构建船旗国控制公海渔船的制度,补充了上述一般条款。渔船作业应遵从船旗国的许可证,或获得船旗国的授权。〔4〕如果违法证据充分,船旗国必须开展"深度调查"并采取法律措施。对此,其他国家负有合作义务。〔5〕该协定将警察权力赋予船旗国以外的国家,并详细规定了在必要时可以行使的检查、登临和调查权,以弥补船旗国的不足。〔6〕

联合国粮农组织审议了强制性和非强制性的渔业文件,其中有两个已经

〔1〕《鱼类协定》第5条。

〔2〕《鱼类协定》第8条第1款。洛奇指出,"《鱼类协定》的最重要贡献是,协定以具有法律约束力的形式,列举了国家为了实现渔业可持续管理,而应当同意的事项,从而界定了令人向往的有效渔业组织的机构特征。列举事项包括确保长期可持续性的养护和管理协议、捕鱼配额和捕捞能力(Fishing Effort)等的参与权协议、促进及时有效养护和管理措施被采纳的决策程序协议,以及获得科学建议与确保遵守和执行养护和管理措施的机制的协议。"Voir, M. W. Lodge, *Manageing International Fisheries: Improving Fisheries Governance by Strengthening Regional Fisheries Management Organizations*, Chatham House, March 2007, pp. 3 – 4。

〔3〕《公约》第94条。

〔4〕《鱼类协定》第18条第3款规定了获得公海捕鱼授权的渔船的国家登记制度,并完全对应于1993年11月23日联合国粮农组织通过的《促进公海渔船遵守国际养护和管理措施的协定》。

〔5〕《鱼类协定》第19~20条。

〔6〕《鱼类协定》第21条。Voir, T. M. Ndiaye, *La Pêche Illicite, Non Déclarée et Non Réglementée en Afrique de l'Ouest*, in *Liber Amicorum Raymond Ranjeva*, Pédone, 2013, pp. 241 – 243.

完成，即1993年《国际促进公海渔船遵守养护及管理措施协定》（以下简称《公海渔船协定》）和2009年《防止、制止和消除非法、不报告和不管制捕捞的港口国措施协定》（以下简称《港口国协定》）。1993年协定的起草和谈判的初衷是解决撤换船旗逃避监管的问题，这种做法被称为"更换船旗"。[1] 由于无法就此达成一致，代表们重点研究了船旗国责任和"公海捕捞作业信息的自由流通"问题。[2]

就船旗国责任而言，每个缔约国应当采取措施，保证悬挂该国旗帜的船舶，不会采取有损国际养护和管理措施的有效性的活动。[3] 在授权捕鱼时，缔约国首先应当确保能够对该船有效承担缔约国责任。其次，协定要求缔约国采取强制措施。此外，缔约国应当确保船舶被标记，并且船舶能够提供有关捕捞作业、捕获量和卸载量的必要信息。[4]

值得一提的是，就港口国措施而言，根据2001年《行动计划》和2005年国际粮农组织有关港口国措施的类似机制，该组织在罗马召开了技术会议，起草了有关港口国措施的法律文件。[5] 这一技术会议已经召开了三次，并起草了2009年《港口国协定》。[6] 2016年5月16日，有6个国家批准了这一协定，[7] 使得批准国家数量达到了30个，超过了协定生效所需的25个批准国的最低要求。这一协定在2016年6月5日生效。

联合国粮农组织也制定了非强制性渔业文件，包括《守则》及其框架下

---

〔1〕 Voir, G. Moore, The FAO Compliance Agreement, in M. Nordquist, J. More, *Current Fisheries Issues and the FAO of the United Nations*, Martinus Nijhoff, 2000, p. 78.

〔2〕 Voir, G. Moore, The FAO Compliance Agreement, in M. Nordquist, J. More, *Current Fisheries Issues and the FAO of the United Nations*, Martinus Nijhoff, 2000. 该协定的正式名称是1993年11月23日通过的《促进公海渔船遵守国际养护和管理措施的协定》，该协定已于2003年4月24日生效。

〔3〕 《公约》第3条第2款。

〔4〕 Voir, R. Rayfuse, To Our Children's Children's Children: From Promoting to Achieving Compliance in High Seas Fisheries, *The Int'l J. of Marine & Coastal L.*, 2005, p. 514. 参见《公海渔船协定》第3条第3~8款。

〔5〕 2008年6月23日至27日和2009年1月26日至30日，以及2009年5月4日至8日。

〔6〕 参见 ftp://ftp.fao.org/FI/DOCUMENT/tc-psm/2009/PSM Agreement f.pdf。

〔7〕 这些国家是多米尼加、几内亚比绍、苏丹、泰国、汤加和瓦努阿图。在多年外交努力之后，联合国粮农组织于2009年通过了该协定，这是第一个具有约束力的处理INN捕捞的国际条约。

的四个自愿文件。《守则》仅具有建议性,其解释和适用必须遵从《公约》的相关国际法规则、[1]《鱼类协定》和《二十一世纪议程》第十七章的适用规则。该守则细化了负责任渔业行为的主要原则,包括总原则、渔业管理、捕捞作业、水产养殖、渔业和沿岸地区管理的整合、捕捞后处置与贸易,以及渔业研究。就解决特定问题的其他文件而言,它们一般以行动计划的形式出现,如《行动计划》。该计划是联合国粮农组织第24届渔业委员会会议上一致通过,并于2001年6月23日由第一百二十届联合国粮农组织理事会批准的。该行动计划是缔约国反对INN捕捞、制定本国行动计划的重要文件。[2]

虽然《公约》第56条至第62条赋予沿岸国相当可观的权力,但是该公约并未涵盖INN捕捞,构成了对公约的巨大挑战,这类捕捞涉及从事加油、转运的支援船和运输冷冻鱼的冷藏运输船,以及从事包括穿线在内的加工活动的拖网渔船等。如果这些不同的活动发生在专属经济区,那么《公约》将无法回应这些问题,因为缺乏缔约国在各自管辖区域内的实践。[3]

根本性的挑战在于,如何认识与公海生物资源的养护和管理相关的义务的性质。这些义务仅具有劝诫或建议作用,并非强制性义务。[4] 这些义务

〔1〕《守则》第3条第1款。

〔2〕在联合国粮农组织《行动计划》通过后颁布行动计划的国家有加拿大、柬埔寨、科威特、拉脱维亚、美国、墨西哥、挪威、委内瑞拉、西班牙和新西兰。Voir, le Document A/63/128. Règlement(CE) n° 1005/2008 du Conseil du 29 Sept. 2008 Établissant un Système Communautaire Destiné à Prévenir, à Décourager et à Éradiquer la Pêche illicite, Non Déclarée et Non Réglementée。

〔3〕Voir, la Demande d'Avis Consultatif de la CSRP au Tribunal International du Droit de la Mer, Affaire N°21, avis du 2 avril 2015.

〔4〕Voir, R. Baird, Illegal, Unreported and Unregulated Fishing: An Analysis of the Legal, Economic and Historical Factors Relevant to its Development and Persistence, *Melb. J. of Int'l L.*, 2004, p. 308. UN Division for Ocean and Law of the Sea, *The Law of the Sea: The Regime for High - Seas Fisheries, Status and Prospects*, 1992, para. 78. R. Chruchill, Fisheries and their Impact on the Marine Environment: UNCLOS and Beyond, in M. C. Ribeiro, 30 *Years After the Signature of UNCLOS: The Protection of the Environment and the Future of the Law of the Sea*, in Proceedings of the International Conference, Faculty of Law, University of Porto, 15 - 17 November 2012, p. 48. Y. Tanaka, The Changing Approaches to Conservation of Marine Living Resources in International Law, *Zeitschrift für ausländisches öffentliches Recht und Völkerrecht*, 2011, SS. 291 - 330, bes. SS. 297 - 301. G. L. Kesteven, MSY Revisited: A Realistic Approach to Fisheries Management and Administration, *Marine Policy*, 1997, pp. 73 - 82. S. A. Murawski, Ten Myths Concerning Ecosystem Approaches to Marine Resource Management, *Marine Policy*, 2007, pp. 681 - 90.

主要围绕国家合作义务展开，要求国家必须谈判，以便对国民采取保护措施。[1]《公约》几乎没有具体规定来执行这一非常普遍的义务，或用来评估其效果。由于船旗国肩负的义务是软义务，所以船旗国对悬挂其旗帜的船舶行使的管辖和控制非常宽松。

虽然“更换船旗”、基于国家同意的操纵行为[2]和“实质性联系”（Le Lien Substantiel）问题都说明了立法的必要性，但是我们应当如何面对挑战、创造未来？虽然有必要加强约束性措施，但是批准新的法律文件肯定不是解决方案。[3] 就此而言，令人欣喜的是，2016 年 5 月 16 日通过的《港口国协定》随着新增 6 个国家的批准，在 2016 年 6 月 5 日生效。另外，罗宾·

---

〔1〕《公约》第 117 ~ 118 条，《鱼类协定》第 5 条、第 8 ~ 10 条。

〔2〕举个与这种情况相应的例子。虽然条约可能限制第三国行使管辖权，但是基于条约对第三方的相对影响原则，第三国可能会逃避渔区公约规定的限制。这一习惯法上的规则已经被《维也纳公约》承认。这就要求条约不得为第三方创造权利或义务，而必须对他国是否同意表示尊重：合同不能使第三方受害或受益（拉丁文 Pacta Tertiis Nec Nocent Nec Prosunt）或当事人之间的事情不能使其他人受害或受益（拉丁文 Res Inter Alios Acta Aliis Neque Nocet Neque Prodest）。我们可以通过判例法来考察条约产生的权利和义务。在权利方面，可以参考 1931 年 1 月 28 日“克里帕顿岛案”（L' Île Clipperton）和 1933 年 3 月 28 日“中罗多彼森林案”（Les Forêts du Rhodope Central）的仲裁裁决书；在义务方面，可以引用 1928 年 4 月 4 日常设仲裁法院“帕尔马岛案”（L'Île Palmas）仲裁裁决书，国际联盟常设国际法院 1929 年 9 月 10 日“奥德河国际委员领土管辖权案”（La Juridiction Territoriale de la Commission Internationale de l'Oder）和 1932 年 6 月 7 日“上萨瓦和杰克斯法语区案”（Les Zones Franches en Haute Savoie et dans le Pays de Gex）的判决书。在实践中，拥有远洋船队的渔业国家故意选择不加入设立区域渔业管理机构的公约，从而避免遵守公约的公海生物资源管理和保护措施。换句话说，“这意味着有的第三国不遵守条约，而有的国家虽然‘签署’了公约，但是动用权利选择性遵守公约规定，这都葬送了该地区管理公海捕捞的努力。……为了找到消除和阻止非法、不授权和不管制捕捞行为的策略，需要获得船旗国的同意，以便实施更严格有效的船旗国控制。除了其他限制公海捕捞国家的自由的措施以外，获得船旗国的同意也有助于实施捕获量登记系统（Catch Documentation Scheme）和船舶监测系统（Vessel Monitoring System）。” Voir，R. Baird，Illegal，Unreported and Unregulated Fishing：An Analysis of the Legal，Economic and Historical Factors Relevant to its Development and Persistence，*Melb. J. of Int'l L.*，2004，p. 311. E. Franckx，Pacta Tertiis and the Agreement for the Implementation of the Stradding and Highly Migratory Fish Stocks Provisions of the United Nations Convention on the Law of the Sea，*Tul. J. of Int'l & Comp. L.*，2000，pp. 49 – 81. 1969 年《维也纳条约法公约》第 34 条。

〔3〕实际上，有许多文件可以被称为国际渔业宪章，包括 1982 年《公约》、1993 年《公海渔船协定》、1995 年《鱼类协定》和 2009 年《港口国协定》。不涉及义务的文件包括 1995 年《守则》和四个国际行动计划，尤其是 2001 年《行动计划》和 2008 年 8 月 29 日欧盟理事会《海床洋底鱼捕捞指令》（深海捕捞守则）[Directives pour la Pêche dans les Fonds Marins（Guidelines for Deep – sea Fishing）]。

丘吉尔[1]认为:

"在任何情况下,如果说有任何过往实践值得遵从的话,那就是任何新法或软法措施很有可能全部或大部分集中于公海捕捞,因为就国家管辖范围内的捕捞活动而言,不可持续的捕捞至少是个问题。下列措施可能比未来的立法更有用。"[2]

沿岸国、船旗国和港口国的合作已被证明非常有益于国际社会,而上述主张正是围绕这点展开的,这也符合《守则》目标。值得高兴的是,国际大西洋金枪鱼保护委员会等渔业组织采用了电子捕捞登记,而中西太平洋渔业委员会将国际海事组织编号系统和劳埃德登记系统合并为公共渔船系统。各国也应当促进 INN 捕捞渔船名册的整合,并开展鱼类种群共同评估方面的合作。

---

〔1〕 罗宾·丘吉尔(Robin Churchill),现任苏格兰邓迪大学国际法教授、欧洲理事会和欧盟议会顾问、《英国国际法年刊》和《国际海洋与海岸法杂志》编委,曾在威尔士卡迪夫大学、挪威特罗姆瑟大学、英国国际法与比较法研究所从事教学和研究,代表作有:Managing Straddling Fish Stocks in the North East Atlantic:A multiplicity of Instruments and Regime Linkages—but how Effective a Management?, in O. S. Stokke, *Governing High Seas Fisheries:The Interplay of Global and Regional Regimes*, Oxford University Press, 2001, pp. 235 – 72; Ten Years of the UN Convention on the Law of the Sea:Towards a Global Ocean Regime?: A General Appraisal, *German Y. B. of Int'l L.*, 2006, pp. 81 – 116; The European Union as an Actor in the Law of the Sea, with Particular Reference to the Arctic, *Int'l J. of Marine & Coastal L.*, 2018, pp. 290 – 323。——译者注

〔2〕 作者提出了八项主张:"通过财政和技术援助,提高贫困国家有效管理专属经济区渔业的能力;解决补贴问题;禁止进口 INN 捕捞国的渔业制品,因为欧盟和美国已经实施了三四年;通过完善标签和认证制度,促进道德消费主义;在国家管辖的范围内外建立更多的海洋保护区;将道德消费主义从可持续捕捞拓展到不危害更广泛海洋环境的渔业制品;禁止进口违反协定的渔业制品。" Voir, R. Chruchill, Fisheries and their Impact on the Marine Environment:UNCLOS and Beyond, in M. C. Ribeiro, *30 Years After the Signature of UNCLOS:The Protection of the Environment and the Future of the Law of the Sea*, in Proceedings of the International Conference, Faculty of Law, University of Porto, 15 – 17 November 2012, pp. 49 – 52。这些主张可以作为联合国粮农组织《守则》的具体措施。Voir, Le Rapport du Secrétaire Général des Nations Unies, Les Océans et le Droit de la Mer, 2015, A/70/74/Add. 1, para. 74 – 83. OCDE, *Green Growth in Fisheries and Aquaculture*, OECD, 2015.

(二)气候变化的后果

长期以来,气候变化对海洋的后果不但已经被提上海洋法的议程,而且受到了许多国际组织的关注。2010年联合国秘书长《大洋与海洋法报告》强调了这一后果的多个方面:"海平面提升;北冰洋融冰;海洋酸化问题;海洋生态多样性的困难;极端气候事件频率的增加,以及生态物种的分布变化。"[1]因此,联大一直强调处理气候变化和海洋酸化对海洋环境和海洋生态多样性的极端必要性,并提出了一系列建议措施,[2]提高公众在气候变化对海洋的负面影响方面的意识是关键措施之一。[3]

联合国海洋网络组织(ONU – Océans)是海洋与海岸问题的机构间合作组织,该组织致力于开发涵盖所有命令和活动的网上数据库,这是经联大批准和修订的任务的一部分。[4] 根据该任务,[5]联合国海洋网络组织协调员召开了该机构组织的第16次协商会议。[6] 在巴黎《联合国气候变化框架公约》第二十一次成员方大会间隙,联合国海洋网络组织也就该组织成员的活动召开了有关海洋、气候变化与海洋酸化的会议。[7]

气候变化问题是值得全球关注的问题。由于这一问题涵盖了最多元、最

---

〔1〕 Voir, Document A/65/69/Add. 2, para. 374.

〔2〕 Voir, Document A/RES/69/245.

〔3〕 Voir, Document A/70/74/Add. 1, para. 142.

〔4〕 *Id.*

〔5〕 Voir, Document A/RES/68/70/Ann.

〔6〕 Voir, http://www. un. oceans. org.

〔7〕 Voir, http://unfccc. int/files/meetings/Bonn_jun_2015/application/pdf/un_oceans_statement_long_final_draft_rev_(3). pdf.

不同的领域,[1]因此具有多面性。[2] 菲利普·桑兹[3]认为:

"气候变化显然为国际法带来了巨大挑战。国际秩序的传统结构是将地球分割为不同地理区域,国家享有各区域的主权,但是气候变化这一议题打破了传统结构。气候变化相关议题突破了国家边界:一国的排放或活动将会对另一国产生负面影响,在没有国家管辖或国家主权的地区的排放或活动也是如此。……根据政府间气候变化组织的说法,没有任何议题像气候变化这样,具有如此多样和广泛的成因,需要人类在生产生活的几乎所有方面展开

---

〔1〕 Voir, Document A/65/69/Add. 2, para. 374. R. Rayfuse, S. V. Scott (eds.), *International law in the Era of Climate Change*, Edward Elgar, 2012. J. S. Dryzek, R. B. Norgaard, D. Schlosberg, *Oxford Handbook of Climate Change and Society*, Oxford University Press, 2011. A. Boyle, Climate Change and Ocean Governance, in M. C. Ribeiro, 30 *Years After the Signature of UNCLOS*: *The Protection of the Environment and the Future of the Law of the Sea*, in Proceedings of the International Conference, Faculty of Law, University of Porto, 15 – 17 November 2012, pp. 357 – 82. 在第 358 页,作者写道:"不如这么说,所有作出的决定与气候变化相关的国际组织,都应当把气候变化纳入谈判议程,这是重要的经验。气候变化是人权问题,是贸易问题,是国际海事组织的问题。根据 1982 年《公约》,气候变化也是众多肩负着保护海洋环境责任的公约秘书处的问题。"

〔2〕 2014 年的综合报告总结道,"第一,人类对气候变化的影响很明显。……近期气候变化对人类和自然系统产生了广泛的影响。第二,观测到了许多前所未有的变化。第三,大气和海洋变暖,冰雪数量减少,海平面上升。第四,20 世纪中期以来的人为温室气体排放极有可能是观测到的变暖的主要原因。第五,持续排放……将导致进一步的变暖和持续变化……提高严重、普遍和不可逆转的影响的可能性。第六,限制气候变化需要持续大量减少温室气体排放。第七,热浪很有可能发生得更频繁、持续更长时间,极端降水事件可能将会在许多地区更频繁发生。海洋将会持续温暖和酸化,全球平均海平面会上升。第八,气候变化及其相关影响的许多方面将会持续数个世纪。第九,随着变暖幅度的增加,突发或不可逆变化的风险会提升。第十,如果没有额外的减缓努力……那么到 21 世纪末,变暖将极有可能导致严重、广泛和不可逆的全球影响。第十一,有多重缓解途径可能可以将变暖限制在相对于工业化之前水平的 2 摄氏度以内。这些途径需要在未来几十年内大幅减排。到 21 世纪末,二氧化碳和其他持续性温室气体的排放几乎需要达到零排放。" Voir, IPCC, *Climate Change* 2014 *Synthesis Report*, *Summary for Policymakers*, http://www. ipcc. ch/pdf/assessment. Report/ar5/syr/AR5 SYR FINAL SPM. pdf.

〔3〕 菲利普·桑兹(Phillippe Sands, 1960 ~),英国御用大律师,执业于梅特思大律师事务所(Matrix Chambers),兼任伦敦大学学院国际法院和仲裁庭研究中心主任、国际法教授,以及国际投资争端解决中心和体育仲裁法院仲裁员,曾在国际法院、国际海洋法法庭、欧洲法院和欧洲人权法院处理的案件中担任辩护律师,代表作有:*Lawless World*: *America and the Making and Breaking of Global Rules*, Penguin UK, 2008; *East West Street*: *On the Origins of "Genocide" and "Crimes Against Humanity"*, Deckle Edge, 2016。——译者注

行动。人人促成了气候变化,人人会受到气候变化影响。"[1]

鉴于气候变化所引起的问题具有多元性,首先应当根据问题的不同本质,提出在当前环境下处理的一些专业标准。海平面提升可能影响许多岛屿,低潮高地也有可能消失。岛屿的消失影响海域管辖权,而低潮高地的消失影响基线的确定。

科学家们已经发现2000年至2009年海平面提升得比之前的5000年要快。[2] 当前的紧迫问题是要保护受到海平面提升威胁的群岛国和沿岸人口,因为某些群岛的许多岛屿都已仅略高于当前的海平面。[3]

大陆冰川和两极冰的融化将影响海洋法,这将创造可开采的大陆架和新航道。随着新生无冰地区的形成,原住民将失业,鱼类种群将迁徙,所以可能产生新的海盗。这一情形可能催生新的捕捞活动,并由此可能产生新的碳氢或天然气行业。换句话说,可能产生污染。这意味着多边利益的出现,需要紧密的国际合作,以避免这些地区成为经济地理或战略地理上的冲突区。

同时,缔约国可以适用《公约》来保护和养护海洋环境。实际上,缔约国负有保护和保全海洋环境的义务。[4] 因此,国家应当采取措施,预防、减少并控制海洋环境污染。尤为重要的是,缔约国必须采取所有必要措施,确保在其管辖或控制下的活动将不会造成污染,不会危害其他国家及其自身环境;缔约国也应确保在其管辖或控制下的意外事件或活动将不会超过其行使

---

〔1〕 Voir, Ph. Sands, Climate Change and the Rule of Law: Adjudicating the Future in International Law, *J. of Envtl. L.*, 2016, pp. 19 – 35, spec. p. 23.

〔2〕 据测算,海平面提升1/3归功于大陆冰川和极地融冰,因为南极洲冬季平均气温在50年内上升了6度;1/3是由于海水变暖,虽然温度变化最小;最后1/3的因果关系仍未确定。Voir, J. P. Pancracio, *Droit de la Mer*, Dalloz, 2010, p. 2.

〔3〕 这是太平洋上的图瓦卢、印度洋上的马尔代夫和塞舌尔群岛的情况。这些岛屿被列为小岛屿发展中国家(Les Petits Etats Insulaires en Développement),其中许多岛屿只有1~2米高,使它们直接面对这个问题。

〔4〕 《公约》第117~120条、第192条以及第194条第5款。

主权权利的区域。[1] 这是环境利用的非损害原则,[2]似乎属于一种尽职义务(L'Obligation de Diligence Requise),[3]因此可以用来涵盖国家责任。[4]

另一个主要的挑战是海洋酸化。因为相关科学知识极度缺乏,所以国际社会被迫关注这一问题。许通美大使认为:

"气候变化与海洋的联系尚未被充分理解。人们一般都不知道,海洋是地球的蓝肺,它从大气吸收二氧化碳,并向大气返还氧气。大洋也起到了调整全球气候系统的作用,全球变暖对海洋的影响之一是海洋正在变得更暖、更酸,这对我们的珊瑚礁产生致命影响。鉴于陆地和海洋的共生关系,世界应当更加关注海洋健康。"[5]

(三)海洋基因资源

2004年联大设立了非正式、不限成员数额的特设工作组,以解决在国家管辖以外区域的生物多样性的养护与可持续利用问题,这一工作组被称为

---

〔1〕《公约》第194条第2款。

〔2〕 Voir, T. M. Ndiaye, La Responsabilité Internationale des Etats pour Dommages au Milieu Marin, in B. Vukas, T. Šošić, *International Law: New Concepts—Continuing Dilemmas, Liber Amicorum Boziclar Bakotic*, Martinus Nijhoff, 2010, pp. 265 – 79, spec. p. 267. La Convention de Bâle du 22 Mars 1989 sur le Contrôle des Mouvements Transfrontières de Déchets Dangereux, *Int'l Legal Materials*, 1989, p. 649.

〔3〕 Voir ITLOS, Affaire N° 17, Responsabilités et Obligations des Etats qui Patronnent des Personnes et des Entités dans le Cadre d'Activités Menées dans la Zone, les paras. pp. 115 – 20.

〔4〕 阿兰·博伊尔和菲利普·桑兹讨论了关于气候变化的可诉性。A. Boyle, Climate Change and Ocean Governance, in M. C. Ribeiro, *30 Years After the Signature of UNCLOS: The Protection of the Environment and the Future of the Law of the Sea*, in Proceedings of the International Conference, Faculty of Law, University of Porto, 15 – 17 November 2012, pp. 378 – 80. Ph. Sands, Climate Change and the Rule of Law: Adjudicating the Future in International Law, *J. of Envtl. L.*, 2016, pp. 11 – 5.

〔5〕 Voir, T. Koh, UNCLOS at 30: Some Reflections, in L. del Castillo, *Law of the Sea, From the Grotius to the International Tribunal for the Law of the Sea, Liber Amicorum Judge Hugo Caminos*, Brill/Nijhoff, 2015, p. 108. 实际上,联大在决议中写道,"注意到气候变化政府间小组的工作,包括其结论,即尽管尚无记载认定已观察到的海洋酸化对海洋生物圈产生影响,但海洋的逐渐酸化预期会对海洋贝壳生成生物及其寄生物种产生不利影响,为此鼓励各国紧急对海洋酸化进行进一步研究,特别是执行观察和测量方案。"Voir, Document A/RES/62/215, para. 81。

"特设工作组"。〔1〕

非正式协商进程讨论所有海洋和海洋法议题，强调了海洋基因资源，并促使特设工作组讨论这个问题。〔2〕不仅是《公约》，联大也要求各国在特设工作组的职责范围内积极讨论国家管辖范以外区域的海洋基因资源应适用的法律制度问题，以便开展工作。〔3〕国际社会充分了解海洋基因资源的丰富性和多样性，也充分了解可以从中得到的产品、服务和利益，也意识到研究海洋基因资源的重要性，以便更好地理解海洋生态系统，挖掘其潜在用途，并提高管理水平。〔4〕

特设工作组第一次会议的讨论进展甚微，因为在海洋生物多样性适用的法律制度这个问题上，一直存在反对意见和不同意见。国家管辖范围以外区域的海洋基因资源问题也是如此。基因资源的特殊本质不但未引起足够认识，而且增加了讨论的难度。主要问题是基因资源的归属地点问题。基因资源是属于海床洋底还是其上覆水域？这一问题的回答对应于所适用的海洋法规则。因此，在讨论的过程中出现了两种相反的、冲突的观点，一些国家认为适用于这一领域的根本原则是人类共同遗产原则，而另一些国家则坚持公海自由原则。

有三个议题存在不同观点。第一个议题是，该区域应该适用资源制度还是矿产制度。《公约》明确规定，在该区域内的海床洋底与其下原有位置的

---

〔1〕 Voir, Document A/61/65 et Corr. 1.

〔2〕 根据第61届联大第622号决议(A/RES/622)的要求，工作组从2006年到2015年举行了若干会议。

〔3〕 Voir, Document A/RES/62/215, para. 133.

〔4〕 Voir, Document A/RES/62/215, para. 134 – 5. J. Wehrli, Th. Cottier, Towards a Treaty Instrument on Marine Genetic Resources, in M. C. Ribeiro, 30 *Years After the Signature of UNCLOS: The Protection of the Environment and the Future of the Law of the Sea*, in Proceedings of the International Conference, Faculty of Law, University of Porto, 15 – 17 November 2012, pp. 518 – 49. 在第518页，作者写道，"对于规则的作用，法律和国际法发现自身处于事后评估的位置上，似乎并不能应对即将到来的新挑战。……虽然深海是世界上被探索得最少的地区，但是它也能够维持哺乳动物和鱼类，包括海星、海绵、水母、底栖鱼类、蠕虫、软体动物、甲壳动物和各类单细胞生物。" M. Allsopp, et al., *Oceans in Peril: Protecting Marine Biodiversity*, World Watch Institute, 2007, p. 7. T. H. Heidar, Overview of the BBNJ Process and Main Issues, CIL International Workshop, Conservation and Sustainable Use of Marine Biological Diversity of Areas Beyond National Jurisdiction: Preparing for the PrepCom, Singapore, 3 – 4 Feb. 2016, Powerpoint.

一切固体、液体或气体矿物资源,以及多金属结核,只要是从该地区回收的,都称为"矿物"。[1] 这一观点的论证有时类比大陆架的固着生物。下一个议题是,能否适用《公约》第143条,要求基因资源勘探只能用于和平目的,并且只能按照《公约》第十三部分的要求为全人类利益服务。[2] 最后一个议题是,国际海底管理局(以下简称海底局或ISA)是否应当在这一事务中发挥作用,因为缔约国是通过管理局这一机构,组织、控制区域内活动,并管理区域内资源的。[3]

2011年该工作组提议设立磋商机制,以反映国家对管辖范围以外区域海洋生物多样性的养护和可持续利用相关法律框架的不同观点。这一机制应当注重"整合"海洋基因资源相关问题,包括利益分享和其他相关措施,例如区域管理手段、海洋保护区、环境影响研究、能力建设和海洋技术转让等。联大计划通过议案,将上述讨论作为《公约》有关国家谈判管辖范围以外区域海洋生物多样性的养护和可持续利用的具有约束力的国际法律文件的"一揽子方案"。[4]

该工作组在新的议程下继续讨论上述问题。2013年该机构召开了两次工作会议,研究了海洋基因资源和海洋生物多样性的养护与可持续利用。联大认为,该工作组还应召开数次会议,以准备第69届联大的建议案文,建议案文涵盖职责范围、[5] 适用范围、考量因素、起草与《公约》相关的国际文件的可能性等。联大审议了特设非正式工作组的建议,[6] 并对工作组的履职

〔1〕《公约》第133条第1~2款。

〔2〕《公约》第143条第1款的"区域内海洋科学研究"指的是国家关系范围以外的海床洋底及其底土。

〔3〕《公约》第157条第1款。

〔4〕 Voir, Document A/RES/69/292, para. 1.

〔5〕 Voir, Document A/RES/69/292. 该决议序言写道,"大会重申,各国国家元首和政府首脑,在经大会2012年7月27日第66/288号决议认可的2012年6月20日至22日在巴西里约热内卢举行的联合国可持续发展大会题为《我们希望的未来》的成果文件第162段所作承诺,即在研究国家管辖范围以外区域海洋生物多样性的养护和可持续利用有关问题不限成员名额非正式特设工作组工作的基础上,在大会第69届会议结束之前,抓紧处理国家管辖范围以外区域海洋生物多样性的养护和可持续利用问题,包括就根据《公约》的规定拟订一份国际性规定的问题作出决定。"

〔6〕 Voir, Document A/69/780, Ann. 1.

进展表示满意。[1] 在此之后,联大决定在 2015 年 6 月 9 日制定并起草具有约束力的国际法律文件。

现已决定在政府间会议召开之前,组成由联合国成员方、联合国专门机构成员方和《公约》成员方组成的筹备委员会。[2] 该委员会应当就起草与《公约》有关的具有约束力的国际法律文件向联大提出实质性建议,应当充分考虑有关海洋生物多样性的养护和可持续利用的特设非正式工作组联席主席的各份报告。该委员会从 2016 年开始工作,召开两次会议,每次两周。从 3 月 28 日至 4 月 8 日召开了第一次会议,从 8 月 26 日至 9 月 9 日召开了第二次会议,2017 年与此相同。筹备委员会在 2017 年年底向联大报告工作进展。筹备委员会主席是特立尼达和多巴哥的伊登·查尔斯(Eden Charles)大使。[3] 联大决定在第 72 届大会结束之前,充分考虑筹备委员会的报告,决定联合国主持下的政府间会议的筹备和日期,而筹备委员会应建议并拟定与《公约》相关的具有法律约束力的国际文件。

(四)海盗

自有航海以来就有海盗,[4] 也就是说,海盗实践已超过数千年,[5] 因此

---

〔1〕 Voir, Document A/RES/66/321. Document A/RES/67/78.

〔2〕 Voir, Document A/RES/69/292, para. 1(a).

〔3〕 Voir, Document A/RES/69/292, para. 1. 第 1 段第 1～11 项是关于筹备委员会的组织和运作的规定。

〔4〕 Voir, L. del Castillo, *Law of the Sea, From the Grotius to the International Tribunal for the Law of the Sea, Liber Amicorum Judge Hugo Caminos*, Brill/Nijhoff, 2015, Part 8. Chap. 23－27.

〔5〕 在《奥德赛》中,荷马曾描述尤利西斯年轻时从事过海盗行为,而墨涅劳斯则向他的孩子们承认他的财富来自海盗行为。Voir, Gonzalez－Lapeyre, Un Nouvel Envisagement sur la Piraterie Maritime, in L. del Castillo, *Law of the Sea, From the Grotius to the International Tribunal for the Law of the Sea, Liber Amicorum Judge Hugo Caminos*, Brill/Nijhoff, 2015, p. 435. 在第 435～436 页,冈萨雷斯－拉佩尔写道,"在古代,由于海盗可能发动袭击,所以在地中海和整个爱琴海航行,意味着巨大的风险。在中世纪,来自北欧的所谓维京人不但成为航海者,而且成为沿海居民,主要在苏格兰、英格兰、爱尔兰和法国。他们在十世纪初就占领了诺曼底,这个地区至今仍然明白地保留着征服者的命名。" Voir, Gonzalez－Lapeyre, Transport Maritime et Régime Portuaire, in Hague Acad. of Int'l L., *Collected Courses of the Hague Acad. of Int'l L.*, 2005, Vol. 308, pp. 263－4. J. M. Goodwin, Universal Jurisdiction and the Pirate: Time for an Old Couple to Part, *Vand. J. of Transnat'l L.*, 2006, pp. 973, 976. D. König, Maritime Security: Cooperative Means to Address New Challenges, *German Y. B. of Int'l L.*, 2014, pp. 209－223.

镇压海盗依据的是习惯法,而这已经汇编在《公约》之中。[1] 海盗出现在公海,也就是海洋的几乎所有区域,但不包括专属经济区与涵盖各国内水的领海,也不包括群岛国的群岛水域,[2]但是《公约》有关海盗的条款适用于专属经济区。[3] 由于航船在公海上受船旗国专属管辖,因此在这两个地区由船旗国行使管辖权。值得注意的是,如果某船出于自身便利需要,悬挂多国国旗,那么对任何第三国而言,该船不受任何国家制约,应被视为无国籍。[4]

为了有效打击海盗,应当就船旗国专属管辖增补例外规则。例如,如果军舰在公海上遭遇外籍船舶,并且有合理理由怀疑该船涉嫌海盗,那么军舰有权登临该船舶。[5]

此外,在公海或者其他国家管辖范围以外的地点,任何国家有权捕获海盗船以及被海盗占领的船舶,并有权拘留船上人员,控制船上货物。作出扣押决定的国家的法院有权作出处罚,并对船舶或财产作出处置决定。[6] 在公海或其他国家管辖以外的地点,各国负有合作镇压义务。[7] 打击海盗是国际习惯法中确认普遍管辖权的少有的领域,而《公约》通过扣押权和登临权体现了这一点。

海盗如今不仅出现在公海,而且逐渐从开放海域向沿岸地区靠拢。当前,海盗偏爱阿拉伯海、亚丁湾、南海几内亚湾、印度洋、马六甲海峡、拉丁美洲和加勒比地区。随着北极融冰,欧洲和亚洲会出现新航道。由于该地区的原住民会逐渐丧失传统活动并寻找新的工作,所以可能出现新的海盗现象。国际海事组织从1984 年起统计海盗行为,截至2013 年9 月1 日,该组织共收

---

〔1〕《公约》第 100 ~ 107 条,及第 11 条。《公约》第 101 条规定较为详细。

〔2〕《公约》第 86 条。

〔3〕《公约》第 58 条第 2 款规定,"只要与本部分不相抵触,第 88 条至第 115 条及其他有关国际法规则均适用于专属经济区。"

〔4〕《公约》第 92 条第 2 款。

〔5〕《公约》第 110 条第 1 款第 1 项。

〔6〕《公约》第 105 条。

〔7〕《公约》第 110 条。

到6727件海盗报告。[1]

海盗行为的发展与法律制度并不一致,[2]因为当前的海盗行为发生在领海和内水,甚至港口。由于这种情况造成了法律真空,所以需要对现有规则进行统一解释,才能解决这个问题。海盗复发现象[3]可归结于下列因素:贫穷的沿岸人口转移石油货物并索要船舶赎金,政府缺位或政府破产,经济衰退,外国船舶的INN捕捞或倾倒有毒废物行为,以及失败的海警。[4]

例如,INN捕捞已经对西非地区的海洋经济和生态系统产生了破坏性和灾难性的影响。海盗们自以为可以逃脱罪责,因为现状依然是失控的,国家缺乏真正的渔业警察,也没有对管辖水域进行监测。无论鱼类是否受法律保护,也无论实施何种安全标准,拖网渔船都捕捞所有能捕的鱼,然后在海上排放废物。海盗们破坏当地渔民的手工网,并凿沉他们的独木舟。海盗们在海底使用重型拖网,破坏海洋栖息地,尤其是幼鱼苗圃,危害了鱼类的繁殖。这最终导致众多渔村关闭、渔民失业。

通过妥善处理海盗问题的成因,海盗现象减少了。国际社会正致力于此,而且自2012年以来海盗现象下降趋势已被证实。应当说,打击这一现象

---

〔1〕 Voir, IMO – MSC, Reports on Acts of Piracy and Armed Roberry against Ships, MSC. 4/Cire. 199, 13 Aug. 2013, http://www. imo. org/en/OurWork/Security/PiracyArmedRobbery/Reports/Documents/199 – June2013. pdf.

〔2〕 Voir, H. Tuerk, Combating Piracy: New Approaches to an Ancient Issue, in L. del Castillo, *Law of the Sea, From the Grotius to the International Tribunal for the Law of the Sea, Liber Amicorum Judge Hugo Caminos*, Brill/Nijhoff, 2015, pp. 475 – 476.

〔3〕 Voir, H. Tuerk, Combating Piracy: New Approaches to an Ancient Issue, in L. del Castillo, *Law of the Sea, From the Grotius to the International Tribunal for the Law of the Sea, Liber Amicorum Judge Hugo Caminos*, Brill/Nijhoff, 2015, pp. 475 – 476.

〔4〕 Voir, T. M. Ndiaye, *La Pêche Illicite, Non Déclarée et Non Réglementée en Afrique de l'Ouest, in Liber Amicorum Raymond Ranjeva*, Pédone, 2013, p. 233. J. L. Kateka, Combating Piracy and Armed Robbery off the Somali Coast and the Gulf of Guinea, in L. del Castillo, *Law of the Sea, From the Grotius to the International Tribunal for the Law of the Sea, Liber Amicorum Judge Hugo Caminos*, Brill/Nijhoff, 2015, pp. 464 – 466.

的国际合作被证明是非常有效的。多丽丝·柯尼希[1]认为:

"综合的途径和合作是处理海上安全现象的唯一方法。索马里海岸打击海盗联络组已经成为协调、合作和逐步发展的中心。该组织起初致力于跨国合作,但很快成为各国、联合国机构、国际和地区性组织、行业组织与其他利益相关者共同高效工作的平台。"[2]

人们一直在考虑建立打击海盗的国际机制,但尚无定论,也许应当通过消灭根本原因来务实地解决这一问题,[3]因为组织国际社会修改国际法院和常设仲裁庭既有的针对海盗的规则似乎是非常不现实的,而修订多边条约旷日持久、结果自始难料。实用主义和普遍管辖原则的实施应能解决这一问题。

(五)开采延伸大陆架产生的收益

《公约》第82条规定,200海里外大陆架的开采应当缴付货币或实物形

---

〔1〕 多丽丝·柯尼希(Doris König,1957),美国迈阿密大学比较法学硕士、德国基尔大学法学博士,现任德国联邦宪法法院法官、常设仲裁法院法官和国际海洋法基金会(Die Internationalen Stiftung für Seerecht)董事,曾任汉堡布塞留斯法学院院长和德国国家学术基金会董事等职,代表作有:Menschenrechte—Konventionen und Wirklichkeit, in C. Y. Robertson - von Trotha, *Jahre Grundgesetz, Interdisziplinäre Perspektiven*, 2009; mit A. Peters, Das Diskriminierungsverbot, in O. Dörr, R. Grote, Th. Marauhn, *EMRK/GG Konkordanzkommentar*, Band II, Mohr - Siebeck, Tübingen, 2013。——译者注

〔2〕 Voir, D. König, Maritime Security: Cooperative Means to Address New Challenges, *German Y. B. of Int'l L.*, 2014, p. 223. H. Tuerk, Combating Piracy: New Approaches to an Ancient Issue, in L. del Castillo, *Law of the Sea, From the Grotius to the International Tribunal for the Law of the Sea, Liber Amicorum Judge Hugo Caminos*, Brill/Nijhoff, 2015, p. 477.

〔3〕 Voir, U. N. Contact Group on Piracy Off the Coast of Somalia, Working Group II on Legal Issues, Discussion Paper on Prosecution of Pirates: An International Mechanism?, 3 March 2009, pp. 2 - 3.

式的收益,[1]但是海底局收取这些收益时遇到了实际困难。[2]《公约》签署35年之后,海底局的职权仍未明确,这绝非偶然。2013年7月,海底局大会的成员方将部分秘书长报告[3]交给海底局组织的国际工作组,由其分析《公约》第82条的适用情况。[4] 国际工作组的目的是准备草案,供大陆架超过200海里的国家和海底局的相关机构审议。

该工作组[5]讨论了四个主题,即第82条中海底局与具有延伸大陆架的国家(以下简称外大陆架国)间的关系,第82条的术语,第82条产生的功能和任务,以及推动执行的可能方案。

---

〔1〕《公约》第82条规定:"一、对从测算领海宽度的基线量起200海里以外的大陆架上的非生物资源的开发,沿岸国应缴付费用或实物。二、在某一矿址进行第一个5年生产以后,对该矿址的全部生产应每年缴付费用和实物。第六年缴付费用或实物的比率应为矿址产值或产量的百分之一。此后该比率每年增加百分之一,至第十二年为止,其后比率应保持为百分之七。产品不包括供开发用途的资源。三、某一发展中国家如果是该国大陆架上所生产的某种矿物资源的纯输入者,则该种矿物资源免缴上述费用或实物。四、费用或实物应通过海底局缴纳。海底局应根据公平分享的标准将其分配给本公约各缔约国,同时考虑到发展中国家的利益和需要,特别是最不发达的国家和内陆国的利益和需要。"

〔2〕 Voir, C. Aldo, Operationalizing Art. 82 of UNCLOS: A New Role for ISA, *Ocean Y. B.*, 2004, pp. 395 – 412. ISA, *ISA Handbook* 2004, p. 89. UN Division for Ocean and Law of the Sea, ISA, *Marine Mineral Resources: Scientific Advances and Economic Perspectives*, U. N., 2004, p. 125. Sir M. Wood, *ISA*, Oxford University Press, 2012. M. W. Lodge, Current Legal Development: ISA, *The Int'l J. of Marine & Coastal L.*, 2009, p. 185. L. D. M. Nelson, The New Deep Seabed Mining Regime, *The Int'l J. of Marine & Coastal L.*, 1995, pp. 189, 190 – 2. D. Leary, Moving the Marine Genetic Resources Debate Forward: Some Reflections, *The Int'l J. of Marine & Coastal L.*, 2012, p. 435. P. Drankier et al., Marine Genetic Resources in Areas Beyond National Jurisdiction: Access and Benefit Sharing, *The Int'l J. of Marine & Coastal L.*, 2012, pp. 375 – 409. E. J. Molenaar, A. O. Elferink, *The International Legal Regime of Areas Beyond National Jurisdiction: Current and Future Developments*, Martinus Nijhoff, 2010. ISA, *Non – living Resources of the Continental Shelf Beyond* 200 *Nautical miles: Speculations on the Implementation of Art.* 82 *of the United Nations Convention on the Law of the Sea*, 2010. https://www.isa.org.jm/sites/default/files/files/documents/techstudy5.pdf. 在研究报告的第16页中写道,"截至2008年9月,沿岸国提交的报告的超过200海里的大陆架的覆盖面积超过2300万平方公里,而世界上的专属经济区的总面积大概是8500万平方公里左右,附近的区域大概有2.6亿平方公里。"

〔3〕 Voir, Communiqué de Presse de l'Autorité Internationale des fonds marins, dix – neuvième session, Kingston, du 15 – 26 Juillet 2013, FM/19/2.

〔4〕 Voir, ISA, *Implementation Workshop convened by the ISA*, 2012.

〔5〕 根据上述报告附件一安排了第82条的执行守则和模式的第一工作组。该工作组由契尔阔普教授担任协调人,由加洛·卡雷拉(Galo Carrera)博士、墨西哥新斯科舍省领事和加拿大新布伦瑞克省领事担任报告执笔人。

首先,第 82 条确立了两个层次的关系。第一,它在《公约》中创设了不同缔约国之间的互惠义务,这是考虑了第 76 条与第 82 条的密切联系的结果。要求外大陆架国遵守第 82 条的规定首先是其他缔约国的期望,因为该条款似乎暗示了外大陆架国对其他成员方负有在延伸大陆架上开采后支付收益的义务。第二,第 82 条将外大陆架国与海底局联系起来了,违反《公约》明确规定"通过海底局支付收益"。[1]

换言之,《公约》要求缔约国与海底局保持诚实信用的合作关系。一方面,海底局在这一关系中的功能必须遵守《公约》的规定;另一方面,也涉及这一关系的周期性,以及管理的结构、组成和程序。虽然《公约》第 82 条并未明确授予海底局行使控制和监督履约权,但是该管理局被认为有权根据《公约》的规定,从外大陆架国获得收益,并分配给各受益缔约国。透明和良治是执行《公约》第 82 条的关键,为此必须明确行政程序,[2]弥补该条的不足,尤其关于该管理局在启动、暂停和终止生产时向外大陆架国发出的通知。该工作组探讨了标准化与一事一议在持续性、可预测性和效率上的优劣,并发现事实上由于资源的多样性,程序需要一定灵活性。工作组详细探讨了缔约国与海底局的信息交流问题,并认为应当制作用于提供信息的格式,以便各国提供收益。该工作组还讨论了实物收益问题,以确保受益缔约国能够获得资源。[3]

其次,该工作组讨论了术语问题。《公约》第 82 条似乎没有界定诸如"资源"(Ressources)、"全部生产"(Toute la Production)、"产值"(Valeur)、"产量"(Volume)、"矿址"(Site)、"费用"(Paiements)、"实物"(Contribution en Nature)和"每年"(Chaque Année)等关键术语。使用这些不同的术语似乎是为了达成必要的妥协,因此这些术语都不是约定俗成的术语。该工作组试

---

〔1〕 参见《公约》第 82 条第 4 款。

〔2〕 上述会议为此报告了《执行第 82 条守则的进展》(Development of Guidelines for the Implementation of Article 82)。

〔3〕 Voir, ISA, *Implementation Workshop convened by the ISA*, 2012, les paras. 2 – 9.

图根据上下文来达成共识。它写道：

“因此，重点在于使得缔约国合理连贯地理解以便于执行，并避免解释带来的潜在冲突。制定一份协助外大陆架国执行第 82 条的指南可以解决这个问题。”[1]

工作组最终根据选用时的背景和精神，定义了这八个术语，以促成共同理解。[2]

第三个议题关乎功能和任务，《公约》对此并未界定，而工作组试图为缔约国和海底局明确功能和任务。该工作组为外大陆架国审议了以下问题：符合第 82 条的特定矿址、生产开始日、灰色期的中止、影响收益的生产的中止、预期付费声明、实物收益、期权变更声明和生产结束日。该工作组还围绕海底管理局的通知问题，审议了以下问题：收到外大陆架国正式通知的确认函、银行付款说明、付款收据、实物收据和确认收款的年度报告。此外，海底局秘书处的年度报告，还应该根据具有延伸大陆架的缔约国提交的信息，向成员方通知缴付收益的状态及相关问题。[3]

最后的议题关乎增进缔约国与海底局的关系的正式和非正式的结构和程序。该工作组在否决《公约》第十一部分的方法和《鱼类协定》的方法后，选择了“均有延伸大陆架的国家与海底局谅解备忘录的方式，但是并未展开讨论”。[4] 参与国际工作组的成员表示，许多问题悬而未决，仍需深入探讨。他们强调，必须通过海底局的有关机构继续审议务实适用和执行《公约》第 82 条的方法。[5] 应当指出的是，海底局的一系列技术研究提供了大量重要

[1] Voir, ISA, *Implementation Workshop convened by the ISA*, 2012, para. 10.

[2] Voir, ISA, *Implementation Workshop convened by the ISA*, 2012, les paras. 11 – 17.

[3] Voir, ISA, *Implementation Workshop convened by the ISA*, 2012, les paras. 19 – 22.

[4] Voir, ISA, *Implementation Workshop convened by the ISA*, 2012, para. 23.

[5] Voir, Communiqué de Presse de l'Autorité Internationale des fonds marins, dix – neuvième session, Kingston, du 15 – 26 Juillet 2013, FM/19/2.

信息。

(六)国际海洋法法庭的咨询功能

根据《公约》[1]和《国际海洋法法庭规约》(以下简称《规约》),该法庭的海底争端分庭行使咨询职能,但该法庭全体会议可根据其他国际协定[2]提出意见。上述两个文件没有考虑海洋法法庭全体会议的咨询功能,筹备委员会的草案也没有涉及这个功能,1996年起草的《国际海洋法法庭规则》(以下简称《规则》)才涉及了全体会议提出咨询意见的可能性,因此管辖权条款见于该规则。[3] 根据该《规则》第138条,如果符合《公约》宗旨的国际协定明确允许海洋法法庭就法律问题发表咨询意见,那么在当事方向该法庭提出请求时,该法庭可以提供咨询意见。

咨询意见通常向且只向国际组织开放,该机制不包括任何诉讼请求或当事国,因此有权提出请求意见的机构只能就特定事项通过申请向该法庭或分庭提交案件。咨询意见是没有约束性强制力的法律咨询,类似个人陈述,缺乏法律强制力。此外,类似海洋法法庭这样的司法机构也有可能被请求提供法律意见,因为其章程没有禁止这样做。所以在一些案件中,该法庭可能需要作出咨询意见。[4]

如果与《公约》宗旨相关的国际协定[5]允许,海洋法法庭全体会议就可以发挥咨询作用。《公约》的宗旨是多元的,包括海洋生物资源及其养护和管理、海洋环境和生态系统、海洋科学研究、海上污染、海上航行、海上犯罪与海上安全、海洋诉求与责任以及海上运输。海洋法法庭各个工作组已经论

---

〔1〕《公约》第159条第10款和第191条。

〔2〕Voir, Le Règlement du Tribunal, Art. 138. T. M. Ndiaye, Les Avis Consultatifs du Tribunal International du Droit de la Mer, in L. del Castillo, *Law of the Sea, From the Grotius to the International Tribunal for the Law of the Sea, Liber Amicorum Judge Hugo Caminos*, Brill/Nijhoff, 2015, pp. 622–653.

〔3〕*Id.*

〔4〕*Id.*, 645.

〔5〕此处是指1969年3月23日《维也纳条约法公约》第1条第1款所指的条约。

及,在上述议题中,有许多问题可以作为请求咨询意见的主题,[1]而当前反复出现的问题是渔业组织的作用与INN捕鱼。许通美大使认为:

“联合国粮农组织反复呼吁各国关注渔业危机。渔业危机是由过度捕捞造成的,过度捕捞是由INN捕捞,低效的渔业组织,以及使用破坏性的、非可持续性的捕鱼方法导致的。这类捕鱼方法包括海底拖网和爬网捕鱼等。这些问题亟待解决。世界各国可以从爱尔兰和新西兰的渔业管理中学习成功经验。国际海事组织应当考虑要求所有商业渔船注册,并携带转发器。我们也应考虑鱼类生态标签。所有地区均应成立渔业管理组织,这些组织的投票应允许采用多数通过,而非一致通过原则。应当禁止某些破坏性的捕鱼方法。”[2]

自然而然地,有个渔业组织向海洋法法庭全体会议提出了第一个咨询意见申请,提出者是次区域渔业委员会(La Commission Sous - Régionale des Pêches, CSRP)。[3]《规则》第138条规定了若干条件,以便能够接受关于法律问题的咨询意见的请求。首先,必须存在国际协定。其次,该国际协定必须符合《公约》宗旨。再次,该国际协定必须写明由海洋法法庭提供此类咨询意见。最后,咨询意见必须与法律问题相关。本案中,提供咨询意见[4]是否在法庭权限范围是该法庭长期考虑的首要问题。由于这是第一个必须由该法庭全体会议作出决定的案件,因此该法庭在考虑参与方诉讼程序中提出

---

〔1〕 Voir, Le Règlement du Tribunal, Art. 138. T. M. Ndiaye, Les Avis Consultatifs du Tribunal International du Droit de la Mer, in L. del Castillo, *Law of the Sea, From the Grotius to the International Tribunal for the Law of the Sea, Liber Amicorum Judge Hugo Caminos*, Brill/Nijhoff, 2015, pp. 622 - 653.

〔2〕 Voir, T. Koh, UNCLOS at 30: Some Reflections, in L. del Castillo, *Law of the Sea, From the Grotius to the International Tribunal for the Law of the Sea, Liber Amicorum Judge Hugo Caminos*, Brill/Nijhoff, 2015, pp. 105 - 109.

〔3〕 2013年3月28日提交了申请。参见2013年3月28日国际海洋法公约第190号新闻稿(ITLOS/Press 190)。次区域渔业委员会总部设在塞内加尔首都达喀尔,其七个成员方是佛得角、冈比亚、几内亚、几内亚比绍、毛里塔尼亚、塞拉利昂和塞内加尔。

〔4〕 参见海洋法法庭第21号案咨询意见,2015年4月2日,第37~39段。

的各种观点以前,首先要考虑《公约》第16条和第21条,以及《规约》第138条的规定。[1]

反对海洋法法庭咨询管辖权的主要观点是,《公约》并未明示或默示该法庭全体会议可以提供咨询意见。因此,如果仲裁庭行使咨询意见管辖权,将会超越《公约》授权。其他参与者则赞成海洋法法庭行使管辖权。这些法官认为,根据《规约》第21条,如果相关国际协定中允许全体会议享有接受请求、作出咨询意见的管辖权,那么仲裁庭就享有充分的法律基础。他们还指出,认为"所有事务"(Toutes les Fois)一词不包含请求咨询意见的观点是没有道理的,因为"所有事务"一词并非指"所有争端"(Tous les Différends)。有观点认为,海洋法法庭的管辖权受《公约》第228条第2款的限制,而这些法官也认为这种观点是不可接受的,因为该条已经被《规约》补充,尤其是第21条。[2]

在审议了各种观点之后,海洋法法庭指出"其他协定中明确就所有事务授权海洋法法庭"的表述并未将提供咨询意见权授予该法庭,但是《规约》第21条的"其他协定"(Autre Accord)的表述确属授权,因为该法庭可以根据"其他协定"的明确规定,行使对"所有事务"的管辖权。因此,《公约》第21条授予国际海洋法管辖权的规定与"其他协定"关系密切,二者共同构成了该法庭咨询意见管辖权的法律依据。[3]

海洋法法庭确立的这一先例被证明使渔业组织的成员方受益匪浅。受益可能不止于此,因为该法庭指出,为了确保悬挂该国国旗的船舶遵守渔业组织成员方的法律法规,船旗国负有采取合理措施的义务,包括采取强制措施的义务。[4] 这一咨询意见不但大幅度强化了《公约》,而且为未来对船旗

[1] 参见海洋法法庭第21号案咨询意见,第40~47段是反对全体会议享有咨询管辖权的论点。

[2] 参见海洋法法庭第21号案咨询意见,第48~57段是支持全体会议享有咨询管辖权的论点。

[3] 参见海洋法法庭第21号案咨询意见,第58段。

[4] 对渔业组织第一个问题的回答。

国采取行动奠定了基础。这也使得新的问题有可能被提交给海洋法法庭。此外,海洋法法庭认为,由于悬挂该国旗帜的船舶在渔业组织的成员方的专属经济区内从事 INN 捕捞,因此船旗国违反了尽职义务,应当承担责任。[1] 这个例子体现了尽力保护渔业组织成员方的重大进展,这些国家可以就违反其生态资源管理和养护措施的行为,向海洋法法庭起诉。

系统性违反《公约》诸多条款的行为是破坏《公约》及其合法性的新挑战。这不仅影响海洋法律秩序,而且最重要的是可能影响和平的国际关系。[2] 例如,未满足第 7 条的条件而采用直线基线、违反第 33 条出于安全原因在毗连区行使管辖权、领海宽度超过第 3 条的 12 海里的规定,以及船旗国违反第 94 条的情形。虽然海洋法法庭在合适的时候可以适用《公约》第十五部分,但是各国拒绝司法裁判的做法,也符合国际社会的固有结构。政治进程塑造了国际社会,而国家的个体利益无处不在。但是,既然各国不仅花费了十年时间来谈判这部公约,而且多年来始终对其赞赏有加,那么各国也应当遵守这部公约。

---

〔1〕 对渔业组织第二个问题的回答。

〔2〕 Voir, R. Churchill, The Persisting Problem of Non - compliance with the Law of the Sea Convention: Disorder in the Oceans, *The Int'l J. of Marine & Coastal L.*, 2012, pp. 813 - 20. Idem, The Impact of State Practice on the Jurisdictional Framework Contained in the LOS Convention, in A. O. Elferink, *Stability and Change in the Law of the Sea: The Role of the LOS Convention*, Martinus Nijhoff, 2005, p. 91. J. A. Roach, R. W. Smith, *Excessive Maritime Claims*, Marinus Nijhoff, 2012. 许通美大使认为,"对于一些沿岸国扩展管辖权和权利、违反《公约》的趋势,我深表忧虑。一些国家虽然无权绘制直线基线,但它们已经这样做了;其他国家虽然没有获得《公约》授权其管辖专属经济区内的活动,但它们已经对这些活动颁布了法律法规;有些国家的立法违反了过境通行制度;在决定某个特征是岩礁还是岛屿的时候,各国对法律展示的完整性和忠诚度都很低。我认为,各国应该不太愿意抗议其他国家的此类行为,而更愿意将这类争议提交争端解决机构。" Voir, T. Koh, UNCLOS at 30: Some Reflections, in L. del Castillo, *Law of the Sea, From the Grotius to the International Tribunal for the Law of the Sea, Liber Amicorum Judge Hugo Caminos*, Brill/Nijhoff, 2015, pp. 105 - 9.

征稿启事

《上外法律评论》是上海外国语大学法学院主办的法律类学术文集。投稿实行初审与同行专家匿名审稿制，对来稿不限制体裁和语种，不考虑作者身份和背景，特别看重国际视野、研究深入、方法现代、行文规范且具原创性的学术论文和评论文章。

欢迎海内外专家学者、优秀学子惠赐稿件，来稿原则上在 1 万字以上，并只接收电子邮箱投稿，收稿邮箱：swflpl@ 126. com。

编委会自收到稿件起 3 个月内向作者通报审录结果，每稿必复。

为了扩大本文集及作者知识信息交流渠道，除非作者在来稿时声明保留，否则视为同意《上外法律评论》拥有以非专有方式向第三人授予已刊作品电子出版权、信息网络传播权和数字化汇编、复制权，以及向其他文摘类刊物推荐转载已刊作品的权利。

图书在版编目(CIP)数据

上外法律评论. 2018年卷 : 总第4卷 / 张海斌, 王静主编. -- 北京 : 法律出版社, 2019
ISBN 978-7-5197-3078-9

Ⅰ. ①上… Ⅱ. ①张… ②王… Ⅲ. ①法律-文集 Ⅳ. ①D9-53

中国版本图书馆CIP数据核字(2019)第021208号

上外法律评论(二〇一八年卷·总第四卷)
SHANGWAI FALÜ PINGLUN
(二〇一八 NIAN JUAN·ZONG DI SI JUAN)

王 静 主 编
张海斌 执行主编

策划编辑 解 锟
责任编辑 解 锟
装帧设计 李 瞻

出版 法律出版社
总发行 中国法律图书有限公司
经销 新华书店
印刷 北京玺诚印务有限公司
责任校对 马 丽
责任印制 张建伟

编辑统筹 独立项目策划部
开本 720毫米×960毫米 1/16
印张 15.5
字数 198千
版本 2019年2月第1版
印次 2019年2月第1次印刷

法律出版社/北京市丰台区莲花池西里7号(100073)
网址/www.lawpress.com.cn
投稿邮箱/info@lawpress.com.cn
举报维权邮箱/jbwq@lawpress.com.cn
销售热线/010-83938336
咨询电话/010-63939796

中国法律图书有限公司/北京市丰台区莲花池西里7号(100073)
全国各地中法图分、子公司销售电话:
统一销售客服/400-660-6393
第一法律书店/010-83938334/8335
西安分公司/029-85330678
重庆分公司/023-67453036
上海分公司/021-62071639/1636
深圳分公司/0755-83072995

书号:ISBN 978-7-5197-3078-9
定价:67.00元
(如有缺页或倒装,中国法律图书有限公司负责退换)